新能源汽车专业系列教材

电动汽车电机控制与驱动技术

主 编 严朝勇
副主编 蒋 波 郭海龙
参 编 黄 剑 张胜宾 张永栋

机械工业出版社

本书全面介绍了电动汽车电机控制与驱动技术。

本书分为12章,讲述了电动汽车电机类型、结构和工作原理,并重点论述了电动汽车控制技术、CAN总线通信网络和控制策略;讲述了电动汽车变频调速技术和再生制动控制技术结构与工作原理;对电动汽车驱动电机系统的环境适应性试验进行了探讨;介绍了电动汽车电机控制和驱动系统试验仪器设备、试验方法和电机及控制器检验项目,并论述了电动汽车测试评价现状及标准等。

本书可供高等职业院校新能源汽车专业学生使用,也可供电动汽车相关科技人员和电动汽车使用者阅读、参考。

图书在版编目(CIP)数据

电动汽车电机控制与驱动技术/严朝勇主编. —北京:机械工业出版社,2017.2(2025.1重印)
新能源汽车专业系列教材
ISBN 978-7-111-59156-6

Ⅰ. ①电… Ⅱ. ①严… Ⅲ. ①电动汽车 – 控制系统 – 教材 ②电动汽车 – 驱动机构 – 教材 Ⅳ. ①U469.72

中国版本图书馆 CIP 数据核字(2018)第 028023 号

机械工业出版社(北京市百万庄大街22号 邮政编码100037)
策划编辑:赵海青 责任编辑:赵海青 谢 元
责任校对:郑 婕 封面设计:马精明
责任印制:邓 博
北京盛通数码印刷有限公司印刷
2025年1月第1版第14次印刷
184mm×260mm・16印张・388千字
标准书号:ISBN 978-7-111-59156-6
定价:45.00元

电话服务	网络服务
客服电话:010-88361066	机 工 官 网:www.cmpbook.com
010-88379833	机 工 官 博:weibo.com/cmp1952
010-68326294	金 书 网:www.golden-book.com
封底无防伪标均为盗版	机工教育服务网:www.cmpedu.com

当前，我国促使汽车产业节能减排的发展方向是推广和使用电动汽车，包括混合动力电动汽车、纯电动汽车和燃料电池电动汽车等类型。我国具有大量的稀土资源，这为电机业的发展提供了很好的环境，较易进入全球分工体系，如果引导得力，驱动电机完全可以发展成为优势产业。电动汽车电机控制与驱动技术的不断发展和创新，为不同类型电动汽车的推广应用奠定了坚实的技术基础。本书基于目前最新的电动汽车电机控制与驱动技术，力求突出工学相结合的原则，以面向工作任务为培养目标，可满足高职学生和电动汽车行业从业人员的需要。

本书在理论知识内容的深度上遵循"管用、够用、实用"的原则，充分体现职业性、技术性和应用性的高职教育特色；在实践教学内容的安排上以面向"工学结合"的教学模式为参照目标，努力构建一门具有高职特色的注重岗位职业能力培养的专业技术课程。

本书共分为 12 章：第一章简单介绍了电动汽车电机控制和驱动技术的作用及其发展；第二章针对直流电机的结构和工作原理，阐述了直流电机控制技术；第三章结合交流电机的结构和工作原理，阐述了交流电机的控制技术；第四章论述永磁同步电机的结构和工作原理，阐述了永磁同步电机控制技术；第五章结合开关磁阻电机结构及工作原理，论述了开关磁阻电机的控制技术及应用；第六章介绍续流增磁混合励磁电机结构和工作原理，阐述了续流增磁混合励磁电机的控制技术及应用；第七章介绍了 DC/DC 变换器的种类和原理、AC/DC 的结构和工作原理、DC/AC 的结构和工作原理，论述了电力变换装置在电动汽车上的应用；第八章介绍了轮毂电机的结构和工作原理，阐述了轮毂电机在电动汽车中的应用；第九章介绍了电动汽车控制系统的组成、分类及电动汽车的控制策略、电动汽车 CAN 总线通信网络、电动汽车电气系统控制策略，并阐述了电动汽车电气控制系统的应用；第十章介绍了电动汽车再生制动的结构、电动汽车变频调速技术和电动汽车再生制动控制技术结构与工作原理，并阐述了电动汽车再生制动控制技术的应用；第十一章介绍了电动汽车电机控制和驱动系统试验仪器设备、电动汽车电机控制和驱动系统试验方法，并对电动汽车驱动电机系统的环境适应性试验进行探讨；第十二章介绍了电机及控制器检验项目及电动汽车测试评价等。

本书由严朝勇担任主编，并负责统稿。其中，第一、十一、十二章由严朝勇编写；第二、三章由郭海龙编写；第四、五章由黄剑编写；第六章由张永栋编写；第七、八章由张胜宾编写；第九、十章由蒋波编写。本书由广东交通职业技术学院汽车与工程机械学院刘越琪教授担任主审。

本书在编写过程中得到了广东交通职业技术学院的大力支持，在此表示感谢。

由于本书涉及知识面较广、编者水平有限，难免会有疏漏与不足之处，诚望读者给以指正，以便再版时修改。

资源说明页

本书附赠微课视频,获取方式如下。

获取方式:

1. 微信扫码(封底"刮刮卡"处),关注"天工讲堂"公众号。

2. 选择"我的"—"使用",跳出"兑换码"输入页面。

3. 刮开封底处的"刮刮卡"获得"兑换码"。

4. 输入"兑换码"和"验证码",点击"使用"。

通过以上步骤,您的微信账号就可以免费观看全套课程啦~

首次兑换后,微信扫描本页的"课程空间码"即可直接跳转到课程空间。

《电动汽车电机控制与驱动技术》

课程空间码

目录

前言

第一章 电动汽车电机控制和驱动技术 …… 1

第一节 电动汽车电机技术趋势与挑战 …… 2
  一、电动汽车电机技术发展趋势 …… 2
  二、电动汽车电机控制技术面临的挑战 …… 3

第二节 电动汽车电机分类、结构与工作原理 …… 4
  一、电动汽车电机分类 …… 4
  二、电动汽车电机结构 …… 4
  三、电动汽车电机工作原理 …… 6

第三节 电动汽车电机特性与要求 …… 7
  一、电动汽车电机特性 …… 7
  二、电动汽车电机要求 …… 8
  三、电动汽车电机命名标准 …… 11

第四节 国内驱动电机技术的发展 …… 12
  一、国内驱动电机技术的研发和产业化现状及进展 …… 12
  二、电动汽车驱动系统的分类 …… 14

第五节 电机驱动系统的组成与控制技术 …… 18
  一、电机驱动系统的基本组成 …… 18
  二、车用电机驱动系统的控制技术 …… 19
  三、电机驱动系统控制方式 …… 20

复习思考题 …… 24

第二章 直流电机类型及其控制技术 …… 26

第一节 直流电机的类型 …… 26
第二节 直流电机的构造及工作原理 …… 30
第三节 直流电机的特性及特点 …… 33
第四节 直流电机的控制技术 …… 35
复习思考题 …… 40

第三章 交流电机类型及其控制技术 …… 41

第一节 交流电机类型 …… 41
第二节 三相异步电机的构造及工作原理 …… 42
第三节 异步电机工作特性分析 …… 48
第四节 三相异步感应电机的转矩与功率的关系 …… 49
第五节 三相异步电机变频调速的机械特性 …… 49
第六节 再生制动 …… 50
第七节 交流异步电机起动方式 …… 51
第八节 交流异步电机交流调速控制 …… 51
第九节 交流异步电机控制技术 …… 52
复习思考题 …… 56

第四章 永磁同步电机类型及其控制技术 …… 57

第一节 永磁电机类型 …… 57
第二节 永磁同步电机的结构和工作原理 …… 58
第三节 永磁同步电机的性能特点 …… 59
第四节 永磁同步电机控制技术 …… 61
复习思考题 …… 62

第五章 开关磁阻电机类型及其控制技术 …… 63

第一节 开关磁阻电机类型 …… 63
第二节 开关磁阻电机结构及工作原理 …… 64
第三节 开关磁阻电机运行特性 …… 66

第四节	开关磁阻电机控制技术	69
第五节	开关磁阻电机功率变换器技术	72
复习思考题		74

第六章 续流增磁电机类型及其控制技术 …… 75

第一节	混合励磁电机的分类及磁路特性	75
第二节	续流增磁混合励磁电机的结构和工作原理	78
第三节	续流增磁混合励磁电机的应用	80
复习思考题		82

第七章 电动汽车能量系统的电源变换装置 …… 83

第一节	DC/DC 功率变换器	83
第二节	DC/DC 变换器的种类与比较	86
第三节	DC/AC 功率变换器	87
第四节	AC/DC 功率变换器结构和工作原理	88
第五节	电力变换装置在电动汽车上的应用	89
复习思考题		90

第八章 轮毂电机类型及其控制技术 …… 91

第一节	轮毂电机类型	92
第二节	轮毂电机的结构和工作原理	95
第三节	轮毂电机驱动系统的特点	96
第四节	轮毂电机控制技术	97
第五节	轮毂电机在电动汽车中的应用	102
复习思考题		105

第九章 电动汽车控制系统 106

第一节	电动汽车控制系统的组成	108
第二节	电动汽车控制系统的分类	111
第三节	电动汽车的控制策略	117
第四节	电动汽车 CAN 总线通信网络	122
第五节	电动汽车电气系统控制策略	124
第六节	电动汽车电气控制系统的应用	127
复习思考题		143

第十章 电动汽车再生制动控制技术 …… 145

第一节	电动汽车再生制动控制系统概述	145
第二节	电动汽车再生制动系统的结构	150
第三节	电动汽车变频调速技术	160
第四节	电动汽车再生制动控制技术结构与工作原理	163
第五节	电动汽车再生制动控制技术的应用	168
复习思考题		173

第十一章 电动汽车电机控制和驱动系统的测试 …… 174

第一节	电动汽车驱动电机系统的环境适应性试验	174
第二节	电动汽车电机控制和驱动系统试验仪器设备	178
第三节	电动汽车电机控制和驱动系统试验方法	182
复习思考题		230

第十二章 电动汽车电机控制和驱动系统试验标准 …… 231

第一节	电机及控制器检验	236
第二节	电动汽车测试评价	239
复习思考题		244

参考文献 246

第一章 电动汽车电机控制和驱动技术

⬇ 学习目标

- 了解电动汽车电机控制和驱动技术发展与现状
- 掌握电动汽车电机控制和驱动技术总体组成
- 掌握电动汽车电机控制和驱动技术基本原理
- 掌握电动汽车电机控制和驱动技术性能指标

电动汽车的电机控制和驱动系统是车辆行驶过程中的主要执行机构,电机的驱动特性决定了电动汽车的主要性能指标,因此,它是电动汽车的重要部件,并且电动汽车中的燃料电池汽车(FCEV)、混合动力汽车(HEV)和纯电动汽车(BEV)都要用电机来驱动车辆。选择合适的电机是提高各类电动汽车性价比的重要因素,因此研发或完善能同时满足车辆行驶过程中的各项性能要求,并具有坚固耐用、造价低、效能高等特点的电机驱动方式显得极其重要。这也是提高电动汽车性价比,使其尽快普及应用的有效途径。

电动汽车的电机驱动系统主要由电气系统和机械系统组成,其中,电气系统由电机、功率转换器和电机控制器等组成,机械系统则由机械传动部分和车轮等组成。

在电气系统和机械系统的连接过程中,机械系统是可选的,有些电动汽车的电机装在轮毂上直接驱动车轮。

一般情况下,电机取代发动机并在电机控制器的控制下,将电能转换为机械能以驱动汽车行驶。电动汽车由电机驱动,电机是电动汽车的关键部件。

要使电动汽车具有良好的使用性能,驱动电机应具有较宽的调速范围及较高的转速、足够大的起动转矩,还应具有体积小、质量轻、效率高等特点,且应具有动态制动性强和能量回馈等性能。

由于电动汽车采用动力电池作为车载能源,其容量受到限制,为尽可能地延长续驶里程,大多数驱动系统都采用了能量回馈技术,即在汽车制动时,通过控制器将车轮损耗的动能反馈到电池中,并使电机处于发电状态,将发出的电输送到电池中。因此,电动汽车的驱动电机应该称为"电机",不能称为"电动机",例如,中大青山采用的双定子磁悬浮复合转子电机既能将电能转化为机械能,又能将机械能转化为电能。

经过"九五""十五""十一五""十二五"期间国家对电动汽车用电机系统的集中研发和应用,我国已自主开发了满足各类电动汽车需求的驱动电机系统产品,获得了一大批电机系统的相关知识产权,形成批量生产具有核心竞争能力的车用驱动电机系统的能力。

目前,我国自主开发的永磁同步电机、交流异步电机和开关磁阻电机已经实现了与国内整车产业化技术配套,电机重量、比功率显著提高,电机系统最高效率达到93%,系列化产品的功率范围覆盖了200kW以下电动汽车用电机的动力需求,各类电机系统的核心指标均达到相同功率等级的国际先进水平。

我国以高密度永磁电机为代表的各类车用电机取得了明显进步。这些电机结构复杂，工作条件恶劣，特别是对于混合动力工况，需与内燃机或变速器进行一体化设计，研制难度大。"十五"期间这些电机曾一度成为混合动力系统实现功能的难点，目前基本已经实现功能，性能与可靠性也有明显改善。

我国电动客车以交流异步电机系统为主，混合动力客车用大功率电机的可靠性与噪声水平已有明显改进，初步具备产业化条件，电动客车电机领域也正在开展永磁电机的应用。

电机设计采用现代车用电机系统设计理念，初步解决多目标高性能车用电机的极限设计、多领域精确分析以及结合应用控制策略系统集成仿真的技术难题，采用结构集成设计技术，实现了电机与变速器高度一体化设计与应用。在新型电机技术方面，国内部分企业、研究单位和高校对一些新原理的电机系统，例如基于双机械端口能量变换器电机（EVT）、混合励磁电机系统等，进行了研究探索，有些已经开发出样机系统，部分进行了台架试验并装车。

我国还对车用电机制造工艺进行了有益的研究探索，如拼块式铁心、高密度的绕线技术和整体充磁工艺等已开始用于产品实践。

另外，车用驱动电机系统检测试验手段有了一定的改善，在电机测试基地建立了电机及控制器专用性能检测试验台架，具备了较齐备的性能检测和初步环境试验检测条件；部分企业单位重视试验能力的建设，建成或正在建设一批试验台架。少数电机研制单位与整车单位共同开展测试规范的研究与制订工作，同时进行典型工况下的动力总成台架可靠性试验考核。

在电机及其控制系统的关键材料与关键零部件方面，如转速位置传感器的研制、高性能低成本绝缘材料开发、车用电机专用电工钢开发、电机磁性材料的稳定性研究方面，也获得了初步成果。

第一节 电动汽车电机技术趋势与挑战

一、电动汽车电机技术发展趋势

（1）电机功率密度不断提高　电机作为混合动力系统中重要的动力输出源之一，其自身的性能直接影响到电动汽车的整体性能。一方面，汽车所要求的电机输出和回收功率不断提高，以满足不同工况不同车型的需求；另一方面，这种新型机电一体化的传动系统尺寸受到车内空间的限制。这就需要混合动力车用电机向高性能和小尺寸发展。不断提高电机本身的功率密度，用相对小巧的电机发挥出大的功率成为各汽车及电机厂商的发展方向。

（2）回馈制动的高效区域不断拓宽　回馈制动是混合动力机电一体化技术的一个基本特点。伴随着对混合度要求的提升，扩大回馈制动范围的需求也会越来越大。采用回馈高效的电机、适当的变速系统和控制策略，可以使回馈制动的允许范围适应更多工况，使整车节能效果更好，行车里程更长，这是混合动力汽车向真正实用性必须迈出的一步。

（3）电机驱动系统的集成化和一体化趋势更加明显　车用电机及其控制系统的集成化主要体现在电机与发动机、电机与变速器、电机与底盘的集成度不断提高。对于混合发动机与起动发电一体机（ISG），其发展从结构集成到控制集成和系统集成，电机与变速器的一体化愈加明显，汽车动力的电气化成分越来越高，不同耦合深度的机电耦合动力总成系统使得电机与变速器两者之间的联系变得越来越紧密。在高性能电动汽车领域，全新设计开发的转向系统、制动系统、行驶系统将电机和传动系统进行一体化集成，融合程度越来越深。

（4）电机驱动系统的混合度与电功率比不断增加　虽然目前市场上分布了轻混、中混、强混等各种混合程度的混合动力车型，但从各种混合度车型的节能减排效果来看，混合程度越高，汽车的节能效果越好。电功率占整车功率的比例正在混合动力汽车领域逐渐提高，电机已不再是发动机的附属设备。各车厂正在逐渐将小排量发动机和大功率电机运用在汽车驱动上。

（5）电机驱动控制系统的集成化和数字化程度不断加大　电机控制系统集成化程度也在不断加大，将电机控制器、低压DC/DC变换器，以及发动机控制器、变速器控制器、整车控制器等进行不同方式的集成正在成为发展趋势。同时，高速高性能微处理器使电机驱动控制系统进入一个全数字化时代。在高性能高速的数字控制芯片基础上，高性能的控制算法、复杂的控制理论得以实现。同时，面向用户的可视化编程，通过代码转化和下载直接进入微处理器，不断地提高编程效率和可调试性。

二、电动汽车电机控制技术面临的挑战

1. 技术方面

在电动汽车关键零部件方面，电机技术进步明显，但与国际先进的水平相比，在产品集成度、可靠性和系统应用技术方面，仍存在较大的差距，主要表现在以下2个方面：

电动汽车驱动电机技术趋势和挑战

由于整车开发经验积累有限，导致对电机和控制器的可靠性与使用寿命考核办法不明确，可靠性和环境适应性的研究考核不足；控制器和DC/DC变换器的体积、质量普遍偏大，模块化设计不足，插接件标准不统一，需要提高工程化程度，关键电力电子元器件需要进口，成本占到控制器的一半左右。

除了需要缩短以上差距，为了进一步增强综合竞争力，还应进行新产品技术和关键共性技术研究：新型电机一体化动力总成；低噪声高效一体化发电机组；耐恶劣环境稀土永磁材料；低成本高性能绝缘材料；高集成度、低成本轴角位置模数转换器等。

2. 资金和人才

该领域项目由于整车开发的周期长、工作量大，各种研发认证的相关费用投入非常多，产业化扩大投资规模时，固定资产投入较大，汽车零部件供应链的回款周期较长，一般需要6～9个月，流动资金需求较大，资金周转难度较大。因此新产品研制及产业化费用高，投入回报周期长。同时由于该领域是属于边缘和交叉学科，需要有较高的理论知识、较强的实践能力和经验，人才培养周期也较长。

3. 标准建设和知识产权

电机行业标准自身尚不完善，作为一个新兴行业，产品的技术标准尚未得到有效检验，

同时也有待进一步完善，现有的电机和控制器标准工作相对滞后，目前有关部门已高度重视此项工作。

第二节　电动汽车电机分类、结构与工作原理

一、电动汽车电机分类

除了发电功能外，电动汽车电机主要还是电动机，所以我们以电动机为例来分类（只作简单分类）：

驱动电机的特点及应用

（1）按工作电源种类划分　可分为直流电机和交流电机。

1）直流电机按结构及工作原理可分为无刷直流电机和有刷直流电机，又可分为永磁直流电机和电磁直流电机。永磁直流电机按材料不同又分为稀土、铁氧体、铝镍钴永磁直流电机。电磁直流电机按励磁方式又分为串励、并励、他励和复励直流电机。

2）交流电机可分为单相电机和三相电机。

（2）按结构和工作原理划分　可分为异步电机、同步电机。异步电机的转子转速总是略低于旋转磁场的同步转速。同步电机的转子转速与负载大小无关且始终保持在同步转速。

（3）按用途划分　可分为驱动电机和控制用电机。

（4）按运转速度划分　可分为高速电机、低速电机、恒速电机和调速电机。低速电机又分为齿轮减速电机、电磁减速电机、力矩电机和爪极同步电机等。

二、电动汽车电机结构

1. 永磁直流电机

永磁直流电机由定子磁极、转子、电刷和外壳等组成。

定子磁极采用永磁体（永久磁钢），目前应用的有铁氧体、铝镍钴、钕铁硼等材料。按其结构形式可分为圆筒型和瓦块型等类型。

转子一般采用硅钢片叠压而成，漆包线绕在转子铁心的两槽之间（三槽即有三个绕组），其各接头分别焊在换向器的金属片上。

电刷是连接电源与转子绕组的导电部件，具备导电与耐磨两种性能。永磁直流电机的电刷使用弹性金属片或金属石墨电刷、电化石墨电刷。

2. 无刷直流电机

无刷直流电机由永磁体转子、多极绕组定子、位置传感器等组成。

无刷直流电机的特点是无电刷，采用半导体开关器件（如霍尔元件）来实现电子换向，即用电子开关器件代替传统的接触式换向器和电刷。它具有可靠性高、无换向火花、机械噪声低等优点。

位置传感器按转子位置的变化，沿着一定的次序对定子绕组的电流进行换流（即检测转子磁极相对定子绕组的位置，并在确定的位置处产生位置传感信号，经信号转换电路处理后去控制功率开关电路，按一定的逻辑关系进行绕组电流切换）。

位置传感器有磁敏式、光电式和电磁式三种类型。

采用磁敏式位置传感器的无刷直流电机，其磁敏传感器件（例如霍尔元件、磁敏二极管、磁敏三极管、磁敏电阻器或专用集成电路等）装在定子组件上，用来检测永磁体、转子旋转时产生的磁场变化。

采用光电式位置传感器的无刷直流电机，在定子组件上按一定位置配置了光电传感器，转子上装有遮光板，光源为发光二极管或小灯泡。转子旋转时，由于遮光板的作用，定子上的光敏元件将会按一定频率间歇产生脉冲信号。

采用电磁式位置传感器的无刷直流电机，在定子组件上安装了电磁传感器部件（例如耦合变压器、接近开关、LC 振荡电路等），当永磁体转子位置发生变化时，电磁效应将使电磁传感器产生高频调制信号（其幅值随转子位置而变化）。

定子绕组的工作电压由位置传感器输出控制的电子开关电路提供。

3. 三相异步电机

三相异步电机的结构分为定子和转子两部分，定子和转子之间有气隙。

定子由定子铁心、定子绕组和机座组成。定子铁心是磁路的一部分，同时用来嵌放定子绕组；定子绕组通电时能产生磁场；机座用来固定与支撑定子铁心。

转子由转子铁心和转子绕组组成。转子铁心也是磁路的一部分，同时用来嵌放转子绕组；转子绕组的作用是产生感应电动势并产生电磁转矩。

4. 永磁同步交流电机

永磁同步交流电机的磁场由永磁铁产生，转子线圈通过电刷供电，转速与交流电频率为整倍数关系（视转子线圈绕组数而定），故称同步电机。

转子线圈通过电刷供电，定子通过线圈绕组产生旋转磁场的电机，按转子线圈与定子线圈的串、并联关系分别称为串励磁、并励磁电机。

5. 开关磁阻电机

开关磁阻电机（Switched Reluctance Motor，SRM）根据磁阻差产生反转磁矩的原理而制成。

开关磁阻电机是一种新型调速电机，其调速系统兼具直流、交流两类调速系统的优点，是继变频调速系统、无刷直流电机调速系统之后发展起来的最新一代无级调速系统。它的结构简单坚固，调速范围宽，调速性能优异，且在整个调速范围内都具有较高效率，系统可靠性高。它主要由开关磁阻电机、功率变换器、控制器与位置检测器组成。控制器内包含功率变换器和控制电路，位置检测器则安装在电机的一端。这种电动机定子除绕组独立接线之外，其他与交流异步电机的定子结构一样，而转子只是由硅钢片叠成，具有不同数量的凸极而已，没有滑环绕组和永久磁铁。

6. 续流增磁电机

续流增磁电机是一种复合励磁的特殊直流电机，兼顾了串励直流电机和他励直流电机的优点。该电机采用稀土永磁和增磁绕组复合励磁方式，转子采用无槽结构。该系统很好地满足了电动汽车低速增磁增矩、高速弱磁增速的特性需求而且能在双象限范围内运行，实现电动汽车再生制动；采用高频脉冲调宽（Pulse Width Modulation，PWM）斩波控制，运行时噪声低。

各种电机技术指标汇总见表 1-1。

表1-1 各种电机技术指标汇总

电性机能	直流串励电机	直流并励电机	永磁直流电机	交流异步电机	开关磁阻电机	永磁同步电机	无刷直流电机
起动性能	5	4	4	2	4	3	5
低速性能	5	4	4	3	4	3	5
低速时效率	3	3	4	3	4	5	5
平均效率	3	3	4	4	3	5	5
能量密度	2	2	3	4	4	4	5
过载能力	4	4	4	4	4	4	5
再生能力	3	5	4	3	2	5	5
可靠性	2	2	2	5	5	4	4
制造成本	4	4	4	5	5	4	4
控制器成本	5	5	5	4	4	4	4
合计	36	36	38	37	39	41	47

三、电动汽车电机工作原理

1. 交流电机

单相异步电机通过电容移相作用，将单相交流电分离出另一相相位差90°的交流电，将这两相交流电分别送入两组或四组电机线圈，就在电机内形成旋转的磁场，旋转磁场在电机转子内产生感应电流，感应电流产生的磁场与旋转磁场方向相反，被旋转磁场推拉进入旋转状态，由于转子必须切割磁力线才能产生感应电流，因此转子转速必须低于旋转磁场的转速，故称异步电机。

三相异步电机不必通过电容移相，本身就有相差120°的三相交流电，故产生的旋转磁场更均匀，效率更高。

2. 直流电机

直流电机有定子和转子两部分组成，定子上有磁极（绕组式或永磁式），转子有绕组，通电后，转子上形成磁场（磁极），定子和转子的磁极之间有一个夹角，在定转子磁场（N极和S极之间）的相互吸引下，使电机旋转。改变电刷的位置，就可以改变定转子磁极夹角（假设以定子磁极为夹角起始边，转子磁极为另一边，由转子磁极指向定子磁极的方向就是电机的旋转方向）的方向，从而改变电机的旋转方向。

3. 永磁同步交流电机

永磁同步交流电机的磁场由永磁铁产生，转子线圈通过电刷供电，转速与交流电频率为整倍数关系（视转子线圈绕组数而定），故称之为同步电机。

转子线圈通过电刷供电，定子通过线圈绕组产生旋转磁场的电机，按转子线圈与定子线圈的串联、并联关系分别称为串励、并励电机。

永磁同步电机转子采用径向永磁铁做成磁极。定子与绕线式电机定子绕组一样，接入交流电源即产生旋转磁场。转子具有恒定磁场，由于旋转磁场的作用而跟随旋转磁场同步旋转，旋转磁场速度取决于电源频率。与三相交流电动机的同步电机类似，永磁同步电机可以产生理想的恒转矩。

三相正弦波电压在定子三相绕组中产生对称三相正弦波电流,并在气隙中产生旋转磁场。这个旋转磁场与永磁体转子作用,带动转子与旋转磁场同步旋转,并力图使定子、转子磁场轴线对齐。当外加负载转矩以后,转子磁场轴线落后定子磁场轴线一个功率角,功率角与负载成正比,负载越大,功率角就越大,当功率角大到足以使转子停止不转动为止。

4. 开关磁阻电机

开关磁阻电动机是一种双凸极可变磁阻电机,其定子、转子的凸极均由普通硅钢片叠压而成。转子既无绕组也无永磁体,定子极上绕有集中绕组,径向相对的两个绕组连接起来,称为"一相"。SRM 电机可以设计成多种不同相数结构,且定子、转子的极数有多种不同的搭配。相数多、步距角小有利于减少转矩脉动,但结构复杂、主开关器件多、成本高,现在应用较多的是四相(8/6)结构和三相(12/8)结构。

5. 续流增磁电机

新型续流增磁电机控制器能够消除传统直流电机驱动控制系统在电动汽车应用时存在的缺陷。与传统型串励直流电机相比,该系统在控制策略、控制结构和再生制动性能方面具有极大的优越性。装车后,该系统表现出了抗干扰能力强,调节速度快,平稳性好,且低速增磁增矩和高速弱磁增速的性能都很好,能够很好地满足大型电动公交车的动力特性要求。

这种续流增磁电机及控制系统由于其独特的优越性,可以作为节能环保的驱动系统很好地运用于大型交通工具中,目前国内许多大型公交车都已使用此类电动汽车电机。

第三节 电动汽车电机特性与要求

一、电动汽车电机特性

用于电动汽车的驱动电机与常规的工业电机不同。电动汽车的驱动电机通常要求频繁地起动/停车、加速/减速,低速或爬坡时要求高转矩,高速行驶时要求低转矩,并要求变速范围大。而工业电机通常优化在额定的工作点。因此,电动汽车驱动电机比较独特,应单独归为一类。

随着汽车行驶速度的不同,要求其驱动系统也有相应的调速范围,为便于对各类电机的调速性能进行讨论分析,在此有必要对各有关调速性能指标先统一阐明如下:

1. 机械特性与负载转矩

机械特性是表示电机转矩 T 与其转速 n 的关系 $n = f(T)$ 曲线,曲线的斜率即表示机械特性的硬度,斜率大表示机械特性软,反之表示机械特性硬,即转矩随转速的变化小。机械特性是电动机的主要调速性能指标,也是电力拖动研究的重要内容;负载转矩特性曲线是指负载转矩 T_L 与其转速 n 的关系曲线。

2. 调速范围

调速范围表示机械运行中最大转速 n_{max} 与最小转速 n_{min} 之比。按其定义要扩大调速范围,必须设法尽可能地提高 n_{max} 并降低 n_{min}。提高 n_{max} 对于机械装置来说,受其机械结构和要求的限制,对于电机来说主要受其结构和驱动电路的限制。而降低 n_{min} 受低速运行时的相对稳定性限制,要求低速时其机械特性较硬,即负载转矩变化时转速变化小。

3. 静差率

静差率也称相对稳定性，其定义为电机由理想空载（$T=0$）加到额定负载（$T=T_e$）时，所出现的转速降 Δn_e（对应的理想空载转速 n_k 与额定转速 n_e 之差）与理想空载转速 n_k 之比，用百分数静差率 δ 来表示即

$$\delta = \frac{\Delta n_e}{n_k} \times 100\% = \frac{n_k - n_e}{n_k} \times 100\% \tag{1-1}$$

静差率也在一定程度上反映了电机的调速机械特性，即机械特性愈硬，则静差率愈小，相对稳定性就愈高。

4. 调速效率

调速效率 η 即为输出轴上的功率 P_2 与输入功率 P_1 之比，它也反映了调速时的损耗功率 ΔP，即

$$\eta = \frac{P_2}{P_1} = \frac{P_2}{P_2 + \Delta P} \tag{1-2}$$

5. 平滑性

平滑性反映了调速级数的多少，在一定的调速范围内，调速级数越多则调速平滑性越好。这主要针对机械齿轮有级调速。

由于调速方法包括通过机械、电气或机电配合等方法。通常通过机械齿轮减速换档，可使转矩得到放大，一般为有级调速，由于存在一定的机械摩擦，降低了效率，增加了维护要求，并且其动态响应指标要有较大的下降，特别是对快速响应性要求较高的伺服系统存在一定的局限性。电气调速即为电机调速，一般为无级调速，响应性好，调速效率也高，但关键是电机的机械调速特性与负载转矩特性要求的配合较难。

二、电动汽车电机要求

车辆行驶对驱动控制的要求有不少类似于数控机床对其伺服驱动的要求，实际上通过观察电动汽车所用驱动电机的发展历程，并与数控伺服电机的发展改进过程比较，即可发现其相类似的经历。数控机床对其伺服系统的要求概括为"稳、准、快、宽、足"，即表示为稳定性、准确性、快速响应性、宽调速范围和足够的驱动转矩，这也反映了伺服系统的五项主要性能指标。而对于电动汽车电机驱动系统的要求，则可用"稳、省、快、宽、足"来表述，因汽车没有像数控伺服那样的准确定位精度要求，但因车载能源受限，特别要求有相应的节省能源措施，主要包括能方便有效地实现制动能量回收，即要求电机同时具有动能回馈发电功能，因此用"省"来替代了"准"字。当然除这五个要求外，与其他控制系统类似，同样有要求温升低、噪声小、效率高、体积小、价格低、控制方便、线性度好（如输出速度与输入电压成线性）、可靠性高，维修保养方便，对温度、湿度等环境要求宽等。这"稳、省、快、宽、足"五个要求与提高电动汽车行驶性能指标直接紧密相连。特别是足够的驱动转矩是车辆行驶的必要条件。

按车辆动力学来说，汽车的行驶总阻力 $F_总$ 等于滚动阻力 F_f、空气阻力 F_w、坡度阻力 F_i 和加速阻力 F_j 之和。要求车辆行驶的必要条件是车轮的驱动力 F_t 必须大于等于行驶阻力，即 $F_t \geq F_总$。车轮的驱动力 F_t 等于传递到车轮的转矩 T_t 除以车轮半径 r，即 $F_t = T_t/r$。也就是说对于电动汽车最终反映在驱动电机的输出转矩 T，为此有必要进一步来分析其驱动

电动机的负载转矩特性。为了便于比较分析，先把几种典型的生产机械负载转矩特性曲线集中绘于图 1-1。现分别简要说明如下：

1. 恒功率负载特性

即转速 n 变化时，负载功率 P_2 基本为一恒定值。由于负载功率 P_2 等于转矩 T_L 与角速度 ω 的乘积，因此有：

$$T_L = \frac{P_2}{\omega} = \frac{P_2}{2\pi n/60} = \frac{K}{n} \tag{1-3}$$

当 P_2 恒定时，式（1-3）中 K 即为常数，因此其负载转矩 T_L 与转速 n 成反比关系，即负载转矩特性曲线为双曲线形，如图 1-1 所示，位于第一象限中的实线曲线。

2. 通风机负载特性

是指水泵、油泵、通风机和螺旋桨等一类机械的负载特性。

其特点是负载转矩 T_L 与转速 n 的二次方近似成正比关系，即 $T_L = Kn^2$，所以其负载转矩特性曲线为抛物线形，如图 1-1 所示，位于第一象限中的小圆点虚线曲线。

3. 反抗性恒转矩负载特性

此类负载也称为摩擦转矩负载，其特点是负载转矩作用的方向总是与运动方向相反，即总是阻碍运动的制动性转矩。当转速方向改变时，负载转矩大小不变，但作用方向也随之改变。

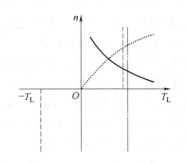

——恒功率负载特性
……通风机负载特性
---反抗性恒转矩负载特性
-·-位能性恒转矩负载特性

图 1-1　典型生产机械的负载转矩特性

按电机拖动理论规定：电机拖动转矩 T 与转速 n 同向时取正号，反向时取负号；而负载转矩 T_L，与转速 n 同向时取负号，反向时取正号。因此对于反抗性恒转矩负载，当 n 为正向时，T_L 与 n 的正向相反，T_L 应为正，即负载特性曲线位于第一象限；当 n 为反向时，n 为负，T_L 应为负，而负载特性曲线位于第三象限，如图 1-1 所示，分别位于第一、三象限的两条虚线，即反抗性负载 T_L 与 n 同正负。

4. 位能性恒转矩负载特性

该类负载的特点是负载转矩 T_L 与转速 n 的方向无关，并保持大小恒定不变。提升机带重物体的升降运动是最典型的例子，重物不论是提升（n 为正）或下降（n 为负），重物的重力总是向下，即负载转矩的方向不变，提升时重物产生的 T_L 与 n 方向相反，则 T_L 为正，负载特性曲线位于第一象限；下降时 n 为负，而 T_L 的方向不变仍为正，即负载特性曲线位于第四象限。如图 1-1 所示，同时位于第一、四象限为一条点画线。

在此还需说明调速电机的四个象限运行特性：第一象限为正转电动状态；第二象限为正转制动（发电）状态；第三象限为反转电动状态；第四象限为反转制动（发电）状态。目前的调速电机一般都具备四象限运行功能。而对于电动汽车驱动电机来说，除了要求在前进、倒退（无须通过齿轮切换来实现倒档）时实现正、反转，还需要在降速制动和下坡时能进行发电回馈，因此其驱动电机在前进、倒退、制动和下坡四种行驶工况中会分别运行于第一、三、二三个象限中（注意，汽车下坡实现发电回馈时，其电机仍运行于正转状态，因此其发电回馈是在第二象限中进行的)。对汽车行驶驱动转矩来说,它还是一个多变的负载特性,该多变即表现在需适应各种不同行驶工况中的特性。如车辆在起步、加速时表现为反抗性恒转矩负载特性,在高速行驶时却主要表现为恒功率负载特性,而在上下坡时又有点类似于势能恒转矩特性。可以说汽车行驶中的负载特性是一个复杂多变的过程,需考虑各个工况行驶时的需求,决不能顾此失彼,即需要对车辆在起步、加速、上坡、下坡、高速、低速、滑行、降速、制动和停车等每一种行驶工况中的特性要求进行全面分析、比较、归类、总结。

最后可得到电动汽车对其驱动电机的各项性能要求:

1)汽车在起步、加速和上坡时,要求有较大的起动转矩和一定的短时过载能力。

2)应限制电机有过大的峰值电流。由于电动汽车电机通常由蓄电池供电,而过大的峰值电流极易损坏蓄电池。普通电机的起动电流往往都较大,需尽可能改善电机的起动特性。

3)为满足汽车能在各种高、低速工况下运行,要求电机有较宽的调速范围和理想的调速特性,以尽可能省去或简化机械变速机构与其传动链,从而减少机械摩擦损失和车载重量,还能腾出空间供蓄电池安放和布局,并也可降低成本。所以一般可通过低速恒转矩调速和高速恒功率调速相结合的方式来满足。如目前的数控机床都已采用电机直接拖动丝杠,来实现低速强力切削和高速轻载往返拖板,并有较高的定位精度,其调速范围也远高于汽车在各种高低速行驶时的不同要求。

4)要求电机能正反转运行,以达到汽车倒退时不必通过齿轮切换来实现倒档。

5)要求电机能有效地实现发电回馈,使得汽车在降速制动和下坡运行时能通过电机发电回馈,把动能自动回馈给蓄电池,以节能并延长其续驶里程。

6)设法使电机同时具有电磁制动功能,即利用电磁吸力来使电机的定、转子相互吸住,以达到一定的制动效果。由于汽车频繁运行于起/停状态,较好的电磁制动能减少机械制动的运行频率,避免机械制动固有的热衰退和水衰退现象,提高汽车的制动效能及其恒定性,即提高车辆行驶安全性,同时也提高了机械制动器的使用寿命。另外,也希望能通过对电机结构的进一步改进,使电机运行于电磁制动方式时能有足够的制动力矩,力争能去掉机械制动器或仅在紧急制动时使用。

它们在负载要求、技术性能和工作环境等方面有着特殊的要求:

1)电动汽车驱动电机需要有四五倍的过载以满足短时加速或爬坡的要求,而工业电机只要求有两倍的过载即可。

2)电动汽车的最高转速要求达到在公路上巡航时基本速度的四五倍,而工业电机只需要达到恒功率是基本速度的两倍即可。

3)电动汽车驱动电机需要根据车型和驾驶人的驾驶习惯设计,而工业电机只需根据典型的工作模式设计。

4)电动汽车驱动电机要求有高功率密度(一般要求达到1kW/kg以内)和好的效率图(在较宽的转速范围和转矩范围内都有较高的效率),从而能够降低车重,延长续驶里程,而工业电机通常对功率密度、效率和成本进行综合考虑,在额定工作点附近对效率进行优化。

5)电动汽车驱动电机要求工作可控性高、稳态精度高、动态性能好,而工业电机只有某一种特定的性能要求。

6)电动汽车驱动电机装在电动车上,空间小,工作在高温、坏天气及频繁振动等恶劣环境下。

驱动电机及系统综合比较见表1-2。

表1-2 驱动电机及系统综合比较

序号	项目	驱动电机类型			
		直流串励电机	异步变频电机	开关磁阻电机	直流无刷电机
1	电机工作模式	有刷直流串励模式	异步变频调速工作模式	磁阻型转子可定位调速控制模式	永磁型转子可定位调速控制模式
2	电机本体特点	一般有刷直流电机	异步电机带位置传感器	磁阻电机带位置传感器	永磁电机带位置传感器
3	功率密度	低	一般	较高	高
4	峰值效率（%）	75～82	80～88	83～90	85～95
5	高效率范围	窄	一般	较宽	宽
6	能效比系数	1.0	1.2～1.5	1.4～1.7	1.5～2.0
7	转速区间/(r/min)	500～3000	400～3000	400～5000	300～6000
8	可靠性	差	高	高	较高
9	结构坚固性	差	好	好	较好
10	尺寸、质量	大、重	大、较重	小、较重	小、轻
11	电机成本	高	低	低	较高
12	维护成本	高	低	低	一般
13	控制器成本	低	高	高	一般
14	适用范围	低容量、大空间、高噪声	一般工业	较恶劣环境	低振动、低温升、低噪声、高能效要求
15	综合评价	效能过低，节能过差，耗电偏高，影响电池寿命和行驶里程，能效比最低，电机需经常维护，电刷需定期更换	效能一般，节能一般，耗电偏高，影响电池寿命和行驶里程，能效比较低，电机免维护	效能较高，节能较好，耗电一般，电池寿命和行驶里程较好，能效比较高，电机免维护	效能最高，节能最好，耗电偏小，电池寿命和行驶里程最优，能效比最高，电机免维护

三、电动汽车电机命名标准

我国关于电动汽车电机的命名标准如下：
派生代号用大写汉语拼音字母表示；性能参数代号用2位阿拉伯数字表示。
产品名称代号用大写汉语拼音字母表示；机座号，以机壳外径（mm）表示。
产品名称代号：
SYT：铁氧体永磁式直流伺服电机；
SYX：稀土永磁式直流伺服电机；
SXPT：铁氧体永磁式线绕盘式直流电机；

SXPX：稀土永磁式线绕盘式直流电机；
SWT：铁氧体永磁式无刷直流伺服电机；
SWX：稀土永磁式无刷直流伺服电机；
SN：印制绕组直流伺服电机；
SR：开关磁阻电机；
YX：三相异步电机。

第四节 国内驱动电机技术的发展

一、国内驱动电机技术的研发和产业化现状及进展

电机驱动技术是研究电动汽车技术的核心，电机驱动系统可谓电动汽车的"心脏"。由于受到车辆空间的限制和使用环境的约束，电动汽车用电机驱动系统不同于普通的电传动系统，用于普通电传动的电力电子与电机技术已经不能适应其要求。

1. 电动汽车车用驱动电机系统的特点

（1）技术层面与国外水平的比较

与普通工业用驱动电机系统及通用变频器不同，电动汽车用驱动电机系统的特点是高性能、高速宽、恒功率、高功率密度、高可靠性、系统高效、低速大转矩、低成本、低污染和良好的环境适应性。为此，国家在"863"计划内开展了"电动汽车电气系统研究开发项目"课题研究，旨在发展满足电动汽车需要的极限高效、高功率密度、高可靠性的电力电子与电机驱动技术。

我国驱动电机的技术指标已经与国际水平接近，电机的功率密度可达2.68kW/kg，电机系统高效区进一步拓宽，系统的最高效率达94%。技术方面的挑战是可靠性和环境适应性考核还有不足。DC/AC 和 DC/DC 电力电子总成体积偏大。关键的电力电子元器件尚需进口，成本占到控制器近一半，目前已有企业开始研制并试用。上游产业链尚未完全形成，品质还没完全达到汽车工业的需求。

（2）产业化层面与国外水平的差距

在产业化方面，我国与国外先进水平还有一些差距，比如丰田普锐斯，每年的产销量非常大，我们的产业化程度跟它们比有差距。

面向产业化的专业工艺和制造工艺技术有待提高，专用加工设备和测试设备、驱动电机领域大部分关键生产设备及仪器以进口为主，国内设备商主要涉足低端市场的电机生产线建设和质量管理系统。

（3）根据行业需求需要重点加强的方面

1）共性模块化关键技术攻关，降低行业的研发成本；

2）加强机电耦合设计和一体化集成，提高整车适应性；

3）加强关键共性技术研究，建立有效的技术指标和评价体系；

4）加强可靠性、耐久性和环境适应性技术研究及应用；

5）结合国家重大专项，开发关键装备。

2. 电动汽车电机驱动技术要求

电动汽车的电机控制和驱动系统是车辆行驶中的主要执行机构，其驱动特性决定了汽车行驶的主要性能指标，因此它是电动汽车的重要部件，并且电动汽车中的燃料电池汽车（FCV）、混合动力汽车（HEV）和纯电动汽车（EV）都要用电机来驱动车轮行驶，选择合适的电机是提高各类电动汽车性价比的重要因素，因此研发或完善能同时满足车辆行驶过程中的各项性能要求，并具有坚固耐用、造价低、效能高等特点的电机驱动方式显得极其重要。这也是提高电动汽车性价比，使其尽快普及应用，搞好节能减排工作的有效途径。

电动汽车驱动系统是电动汽车最关键的子系统，担负着将电能转变为机械能，并通过传动装置将能量传递到车轮进而驱动车辆按照驾驶人的意志行驶的重任。电动汽车电机是驱动系统的心脏。当电机选择恰当时，驱动系统的性能就取决于驱动电机。电动汽车用驱动电机通常要求能够频繁起动/停车、加速/减速，低速和爬坡时要求高转矩，高速行驶时要求低转矩，并要求变速范围大。其主要参数包括电动机类型、额定电压、机械特性、效率、尺寸参数、可靠性和成本等。另外，为电动汽车电机所配置的电能，以常规车速确定电机额定转速的控制系统和驱动系统，也会影响驱动电机的性能。

驱动电机系统是电动汽车的核心，未来我国电动汽车用驱动电机系统将朝着永磁化、数字化和集成化方向发展。目前，某些关键材料（如高性能硅钢片、绝缘材料）和关键元器件（如 IGBT、DSP 芯片）仍主要依靠进口，这就限制了选择余地，导致成本难以降低，但是相对动力电池而言，驱动电机系统并不是电动汽车发展的障碍。

（1）电机永磁化

电机永磁化符合电机驱动系统高效率的需要。永磁电机具有效率高、比功率大、功率因数高、可靠性高和便于维护等优点，采用矢量控制的变频调速系统，可使永磁电机具有宽广的调速范围。因此以丰田和本田汽车为代表的国际化制造商以及国内一汽、东风、长安、奇瑞等厂商均在其电动汽车中采用了永磁电机方案，推动车用电机向永磁化方向发展。

永磁电机的主要材料及部件是钕铁硼磁钢、电工钢和高速轴承。进入 21 世纪以来，我国磁性材料产业年增长率超过 20%，作为制造电机铁心的材料，电工钢带是使用最普遍的重要磁性材料，是车用电机高效、高功率密度的保障，其成本占电机成本的 20% 左右。

（2）逆变器数字化

在电动汽车中，由燃料电池或蓄电池提供的直流电通过一个或多个逆变器将其转换成交流电驱动永磁电机转动，其中车用电机驱动控制器由逆变器和电机的控制电路构成。

目前，由于电动汽车的直流电压大多低于 600V，逆变器都采用三相两电平结构和 1200V 以下的 IGBT 模块，其中逆变器的核心器件 IGBT 和电容的成本占电机驱动控制器成本的 50% 以上。在混合动力汽车应用中，为了简化冷却系统、降低整车成本，对车用电机驱动系统提出了冷却液入口温度大于 105℃的要求，这个要求除提高了电机绝缘等级和钕铁硼磁钢的等级外，市场上广泛使用的 150℃结温 IGBT 不能满足要求，需要使用 175℃结温 IGBT，并仔细设计高换热效率的散热系统。

（3）系统集成化

系统集成化符合电机驱动系统降低成本的需要。电机驱动系统的集成化包括 2 个方面：

1）机电集成。其一是车用电机与发动机集成构成混合动力发动机总成，如本田的 ISA 系统；其二将车用电机与变速器集成，如丰田混合动力系统（THS）。总之，车用电机与汽车发动机或变速器集成的方向发展有利于减小整个系统的重量和体积，有效降低系统制造成本。

2) 将电动汽车驱动控制器的开关器件、电路、控制单元、传感器、电源和无源器件都集成到标准的模块中组成电力电子组件，这种集成方法可以较好地解决不同工艺的电路之间的组合和高电压隔离等问题，具有较高的集成度，能比较有效地减小体积和重量，但目前还存在分布参数、电磁兼容、传热等具有较高难度的技术问题，尚不能同时有效地降低成本、达到更高的可靠性。电动汽车驱动电机要真正实现产业化，还有很长的路要走。

目前，电机系统集成化主要有以下3个瓶颈：

1) 电机转矩密度、功率密度、效率、寿命等综合性能有待进一步提高。

2) 产品可靠性、生产一致性不高。很多企业生产的样机质量不错，但是一上批量，就会出现问题，这与企业的工艺水平不高有很大关系。

3) 成本过高。这一方面要求企业提高技术水平，另一方面要求企业提高生产能力。只有达到一定批量，单台电机价格才能真正地降下来。我国在稀土永磁电机领域具有明显的竞争优势，然而产品可靠性、耐久性和工艺水平需要进一步提升。更为重要的是，我国在电力电子模块等关键零部件领域开发与供货能力尚较弱。

电动汽车电机控制和驱动技术性能指标有：

1) 高电压。在允许的范围内尽量采用高电压，可减小电动机的尺寸和导线等装备的尺寸，特别是可减小逆变器的尺寸；

2) 高转速。高转速电动机体积小、质量轻，有利于降低电动汽车的整车整备质量；

3) 质量轻。电机采用铝合金外壳；以额定功率/转速确定电机额定转矩，电机质量、各种控制器装备的质量和冷却系统的质量等也要求尽可能地轻；

4) 较大的起动转矩和较大范围的调速性能。这样使电动汽车有良好的起动性能和加速性能。电机有自动调速功能，因此可以减轻驾驶人的操纵强度，提高舒适性，并且能达到与内燃机汽车加速踏板同样的控制响应；

5) 效率高、损耗少，并具有制动能量回收功能。电动汽车应具有最优化的能量利用，以在车载总能量不变的情况下最大限度地增加续驶里程，再生制动回收的能量一般可达到总能量的10%~20%，这在内燃机汽车上是无法实现的；

6) 必须有高压保护设备；

7) 可靠性好、耐温耐潮、性能高及运行时噪声低。

二、电动汽车驱动系统的分类

电动汽车驱动系统可按其机械传动结构或所选电机的类型来分类。按机械传动方式分类主要有传统的驱动模式、电机-驱动桥组合式驱动系统、电机-驱动桥整体式驱动系统和轮毂电机分散驱动系统四种基本典型结构。按所选电机的类型又可分为直流电机、交流电机、永磁无刷电机、开关磁阻电机、续流增磁电机等。由于各种机械传动结构又可选用各类电机，因此就又有多种多样的组合形式。各种组合方式既有其相应的技术优势，也有其缺点，可选择的范围很广。

1. 传统的驱动模式

该驱动系统仍然采用内燃机汽车的驱动系统布置方式，包括离合器、变速器、传动轴和驱动桥等总成，只是将内燃机换成电机，属于改造型电动汽车。这种布置方式可以提高纯电动汽车的起动转矩，增加低速时纯电动汽车的储备功率。这种驱动系统布置形式有电机前置-驱动桥前置（FF）、电机前置-驱动桥后置（FR）等驱动模式。但是，这种驱动系统布置形式结构复杂、效率低，不能充分发挥驱动电机的性能。在此基础上，还有一种简化的传统驱动系统布置形式，如图1-2所示，采用固定速比减速器，去掉离合器，这种形式可减少机械传动装置的质量，缩小其体积。

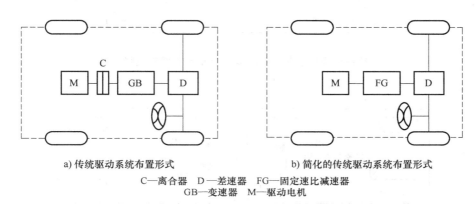

a) 传统驱动系统布置形式　　　　b) 简化的传统驱动系统布置形式
C—离合器　D—差速器　FG—固定速比减速器
GB—变速器　M—驱动电机

图1-2　传统驱动系统和简化的传统驱动系统布置形式

传统驱动系统布置形式的工作原理类似于传统汽车，离合器用来切断或接通驱动电机到车轮之间传递动力的机械装置，变速器是一套具有不同速比的齿轮机构，驾驶人按需要选择不同的档位，低速时车轮获得大转矩、低转速，而高速时车轮获得小转矩、高转速。由于采用了调速电机，其变速器可相应简化，档位一般有2个，倒档也可利用驱动电机的正反转来实现。驱动桥内的机械式差速器使汽车在转弯时左右车轮以不同的转速行驶。这种模式主要用于早期的纯电动汽车，省去了较多的设计，也适于对原有汽车的改造。

2. 电机—驱动桥组合式驱动系统

这种驱动系统布置形式即在驱动电机端盖的输出轴处加装减速齿轮和差速器等，电机、固定速比减速器、差速器的轴平行，一起组合成一个驱动整体。它通过固定速比的减速器来放大驱动电机的输出转矩，但没有可选的变速档位，也就省掉了离合器。这种布置形式的机械传动机构紧凑，传动效率较高，便于安装。但这种布置形式对驱动电机的调速要求较高。按传统汽车的驱动模式来说，可以分为驱动电机前置-驱动桥前置（FF），如图1-3所示，驱动电机后置-驱动桥后置（RR）两种方式，如图1-2所示。这种驱动系统布置形式具有良好的通用性和互换性，便于在现有的汽车底盘上安装，使用、维修也较方便。

3. 电机—驱动桥整体式驱动系统

这种驱动系统布置形式与发动机横向前置、前轮驱动的传统汽车的布置方式类似，把电机、固定速比减速器和差速器集成为一个整体，两根半轴连接驱动车轮。电机—驱动桥整体式驱动系统布置形式有同轴式（图1-4a）和双联式（图1-4b）两种，如图1-4所示。

1) 如图1-5所示，同轴式驱动系统的电机轴是一种特殊制造的空心轴，在电机左端输出轴处的装置有减速齿轮和差速器，再由差速器带动左右半轴，左半轴直接带动，而右半轴通过电动机的空心轴来带动。

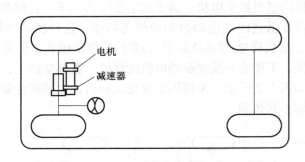

图1-3 FF电机-驱动桥组合式驱动系统布置形式

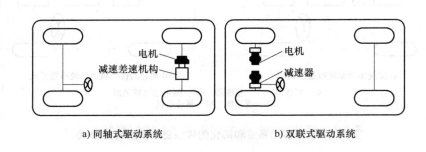

a) 同轴式驱动系统　　　　　　　　b) 双联式驱动系统

图1-4 电机-驱动桥整体式驱动系统布置形式

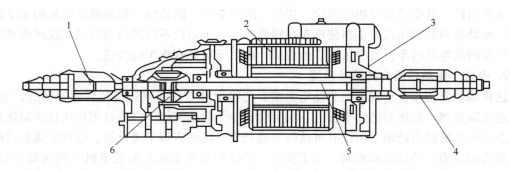

图1-5 同轴式电机-驱动桥整体式驱动系统
1—左半轴 2—驱动电机转子 3—驱动电机外壳 4—右半轴 5—驱动电机空心轴 6—驱动桥差速器

2）如图1-6所示，双联式驱动系统也称为双电机驱动系统，由左右两台永磁电机直接通过固定速比减速器分别驱动两个车轮，左右两台电机由中间的电控差速器控制，每个驱动电机的转速可以独立地调节控制，便于实现电子差速，不必选用机械差速器。

3）如图1-7所示，汽车转弯时，图1-7a采用机械式差速器，图1-7b采用电控差速器。电子差速器的优点是体积小、质量轻，在汽车转弯时可以实现精确的电子控制，提高纯电动汽车的性能。其缺点是由于增加了驱动电机和功率转换器，增加了初始成本，而且在不同条件下对两个驱动电机进行精确控制的可靠性需要进一步提高。

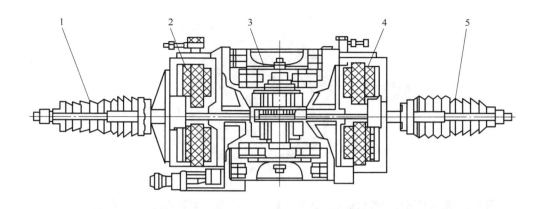

图 1-6 双联式电机-驱动桥整体式驱动系统
1—左半轴 2—左驱动电机 3—电控差速器 4—右驱动电机 5—右半轴

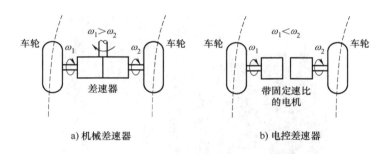

a) 机械差速器　　　　　b) 电控差速器

图 1-7 汽车转弯时的情况

同样,电机-驱动桥整体式驱动系统在汽车上的布局也有电机前置-驱动桥前置(FF)和电机后置-驱动桥后置(RR)两种驱动模式。该电机-驱动桥构成的机电一体化整体式驱动系统,具有结构更紧凑、传动效率高、重量轻、体积小、安装方便等特点,并具有良好的通用性和互换性,在小型电动汽车上应用最普遍。

4. 轮毂电机分散驱动系统

轮毂电机技术又称车轮内装电机技术,它的最大特点就是将动力、传动和制动装置都整合到轮毂内,因此将电动汽车的机械部分大大简化。轮毂电机技术并非新生事物,早在1900年,保时捷就首先制造出前轮装备轮毂电机的电动汽车,在20世纪70年代,这一技术在矿山运输车等领域得到应用。日系厂商对乘用车所用的轮毂电机技术研发开展较早,目前处于领先地位,通用等国际汽车巨头也都对该技术有所涉足。现在国内也有自主品牌汽车厂商开始研发此项技术,2011年上海车展展出的瑞麒X1增程电动车就采用了轮毂电机技术,如图1-8所示。

采用轮毂电机驱动的汽车可以获得更好的空间利用率,同时传动效率也要高出不少。

由于轮毂电机具备单个车轮独立驱动的特性,因此无论是前轮驱动、后轮驱动还是四轮驱动形式,它都可以比较轻松地实现,四轮驱动在轮毂电机驱动的汽车上实现起来非常容易。同时轮毂电机可以通过左右车轮的不同转速甚至反转实现类似履带式车辆的差动转向,

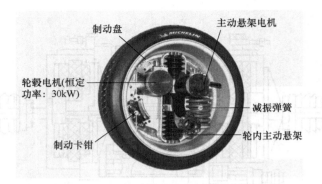

图 1-8 米其林研发的将轮毂电机和电子主动悬架都整合到轮内的驱动/悬架系统结构

大大减小车辆的转弯半径,在特殊情况下几乎可以实现原地转向(不过此时对车辆转向机构和轮胎的磨损较大),对于特种车辆很有价值。如图 1-9 所示。

图 1-9 本田研发的轮毂电机实物

无论是纯电动还是燃料电池汽车,抑或是增程式电动汽车,都可以用轮毂电机作为主要驱动力;即便是对于混合动力车型,也可以采用轮毂电机作为起步或者急加速时的助力,可谓是一机多用。同时,电动汽车的很多技术,诸如制动能量回收(即再生制动)等技术也可以很轻松地在轮毂电机驱动车型上得以实现。

第五节　电机驱动系统的组成与控制技术

一、电机驱动系统的基本组成

电动汽车的整个驱动系统包括电机驱动系统与其机械传动机构两大部分,机械传动机构有四种基本典型结构,在此主要介绍电机驱动系统的基本组成,并且随着电机驱动系统的改进完善,其机械传动机构可在一定程度上简化或省去。

电机驱动系统的基本组成如图 1-10 所示。

电机驱动系统是电动汽车的心脏,它由电机、功率转换器、控制器、各种检测传感器和

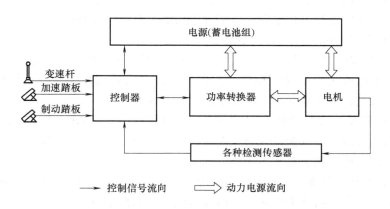

图 1-10 电机驱动系统的基本组成框图

电源（蓄电池组）组成，其任务是在驾驶人的控制下，高效地将蓄电池的电能转化为车轮的动能，或者将车轮的动能反馈到蓄电池中。

电动汽车电机驱动系统按所选电动机的类型可分为：直流电机、无刷直流电机、异步电机、永磁同步电机和开关磁阻电机等。

电机一般要求具有电动与发电两项功能，即有四象限运行特性，按其类型可选用直流、交流、永磁无刷或开关磁阻电机。功率转换器按所选电机类型，有 DC/DC 功率变换器、DC/AC 功率变换器等形式，其作用是按所选电机驱动电流要求，将蓄电池的直流电变换为所需电压等级的直流、交流或脉冲电源。各种检测传感器为提高改善电机的调速特性而设置，主要有电压、电流、速度、转矩以及温度等检测反馈，对于永磁无刷电机或开关磁阻电机还要求有电机转角位置检测。由于所选电机类型不同，其控制驱动方式也不同，具体将在后续各节针对电机类型再做详细介绍。控制器是按驾驶人操纵变速杆、加速踏板和制动踏板等输入的前进、倒退、起步、加速、制动等信号，以及各种检测传感器反馈的信号，通过运算、逻辑判断、分析比较等适时向功率转换器发出相应的指令，使整个驱动系统有效地运行。

二、车用电机驱动系统的控制技术

电机控制技术是电动汽车的关键技术之一，它对电动汽车的性能产生巨大的影响。由于驱动电机的原理、种类差别很大，因此，对每类电机的控制都是针对该类电机的原理采用适当的控制方式。

简言之，直流电机的转速是通过控制电枢和励磁来实现的，即电机转速在基速以下时，励磁电流不变，采用电枢控制；电机转速在基速以上时，电枢电压不变，采用励磁控制。交流电机采用矢量控制技术实现电机转矩控制，其基本原理是将电机定子电流矢量分解为产生磁场的电流分量（励磁电流）和产生转矩的电流分量（转矩电流）分别加以控制，并同时控制分量间的幅值和相位，以实现控制定子电流矢量。这种将磁链与转矩解耦，化复杂控制为近似于直流简单控制的方法，可获得与直流调速系统同样的静、动态性能，并方便地实现对交流电机的高性能调速。

永磁电机的控制比较复杂，为实现最佳控制，常采用两种或几种控制方案结合运行，如采用最大转矩控制和弱磁控制相结合，以实现电机的效率最佳化和较宽范围调速的控制技术以及转矩控制和 PWM 控制集成一体的控制技术等。

随着电机驱动系统和控制技术的发展，近年来各种智能控制技术、模糊控制技术、神经网络控制技术已开始应用于电动汽车电机控制中，使电机驱动系统实现了结构简单、响应快、抗干扰强等特点，极大地提高了驱动系统的技术性能。

1) 高转矩：驱动系统低速运行（恒转矩区）时应具有大转矩，以满足快速起动、加速、爬坡等要求；高速运行（恒功率区）时应具有高转速、调速范围宽的特性，以满足电动汽车在平坦路面高速行驶、超车等要求。

2) 高效率：在整个转矩/转速运行范围内，电动汽车频繁起停，工作区域宽，因此要求驱动系统有尽可能宽的高效工作区域，以谋求电池一次充电后的续驶里程尽可能长。

3) 加快性好：转矩控制灵活且响应快，可适应路面变化及频繁起动和制动。

4) 电机及控制器结构坚固，抗颠簸振动，体积小，重量轻，有一定过载能力，再生制动时能量回馈效率高，性能稳定，在不同工况下能稳定可靠地工作。

5) 操作系统符合驾驶习惯，运行平稳，乘坐舒适，系统保障措施完善。

三、电机驱动系统控制方式

电机驱动控制系统的好坏关系着电动汽车能否安全可靠地运行。电机驱动系统主要由电机、电力电子变流器、数字控制器和传感器等核心部分组成。目前电动汽车电机驱动系统中，主要采用感应电机、永磁同步电机和开关磁阻电机；电机驱动控制系统由电力电子逆变器向 IGBT 集成模块发展，传感器向集成智能传感器发展，在电机的控制方法方面，传统的控制方法是直流电机的励磁控制法与电枢电压控制法；开关磁阻电机主要有角度位置控制、电流斩波控制以及电压控制；感应电机主要有 U/f 控制、转差频率控制、矢量控制和直接转矩控制等。近年来，出现了许多先进的控制方法包括自适应控制、变结构控制、模糊控制和神经网络控制、闭环控制、鲁棒控制、滑模控制、专家系统模型参考自适应控制、非耦合控制、交叉耦合控制以及协调控制等都适用于电机驱动。

1. 感应电机 U/f 控制

感应电机 U/f 开环控制系统中存在固有的不稳定性，在某些运行频段易出现电流的持续振荡，严重时甚至会引起变频器过流或烧毁功率模块。在空载、轻载运行情况下，这一问题尤为突出，限制了此类开环控制系统的运行调速范围。U/f 控制系统的不稳定是一个非常复杂的问题，与很多因素有关，比如定子电阻、转子惯量、死区时间、DC 滤波电容、载波频率、系统共振频率等。为了提高 U/f 系统的稳定性，许多学者对此进行了很多研究。根据直流母线电流的波动调节电机频率来提高系统的稳定性，而根据检测电机有功电流的波动来调节电机运行频率以抑制系统振荡。根据电机定子电流的波动调节定子电压来改善系统的稳定性。在系统中加入一个 PI 调节器通过检测定子电流的波动对定子电压和频率进行补偿来抑制系统振荡。

2. 转差频率控制

基于转差频率控制的矢量控制方式是在进行 U/f 为恒定控制的基础上，通过检测异步电机的实际转速 n，并得到对应的控制频率 f，然后根据希望得到的转矩，分别控制定子电流矢量及两个分量间的相位，对输出频率 f 进行控制。采用这种控制方法可以使调速系统消除动态过程中转矩电流的波动，从而提高了通用变频器的动态性能，在一定程度上改善了系统的静态和动态性能，同时它又具有比其他矢量控制方法简便、结构简单、控制精度高等特点。

3. 矢量控制

矢量控制是一种电机磁场定向控制方法，以异步电机的矢量控制为例：它首先通过电机的等效电路来得出一些磁链方程，包括定子磁链、气隙磁链、转子磁链，其中气隙磁链是连接定子和转子的。一般的感应电机转子电流不易测量，所以通过气隙来中转，把它变成定子电流，然而有一些坐标变换，首先通过 3/2 变换，变成静止的 d-q 坐标，然后通过前面的磁链方程产生的单位矢量来得到旋转坐标，类似于直流机的转矩电流分量和磁场电流分量，这样就实现了解耦控制，加快了系统的响应速度，最后再经过 2/3 变换，产生三相交流电去控制电机，这样就获得了良好的性能。

矢量控制又称磁场定向控制，按同步旋转参考坐标系定向方式可分为转子磁场定向、气隙磁场定向和定子磁场定向控制。转子磁场定向可以得到自然的解耦控制，在实际系统中得到广泛应用，而后两种定向会产生耦合效应，必须通过解耦的补偿电流实施补偿。

矢量控制的思想是将交流电机的三相定子坐标转换为两相定子坐标，然后再转换为同步旋转坐标，产生同样的旋转磁场的情况下，同步旋转坐标系中电流为直流，也就是实现了交流电机的解耦。

矢量控制实现的基本原理是通过测量和控制异步电机定子电流矢量，分别对异步电机的励磁电流和转矩电流进行控制，从而达到控制异步电机转矩的目的。

具体原理是将异步电机的定子电流矢量分解为产生磁场的电流分量（励磁电流）和产生转矩的电流分量（转矩电流）分别加以控制，并同时控制两分量间的幅值和相位，即控制定子电流矢量，所以称这种控制方式为矢量控制方式。

矢量控制方式又有基于转差率控制的矢量控制方式、无速度传感器矢量控制方式和有速度传感器的矢量控制方式等。它是一种控制异步电机的方法，与直流电机类似，也可得到高速转矩响应。

基于转差率控制的矢量控制方式是在进行 U/f 为恒定控制的基础上，通过检测异步电机的实际转速 n，并得到对应的控制频率，然后根据希望得到的转矩，分别控制定子电流矢量及两个分量间的相位，对通用变频器的输出频率进行控制。

基于转差率控制的矢量控制方式的最大特点是，可以消除动态过程中转矩电流的波动，从而提高了通用变频器的动态性能。

早期的矢量控制通用变频器基本上都是采用基于转差率控制的矢量控制方式。

无速度传感器的矢量控制方式是基于磁场定向控制理论发展而来的。它的基本控制思想是根据输入的电机的铭牌参数，按照转矩计算公式分别对基本控制量的励磁电流（或磁通）和转矩电流进行检测，并通过控制电机定子绕组上电压的频率使励磁电流（或磁通）和转矩电流的指令值和检测值达到一致，并输出转矩，从而实现矢量控制。

采用矢量控制方式的通用变频器不仅可在调速范围上与直流电机相匹配，而且可以控制异步电机产生的转矩。

由于矢量控制方式所依据的是准确的被控异步电机的参数，有的通用变频器在使用时需要准确地输入异步电机的参数,有的通用变频器需要使用速度传感器和编码器,并需使用厂商指定的变频器专用电机进行控制,否则难以达到理想的控制效果。

目前新型矢量控制通用变频器中,已经具备异步电机参数自动检测、自动辨识、自适应功能,这种通用变频器在驱动异步电机进行正常运转之前,可以自动地对异步电机的参数进行辨识,并根据辨识结果调整控制算法中的有关参数,从而对普通的异步电机进行有效的矢量控制。

4. 直接转矩控制

直接转矩控制以转矩为中心来进行磁链、转矩的综合控制。

与矢量控制不同,直接转矩控制不采用解耦的方式,从而在算法上不存在旋转坐标变换,简单地通过检测电机定子电压和电流,借助瞬时空间矢量理论计算电机的磁链和转矩,并根据与给定值比较所得差值,实现磁链和转矩的直接控制。耦合是指两个或两个以上的体系或两种运动形式间通过相互作用而彼此影响以至联合起来的现象。

解耦就是用数学方法将两种运动分离开来处理问题,常用解耦方法就是忽略或简化对所研究问题影响较小的一种运动,只分析主要的运动。

磁链等于导电线圈匝数 N 与穿过该线圈各匝的平均磁通量 ϕ 的乘积,故又称磁通匝。

由于它省掉了矢量变换方式的坐标变换与计算、为解耦而简化的异步电机数学模型,没有通常的脉宽调制信号发生器,所以它的控制结构简单、控制信号处理的物理概念明确、系统的转矩响应迅速且无超调,是一种具有高静、动态性能的交流调速控制方式。

与并励直流电机的情况类似,高速时感应电动势增加、无电流通过,从而不产生转矩。当转速增加到一定程度时励磁变弱,有产生转矩分电流的趋势。

基于这种考虑,依靠转速函数而获取弱磁的控制方法得以实现,磁通在饱和密度以下时励磁恒定,在饱和密度以上时磁通与速度成反比产生弱磁。弱磁控制类似于直流电机的情况,不能进行高速控制,因此必须采用具有一定余量的控制。

异步电机在低转矩负荷工况下,不一定需要很大的励磁电流。由于端电压增加铁损也随之增加。因此,在低转矩时要考虑采用什么样的弱磁,有待进一步分析。

5. 自适应控制

研究对象是具有一定程度不确定性的系统,所谓的"不确定性"是指描述被控对象及其环境的数学模型不是完全确定的,其中包含一些未知因素和随机因素。

自适应控制和常规的反馈控制、最优控制一样,也是一种基于数学模型的控制方法,所不同的只是自适应控制依据的关于模型和扰动的先验知识比较少,需要在系统的运行过程中不断提取有关模型的信息,使模型逐步完善。具体地说,可以依据对象的输入输出数据,不断地辨识模型参数,这个过程称为系统的在线辨识。随着生产过程的不断进行,通过在线辨识,模型会变得越来越准确,越来越接近于实际。既然模型在不断地改进,显然,基于这种模型综合出来的控制作用也将随之不断地改进。在这个意义下,控制系统具有一定的适应能力。比如说,当系统在设计阶段,由于对象特性的初始信息比较缺乏,系统在刚开始投入运行时性能可能不理想,但是只要经过一段时间的运行,通过在线辨识和控制以后,控制系统逐渐适应,最终将控制对象调整到一个满意的工作状态。再比如某些控制对象，其特性可能在运行过程中要发生较大的变化，但通过在线辨识和改变控制器参数，系统也能逐渐适应。

6. 变结构控制

这是一种控制系统的设计方法，适用于线线性及非线性系统，包括控制系统的调节、跟踪、自适应及不确定等系统。由于变结构控制不需要精确的模型和重复估计的特点，因此这一控制方法具有算法简单、抗干扰性能好、容易在线实现等优点，适用于不确定非线性多变量控制对象。近年来，这种设计方法受到了国内外的广泛重视，得到了很快的发展。

7. 模糊控制

模糊控制是利用模糊数学的基本思想和理论的控制方法。在传统的控制领域里，控制系统动态模式的精确与否是影响控制优劣的关键，系统的动态信息越详细，则越能达到精确控制的目的。然而，对于复杂的系统，由于变量太多，往往难以正确地描述系统的动态，于是工程师便利用各种方法来简化系统动态，以达成控制的目的，但却不尽理想。换言之，传统的控制理论对于明确系统有强而有力的控制能力，但对于过于复杂或难以精确描述的系统，则显得无能为力了。因此便只能以模糊数学来处理这些控制问题。

8. 神经网络控制

神经网络控制是（人工）神经网络理论与控制理论相结合的产物，属于发展中的学科。它汇集了包括数学、生物学、神经生理学、脑科学、遗传学、人工智能、计算机科学、自动控制等学科的理论、技术、方法及研究成果。

在控制领域，将具有学习能力的控制系统称为学习控制系统，属于智能控制系统。神经控制是有学习能力的，属于学习控制，是智能控制的一个分支。

它是智能控制的一个新的分支，为解决复杂的非线性、不确定、不确知系统的控制问题开辟了新途径。

人工神经网络是由大量神经元广泛连接而组成的非线性动力系统，它的基本神经元在输入输出结构上是简单非线性（称为作用函数），而大量的这种神经元按一定的拓扑结构和学习调整方法所构成的神经网络能表示出丰富的特征。其特征有并行计算、分布存储、可变结构、高度容错、非线性运算、自我组织、学习/自学习等。这些特性是人们长期追求和期望的系统特性，这使得神经网络被广泛研究和应用在学习控制中。

9. 闭环控制

这是一种自动控制系统，其中包括功率放大和反馈，使输出变量的值响应输入变量的值。数控装置发出指令脉冲后，当指令值送到位置比较电路时，此时若工作台没有移动，即没有位置反馈信号时，指令值使伺服驱动电机转动，经过齿轮、滚子丝杠螺母副等传动元件带动机床工作台移动。装在机床工作台上的位置测量元件，测出工作台的实际位移量后，后反馈到数控装置的比较器中与指令信号进行比较，并用比较后的差值进行控制。若两者存在差值，经放大器后放大，再控制伺服驱动电机转动，直至差值为零时，工作台才停止移动。这种系统称为闭环伺服系统。

10. 鲁棒控制

所谓"鲁棒性"，是指控制系统在一定的参数（结构、大小）摄动下，维持某些性能的特性。根据对性能的不同定义，可分为稳定鲁棒性和性能鲁棒性。以闭环系统的鲁棒性作为目标设计得到的固定控制器称为鲁棒控制器。

由于工作状况变动、外部干扰以及建模误差的缘故，实际工业过程的精确模型很难得到，而系统的各种故障也将导致模型的不确定性，因此可以说，模型的不确定性在控制系统中广泛存在。如何设计一个固定的控制器，使具有不确定性的对象满足控制品质，也就是鲁棒控制，成为国内外科研人员的研究课题。

现代鲁棒控制是一个着重控制算法可靠性研究的控制器设计方法。其设计目标是找到在实际环境中为保证安全要求控制系统最小必须满足的要求。一旦设计好这个控制器，它的参数不能改变而且控制性能能够保证。

总之，电动汽车驱动电机起着能量的转换作用，即把电源提供的电能转化为机械能，制动时将动能转换为电能回馈给能量储存装置。

车载蓄电池能量是有限的，故要求电机在各种环境下都具有很好的效率，才能利用有限的能量来行驶更长的里程。因此，对电动汽车用电机在性能上要求比一般工业应用的电机要高。

电动汽车电机驱动技术控制能量存储系统与车轮之间的关键技术，其作用是将能量存储系统输出的能量（化学能、电能）转换为机械能，推动车辆克服各种滚动阻力、空气阻力、加速阻力和爬坡阻力，制动时将动能转换为电能回馈给能量储存系统，现代电动汽车与传统的燃油汽车不同，其驱动系统省去了复杂笨重的机械齿轮变速机构，就能提供满足车辆行驶速度范围和负载变化大的转矩转速特性。

目前，在电池技术未取得突破的背景下，电机驱动系统技术的研究成为电动汽车技术研究的主要热点，也是提高续驶里程并使之实用化的关键，目的是提高电动汽车的驱动性能、续驶里程以及行驶方便性、可靠性等。电机驱动子系统的研究以电机控制的研究为中心，辅以各种新型控制技术而展开。

复习思考题

一、填空题

1. 电机作为混合动力系统中一个重要的_____输出源，其自身的性能直接影响到了电动汽车的整体性能。一方面，汽车所需要的_____输出和回收_____不断提高，以满足不同工况不同车型的需求；另一方面，这种新型机电一体的_____尺寸受到车内空间的限制。这就需要混合动力车用电机向_____和_____发展。

2. 目前电动汽车电机驱动系统中，主要采用_____、永磁同步电机和开关磁阻电机；电机驱动控制系统由电力电子逆变器向_____集成模块发展，传感器向_____传感器发展，在电机的控制方法方面，传统的控制方法是直流电机的_____控制法与_____控制法；开关磁阻电动机的_____控制、电流斩波控制以及电压控制；感应电机主要有_____控制、转差频率控制、_____控制和_____控制等。

二、问答题

1. 电动汽车的电机驱动系统主要由哪几部分组成？

2. 电动汽车的电机主要有哪些性能指标？
3. 电动汽车电机控制的组成有哪几部分？
4. 电动汽车电机控制和驱动技术发展与现状是怎样的？
5. 电动汽车电机控制和驱动技术性能指标是什么？
6. 电动汽车电机控制和驱动技术基本原理是什么？

第二章 直流电机类型及其控制技术

学习目标

- 了解直流电机类型
- 掌握直流电机的结构和工作原理
- 掌握直流电机控制技术

直流电机是一种能实现直流电能和机械能互相转换的电器设备,直流电机包括直流发电机和直流电动机,它们具有相同的结构。将机械能转换成直流电能的称为直流发电机,将直流电能转换成机械能的称为直流电动机,直流电机具有可逆性。一台直流电机工作在发电机状态还是电动机状态,取决于电机的工作运行环境。直流电机具有较好的调速性能和较强的起动转矩及过载能力,因而广泛用于各种要求调速性能高、起动转矩大的工作环境。

直流电机由于控制性能好,所以最早在电动汽车中获得应用。在20世纪80年代前,几乎所有的车辆牵引电机均为直流电机,如法国雪铁龙 SAXO 电动轿车和日本大发 HUET 电动面包车均达到年产1万辆的规模。这是因为直流牵引电机具有起步加速牵引力大、控制系统较简单等优点。直流电机的缺点是有机械换向器,当在高速大负荷下运行时,换向器表面会产生火花,所以电机的转速不能太高。由于直流电机采用机械式电刷和换向器,其过载能力、转速范围、功率体积比、功率重量比、系统效率、使用维护性均受到限制。除小型车外,目前其他车辆已较少采用直流电机。

第一节 直流电机的类型

直流电机按结构及工作原理可划分为无刷直流电机和有刷直流电机。

有刷直流电机可划分为永磁直流电机和电磁直流电机。

永磁直流电机可划分为稀土永磁直流电机、铁氧体永磁直流电机和铝镍钴永磁直流电机。

直流电机按励磁方式可划分为串励直流电机、并励直流电机、他励直流电机和复励直流电机。

他励的励磁绕组和电枢绕组分别由两个直流电源供电;串励是两个绕组同一电源,同一电流;并励是两个绕组同一电源,不同电流,电流分配与电机结构有关;复励是兼而有之。由于励磁方式不同,电机的机械特性(电机输出转矩 T 和转速 n 的关系)也不同,如图 2-1 所示。电动汽车用直流电机通常为串励式。

各种不同的励磁方式如图 2-2 所示。

无论什么励磁方式,直流电机的额定值却是一样的,一般有以下5个指标:

1) 额定功率——指电机在铭牌规定的额定状态下运行时输出的机械功率,单位用 kW。

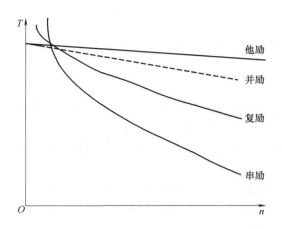

图 2-1 直流电机的机械特性

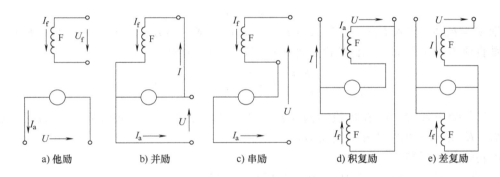

图 2-2 各种不同的励磁方式

2）额定电压——指在额定状态下的电枢绕组输入电压，单位为 V。
3）额定电流——指在额定状态下，额定功率时的电流，单位为 A。
4）额定转速——指在额定状态下运行时的转子转速，单位为 r/min。
5）额定励磁电压——指在额定状态下运行时励磁绕组的电压，单位为 V。

根据不同的励磁方式，直流电机稳定运行时的基本方程分别为：

（1）电压方程

他励电机

$$I_a = I_f, \quad E_a = U - I_a R_a$$

并励电机

$$I_a = I - I_f, \quad E_a = U - I_a R_a$$

串励电机

$$I_a = I = I_f, \quad E_a = U - I_a(R_a + R_f)$$

（2）转矩方程

驱动转矩 T_e 必须与机械负载转矩 T_L、空载损耗转矩 T_f 相平衡，平衡方程式为

$$T_e = T_L + T_f$$

（3）电磁功率

负载运行时，电磁绕组的感应电动势 E_a 与电枢电流 I_a 的乘积，称为电磁功率，用 P_e 表示：

$$P_e = E_a I_a \tag{2-1}$$

根据能量守恒定律，对于电动机，电磁功率应等于输出的机械功率，即

$$P_e = E_a I_a = T \cdot 2\pi n/60 = T\omega \tag{2-2}$$

式（2-2）说明电磁功率就是电能转换为机械能的能量转换过程，它发生在电枢电路和机械系统之间。

直流电动机的运行特性包括工作特性和机械特性。工作特性是指电机在额定电压、额定励磁电流不变的情况下，其转速、转矩和输出功率之间的关系。

（4）串励电机机械特性

对于串励直流电动机，由于电枢电流 I_a 与励磁电流 I_f 相等，在磁路未饱和时，励磁绕组与产生的磁通量 ϕ 与电流成正比，$\phi = K I_f = K I_a$，式中 K 为比例常数。电磁转矩

$$T_e = K_m \phi I_a$$

把 $T_e = K_m \phi I_a$ 代入 $E_a = U - I_a(R_a + R_f)$ 得出电动势平衡方程 $U = E_a + I_a(R_a + R_f)$，表达了串励直流电动机的固有机械特性，即转速与转矩的平方根成反比。

$$n = \frac{\sqrt{K_e K_T}}{K_e K \sqrt{T_e}} U - \frac{R_a + R_f}{K_e K} = \frac{A}{\sqrt{T_e}} - B \tag{2-3}$$

式中，K 是励磁系数；K_m 是电机结构参数决定的转矩常数；K_e 是电机结构参数决定的电动势常数；K_T 是与电机结构相关的常数。

由转矩公式可知：

1）生产转矩的条件，必须有励磁磁通和电枢电流，而且与两者的乘积成正比；

2）磁通不变时，转矩与电流成正比，只要控制了电枢电流，就可以控制转矩的大小；

3）改变电机旋转的方向可以通过改变电枢电流的方向或者改变磁通的方向来实现。

如图 2-3 的 AB 段所示，如果 I_a 足够大，ϕ 趋于饱和，即 $\phi \approx K$ 时，机械特性曲线近似线性变化，如图 2-3 中 BC 段所示。前者显示软特性，后者显示硬特性。

1. 他励电机

他励电机的励磁方式是励磁绕组与电枢绕组分开，外加两个直流电源供电。励磁绕组由独立的励磁电源供电，起动转矩与电枢电流成正比。转速变化范围为 5%~15%，可以通过削弱磁场恒功率来提高转速，通过降低转子绕组的电压来降低转速，如图 2-4

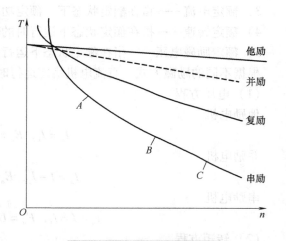

图 2-3　直流电机的机械特性

所示。

2. 并励电机

并励电机的励磁方式是励磁绕组与电枢绕组共用同一直流电源,并且励磁绕组与电枢绕组呈并联关系,如图 2-5 所示。并励直流电机的起动转矩与电枢电流成正比,起动电流约为额定电流的 2.5 倍。转速则随电流及转矩的增大而略有下降,短时过载转矩为额定转矩的 1.5 倍左右。转速变化范围为 5% ~ 15%,可以通过削弱磁场的恒功率来调速。

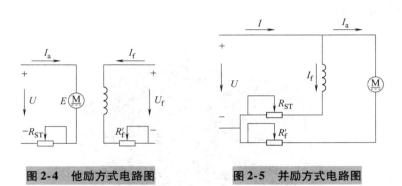

图 2-4　他励方式电路图　　　图 2-5　并励方式电路图

3. 串励电机

串励电机的励磁方式是将励磁绕组与电枢绕组串联后由同一电源供电,励磁电流即电枢电流,如图 2-6 所示。串励电机的转速随负载的大小变化较大,转矩近似与电枢电流的二次方成正比。起动转矩比他励、并励直流电机大,适用于要求起动转矩特别大而对转速的稳定无要求的负载。串励直流电动机的转速随转矩或电流的增加而迅速下降。其起动转矩可达额定转矩的 5 倍,短时间过载转矩可达额定转矩的 4 倍,转速变化率较大,空载转速很高(一般不允许其在空载下运行)。可通过用外加电阻器与串励绕组串联(或并联)来实现调速。

4. 复励电机

复励电机有两个励磁绕组,其中一组为与电枢并联的并励绕组,另外一组为与电枢串联的串励绕组,如图 2-7 所示。若串励绕组产生的磁通势与并励磁绕组产生的磁通势方向相同,称为积复励;若相反,则称为差复励。其特性介于并励与串励电机之间。

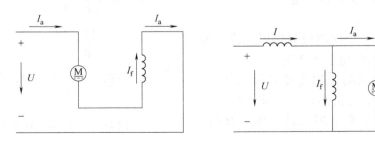

图 2-6　串励方式电路图　　　图 2-7　复励方式电路图

积复励直流电机的起动转矩约为额定转矩的 4 倍,短时间过载转矩约为额定转矩的 3.5

倍。转速变化率为 25%~30%（与串联绕组有关）。转速可通过削弱磁场强度来调整。

第二节　直流电机的构造及工作原理

1. 直流电机的基本构造

图 2-8 所示为一台 Z2 系列小型直流电机的结构，它主要由转子（电枢）、定子、端盖和电刷系统四部分组成。

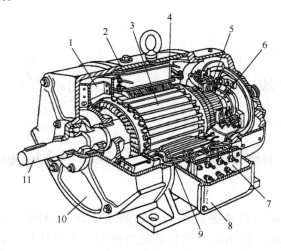

图 2-8　Z2 系列小型直流电机的构造
1—风扇　2—机座　3—电枢　4—主磁极　5—电刷　6—换向器　7—接线板
8—出线盒　9—换向磁极　10—端盖　11—轴

（1）定子

定子主要由主磁极、换向磁极、电刷和机座等组成。定子的功能是用来产生磁通和进行机械固定。

1）主磁极：定子主磁极的作用是产生主磁场，磁极可以是永磁体，也可以是电励磁式的，如图 2-9 所示。

2）换向磁极：换向磁极的作用是改善换向，减少电机运行时电刷下产生的火花。

3）电刷：电刷的作用主要是导通作用，作为转子电枢绕组的引出端。目前，高端的新型直流电机的电刷采用先进的电子接触，称为无刷电机。

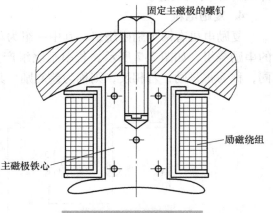

图 2-9　直流电机的主磁极

4）机座：又叫磁轭，由铸钢或钢板制成，是磁路的一部分，也起到固定支撑作用。

（2）转子

转子也称为电枢，主要由电枢铁心、电枢绕组及换向器等组成。端盖上装有轴承以支撑电机转子旋转，端盖固定在机座两端。电刷架安装在端盖上，电刷则与换向器相接触。转子的作用是当通电后在磁场中受力产生电磁转矩。电枢铁心由铁磁材料冲压开槽叠片而成，固定在转轴上，如图 2-10 所示。

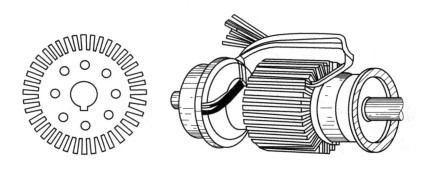

图 2-10 直流电机转子

在电机的定子和转子之间留有气隙，气隙的大小以及定子和转子的结构形式对电机性能有重要影响。

1）换向器：换向器是由许多换向片组成的整体，装在转子的一端，换向片之间相互绝缘，转动的换向器与固定的电刷滑动接触，使转动的电枢绕组与静止的外电路相连接，如图 2-11 所示。

2）电枢绕组：电枢绕组有规律地绕在转子铁心槽内，与换向器连接，形成闭合回路。其作用是在运动中切割磁力线并产生电磁转矩（对电动机）或电动势（对发电机）。

换向器是直流电机的一种特殊装置，每两个相邻的换向片中间是云母绝缘片。在换向器的表面用弹簧压着固定的电刷，使转动的电枢绕组得以同外电路连接。换向器是直流电动机特有的结构特征，易于识别。

电刷与电枢的换向器配合，实现电枢绕组的电流换向，对于电动机，是将外加的直流电变换成电枢内部的交变电流。

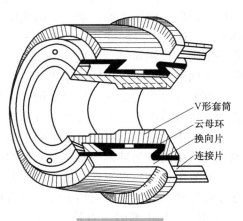

图 2-11 换向器

2. 直流电机工作原理

直流电机电流通过转子上的线圈产生安培力，当转子上的线圈与磁场平行时，再继续转动受到的磁场方向将改变，因此此时转子末端的电刷跟转换片交替接触，从而线圈上的电流方向也改变，产生的洛伦兹力方向不变，所以电机能保持一个方向转动。

导体受力的方向用左手定则确定。这一对电磁力形成了作用于电枢一个力矩，这个力矩在旋转电机里称为电磁转矩，如果该电磁转矩能够克服电枢上的阻转矩（例如由摩擦引起的阻转矩以及其他负载转矩），电枢就能旋转起来。

图 2-12 为直流电动机工作原理简图。图中 N 和 S 是一对固定的磁极，用来建立恒定的

磁场。两磁极之间有一个铁心，铁心上固定着线圈 abcd。线圈的 ad 端接在随电枢一起旋转的两片半圆形铜片上，这两个铜片合称为换向器，换向器固定在转轴上且与转轴绝缘。铁心、线圈与换向器组合成电枢。电刷 A、B 分别与换器片接触而导向外电路。

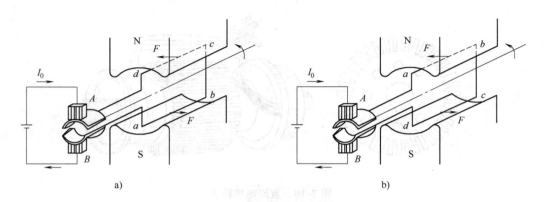

图 2-12　直流电动机原理图

通电线圈在磁场中会受到磁场力的作用。假设电刷 A 与电源的正极相连，电刷 B 与电源的负极相连，电流经 A→d→c→b→a→B 形成回路。根据左手定则，线圈 ab 受力向右，线圈 cd 受力向左。这样就形成一个转矩，使电枢逆时针旋转。如图 2-12a 所示。

当电枢转过 90°时，此时通电线圈虽然受到电磁力的作用，但转矩为零。由于电枢机械惯性的作用，电枢也能转动一定的角度，这时线圈中电流的方向也发生了改变。当电枢转过 180°时，这时电流经过 A→a→b→c→d→B 形成回路，线圈内电流的方向发生了改变，根据左手定则，线圈 ab 受力向左，线圈 cd 受力向右，仍然形成一个逆时针转动的转矩，电枢按同一方向继续旋转，这样电动机就可以连续旋转。如图 2-12b 所示。

直流发电机的工作原理就是把电枢线圈中感应的交变电动势，靠换向器配合电刷的换向作用，使之从电刷端引出时变为直流电动势的原理。

感应电动势的方向按右手定则确定（磁力线指向手心，大拇指指向导体运动方向，其他四指的指向就是导体中感应电动势的方向）。

直流电动机与直流发电机在工作原理上并无本质性的差别，只是外界条件的不同，从而导致运行状态的区别。当轴上输入机械功率时，直流电机输出电功率为直流发电机；反之，当电枢输入电功率时，直流电机输出机械功率为直流电动机，这就是直流电机的可逆性原理。

直流电动机是利用通电导体在磁场中受力这一基本原理制成的。按照左手定则，知道磁场的方向和通电导体电流的方向，就可以判定电磁力的方向。电磁力（用 F 表示）的大小与磁场强度（B）、通电导体中的电流（I_a）有关，可表示为

$$F = BI_a L\sin\alpha \tag{2-4}$$

式中，α 是导体电流方向与磁场方向的夹角（°）；L 是通电导体的有效长度（m）；I_a 是电枢电流（A）。

电枢导体受到的力与电枢半径 r 的乘积为电磁转矩

$$T = Fr = BI_a Lr\sin\alpha \tag{2-5}$$

电枢转动时，电枢绕组产生感应电动势和电枢磁场。

电枢电动势大小为 $E = C_e n\phi$，磁场磁通 $\phi = BLr$ 代入上式得 $T = k_m I_a \phi$

k_m 是电动机电枢结构参数，每种电机结构确定后，其值一定，如果用 k_m 表示电机常数，ϕ 表示总磁通量，则电磁转矩 T 表达公式为

$$T = k_m \phi I_a \tag{2-6}$$

式中，k_m 是电动机常数；ϕ 是磁场的磁通（Wb）；I_a 是电枢电流（A）。

电动机的电磁转矩使电枢转动，称为驱动转矩 T_e，因此必须与机械负载转矩 T_L 乃及空载损耗转矩 T_f 相平衡，平衡方程式为 $T_e = T_L + T_f$。

当轴上的机械负载发生变化时，电动机的转速、电动势、电流及电磁转矩将自动进行调整，以适应负载转矩的变化，保持新的平衡。

第三节　直流电机的特性及特点

直流发电机的特性有开路特性（或空载特性）和外特性；直流电动机的特性有机械特性及工作特性。下面主要分析直流电动机的特性。

直流电机驱动系统结构及特点

1. 直流电动机的机械特性

当电动机的电源电压 U、励磁电流 I_f、电枢回路总电阻 R 都为常数时，转速 n 与电磁转矩 T_e 之间的关系称为直流电动机的机械特性。

（1）并励电动机机械特性及应用

1）并励电动机具有硬的机械特性，即转速随负载变化较小，负载增大时，转速下降不多；

2）可以空载或轻载运行；

3）主磁通很小时可以造成飞车，并且主磁极绕组不允许开路；

4）与他励电动机性能相近，并励电动机适用于负载变化时要求转速比较稳定的场合。

（2）串励电动机机械特性

1）串励电动机具有软的机械特性，负载较小时，转速较高，负载增大时，转速迅速下降；

2）具有恒功率特性；

3）空载或轻载时转速很高，会造成换向困难或离心力过大而使电枢绕组损坏，不允许空载起动及皮带传动；

4）串励电动机适用于恒功率负载和速度变化大的负载，而复励电动机性能介于串励与并励之间。

2. 直流电动机的工作特性

当电源电压 U 为额定电压和励磁电路的电阻 R_f 为常数时，改变负载后，n、T、η 分别随 P_2 变化的关系称之为工作特性，其曲线如图 2-13 所示，其中还包括转速特性、转矩特性和效率特性等。

3. 直流电动机的驱动特性

电动汽车直流电动机驱动系统中的直流电动机通常采用串励电动机和他励电动机。电动汽车驱动电动机的驱动特性如图 2-14 所示。

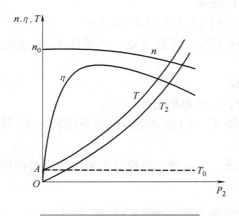

图 2-13 直流电动机工作特性　　图 2-14 直流电动机的驱动特性

基本转速 n_b 以下为恒转矩区，基本转速 n_b 以上为恒功率区。在恒转矩区，励磁电流保持不变，改变电枢电压来控制转矩。在高速恒功率区，电枢电压不变，改变励磁电流或弱磁来控制转矩。它的这种特性很适合汽车对动力源低速高转矩、高速低转矩的要求，而且直流电动机易于平滑调速，控制技术成熟，所以一直到20世纪80年代中期，它仍是国内外的主要研发对象，几乎所有早期的电动车都采用直流电动机驱动系统。

4. 电动汽车用直流电机的特点

电动汽车用直流电机的结构和一般直流电机相比没有显著的差别，同一般工业用的电机相比，它具有以下特点：

1）电枢轴要延长，以便安装用于速度检测的脉冲发生器和推力轴接头。
2）转子直径要设计得小一些，轴要设计得长一些，以适应高速旋转。
3）为了便于散热，电枢槽要设计得多一些。
4）为了方便定期检查和维护换向器片、电刷等，检查窥视窗口应制造得大一些。
5）由于振动，为了防止电刷的误动作，应提高电刷的预压紧力。
6）最大功率值和额定功率应标在铭牌上。

由此可见，电动汽车用直流电机和其他通用电机相比，需要考虑的事项有以下6项：

1）抗振动性。电动汽车用电机由于拥有较重的电枢，所以在路况凸凹不平行驶时车辆振动会影响到电机轴承所承受的机械应力，对于这个应力进行监控和采取相应的对策是很有必要的。同时由于振动，容易影响到换向器和电刷的滑动接触，因此也采取了提高电刷弹簧的预压紧力等措施。

2）对环境的适应性。鉴于直流电机在电动汽车中使用时的环境与在室外使用时大体相同，所以要求在设计中就灰尘和水分入侵等问题给予考虑，而且也要充分考虑散热问题。

3）低损耗性。为了延长一次充电续驶里程以及抑制电机温度的上升，尽量保持低损耗和高效率成为直流电机的重要特性。近几年，由于对稀土系列（钴、钕、硼等）永久磁体的研究开发，直流电机中的高效率化已有很显著的提高。

4）抗负荷波动性。在市区和郊外行驶时，电机的负荷条件会有5倍左右的变动，因此有必要对额定条件的设定加以斟酌。在市区行驶时，由于交通信号以及其他状况，起动、加速工况很多，电动汽车不可避免地要经常在最大承受功率情况下工作。此时，电刷的电火花和磨损非常剧烈，因此必须对换向极和补偿线圈的设计给予注意。在郊外行驶时，电机输出转矩比较低，在高速旋转、高输出功率的情况下，一般说来要以较高效率的额定条件运行。然而，在直流电机其高速旋转的情况下，对换向器部分的机械应力和换向条件的要求会变得很严格。为了避免这种情况，在搬运用的大型电动汽车驱动系统中，大多设置变速器以达到提高起动转矩的目的。

5）小型轻量化。由于要释放被限制的车载空间以及减轻车身总重量，所以小型轻量化成为设计中最大的问题。而直流电机旋转部分中含有较大比例的铜（即电枢绕组和铜制的换向器片），所以与其他类型的电机相比，直流电机的小型轻量化更难实现。然而可以通过采用高磁导率、低损耗的电磁钢板减少磁性负荷，虽然增加了成本，但可以实现轻量化。

6）免维护性。电刷虽然有连续长时间使用达1万小时的报告，但根据负荷情况和转速等使用条件的不同，更换时间和维修作业的次数是变化的。解决办法是，采用不损伤换向器片材质的电刷，以及将检查端口制造得大些，以便于检查、维修等。

除此之外，电动汽车用直流电机大多在较低的电压下驱动，线路电流较大，因此需要注意连接线的接触电阻。

然而，直流电机的效率和转速相对较低，运行时需要电刷和机械换向装置，机械换向结构易产生电火花，不宜在多尘、潮湿、易燃、易爆环境中使用，因换向器维护困难，直流电机很难向大容量、高速度发展。此外，电火花产生的电磁干扰，对高度电子化的电动汽车来说也是致命的。直流电机价格高、体积和重量大，随着控制理论和电力电子技术的发展，直流驱动系统与其他驱动系统相比已处于劣势。因此，目前国外各大公司研制的电动车电气驱动系统已逐渐淘汰了直流驱动系统。

第四节　直流电机的控制技术

直流无刷电机的控制原理有自身的特点。要让电机转动起来，首先控制部分就必须根据霍尔传感器感应到的电机转子所在位置，然后依照定子绕组决定开启（或关闭）换流器中功率晶体管的顺序，换流器中的 AH、BH、CH（这些称为上臂功率晶体管）及 AL、BL、CL（这些称为下臂功率晶体管），使电流依序流经电机线圈产生顺向（或逆向）旋转磁场，并与转子磁铁相互作用，这样就能使电机顺时针或逆时针转动。当电机转子转动到霍尔传感器感应出另一组信号的位置时，控制部分又再开启下一组功率晶体管，如此循环，电机就可以依同一方向继续转动直到控制部分决定要电机转子停止则关闭功率晶体管（或只开下臂功率晶体管）；要电机转子反向，则功率晶体管开启顺序相反。

功率晶体管的开启：AH、BL 一组→AH、CL 一组→BH、CL 一组→BH、AL 一组→CH、AL 一组→CH、BL 一组，但绝不能开启为 AH、AL 或 BH、BL 或 CH、CL。此外因为电子零件总有开关的响应时间，所以功率晶体管在关与开的交错时间要将零件的响应时间考虑进去，否则当上臂（或下臂）尚未完全关闭，下臂（或上臂）就已开启，结果就造成上、下臂短路而使功率晶体管烧毁。

当电机转动起来，控制部分会再根据驱动器设定的速度及加/减速率所组成的命令与霍尔传感器信号变化的速度加以比对，（或由软件运算）再来决定由下一组（AH、BL 或 AH、

CL 或 BH、CL 或……）开关导通，以及导通时间长短。速度不足则开长，速度过快则减短，此部分工作就由 PWM 来完成。PWM 决定电机转速快或慢的方式，如何产生这样的 PWM 才是要达到较精准速度控制的核心。

1. 直流电机的调速控制

直流电机的物理模型，如图 2-15 所示。直流电机运行过程中符合以下公式。

直流电机电磁转矩

$$T_e = K_m \Phi I_a \quad (2-7)$$

式中，T_e 是电机的电磁转矩，（N·m）；Φ 是励磁磁通（Wb）；I_a 是电枢电流（A）；K_m 是由电机结构参数决定的转矩常数。

由直流电机的转速特性可知，直流电机的转速和其他参量的关系为

$$n = \frac{U - I_a R}{K_e \Phi} \quad (2-8)$$

式中，n 是电机转速（r/min）；U 是电枢供电电压（V）；R 是电枢回路总电阻（Ω）；K_e 是由电机结构参数决定的电动势常数。

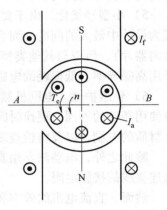

图 2-15 直流电机物理模型

改变电枢电压调速是直流调速系统采用的主要方法，调节电枢供电电压或者改变励磁磁通，都需要有专门的可控直流电源，常用的可控直流电源有以下 3 种：

（1）旋转变流机组

用交流电动机和直流发电机组成机组，以获得可调的直流电压。由交流电动机拖动直流发电机 G 来实现变流，由 G 给需要调速的直流发电机 M 供电，调节发电机的励磁电流 i_f 的大小，就能够方便地改变其输出电压 U，从而调节电机的转速，如图 2-16 所示。

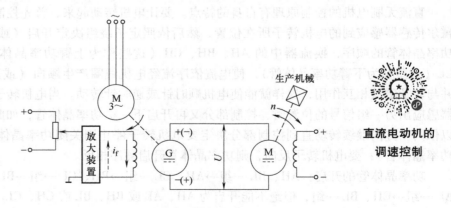

直流电动机的调速控制

图 2-16 旋转变流机组供电的直流调速系统（G-M 系统）

（2）静止可控整流器

用静止的可控整流器（如晶闸管整流装置）产生可调的直流电压和旋转变流机组装置

相比，晶闸管整流装置不仅在经济性和可靠性上有很大提高，而且在技术性能上也显示出很大的优越性，如图 2-17 所示。

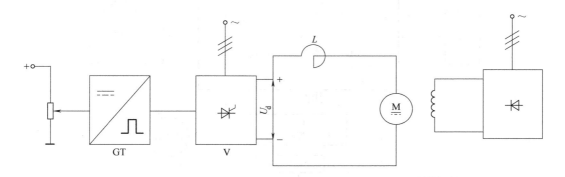

图 2-17 晶闸管-电机调速系统原理框图（V-M 系统）

2. 直流斩波器

直流斩波器亦称直流调压器，利用开关器件来实现通断控制，将直流电源电压断续地加到负荷上，通过通、断时间的变化来改变负荷上的直流电压平均值，将固定电压的直流电源变成平均值可调的直流电源，亦称 DC/DC 变换器，如图 2-18 所示。

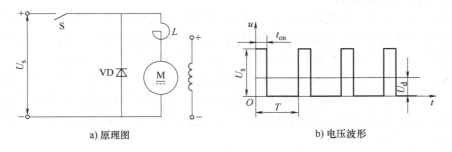

a) 原理图　　　　　　　　　　　b) 电压波形

图 2-18 直流斩波器原理电路及输出电压波形

3. 直流电机转速、电流双闭环调速系统

直流电机的转速、电流双闭环调速系统，如图 2-19 所示。当汽车加速行驶时，蓄电池提供电能，经 DC/DC 变换器后输出直流电机运行所需的合适的直流电压；当汽车减速行驶时，直流电机将机械能转化为电能，经 DC/DC 变换器后可向车载蓄电池或超级电容器等储能系统充电，所以 DC/DC 为功率双向的变换器。

图 2-19 中的直流电机控制系统根据整车运行需求，对直流电机实施转速与电流双闭环控制。其中外环的 ASR 是自动速度调节器，根据转速指令与传感器输出的速度值的情况，产生电机电枢电流指令，其输出限幅为最大电枢电流值；内环的 ACR 是自动电流调节器，控制实际电枢电流跟随电流指令值，该调节器输出为电枢回路电压指令值，其输出限幅为允许的最高电枢电压值；该电压指令值通过 PWM 单元产生开关信号去控制图中四象限可逆 DC/DC 变换器中半导体开关器件的导通与关断；控制 VT_1、VT_4 的开关状态，可以使 DC/DC 变换器向电机电枢绕组提供正向电压，从而控制电机处于正转电动工况；控制 VT_2 的开关

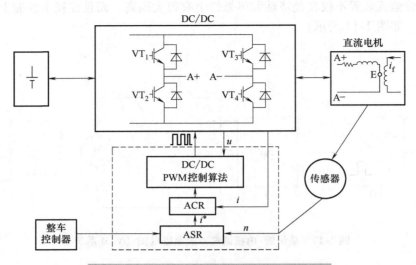

图 2-19　直流电机转速、电流双闭环调速系统

状态，可以控制电机使之处于正转发电工况；控制 VT_3、VT_2 的开关状态，可以控制电机使之处于反转电动工况；控制 VT_4 的开关状态，可以控制电机使之处于反转发电工况。

4. 直流电机的制动控制

在电力拖动系统中，电机经常需要工作在制动状态。例如，许多生产机械工作时，往往需要快速停止或者由高速运行迅速转为低速运行，这就要求对电机进行制动。对于像起重机等重型工作机械，为了获得稳定的下放速度，电机也必须运行在制动状态。

直流电机的制动方法可分为电气制动法和机械制动法。与其他种类的电机一样，机械制动法主要有电磁制动器、手动制动器、液压制动器以及空气制动器等，本节仅介绍电气制动方法。所谓的制动就是采用与电动机转向相反的电磁转矩，使电机迅速停转、减速或限制在某一转速下稳定运行。

直流电机的电气制动法主要有以下 3 种。

（1）能耗制动

把电枢绕组从电网断开并立即换接到制动电阻上，这时电机作发电机运行，把转子动能转换成电能并消耗在制动电阻和电枢电阻上，因此能耗制动也称为电阻制动。直流电机的类型不同，制动电路的接线方法也不相同。图 2-20 所示为并励电动机的能耗制动电路。

并励电机制动时，保持励磁电流不变，把电枢绕组从"电动"状态切换到"制动"状态，图中的 R_B 为制动电阻。

图 2-21 所示为串励电机的能耗制动电路，有两种接线方式。图 2-21a 中，电机作为串励发电机产生制动作用；图 2-21b 中，将串励绕组接成他励式，把制动电阻 R_B 接至电枢回路。复励电机能耗制动时，可以只使用并励绕组，也可以并励和串励绕组共用。

（2）反接制动

反接制动是把正向运行中电机的直流电源反极性切换而实行的快速制动方法。图 2-22 为反接制动的控制电路。

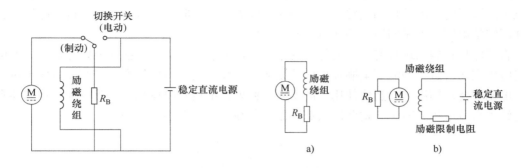

图 2-20 并励电机能耗制动电路　　　　图 2-21 串励电机能耗制动电路

电机作"电动"运行时，使接触器 M 处于 ON 状态，电枢电流沿图 2-22 中实线所示方向流通；实行反接制动时，保持励磁电流不变，使接触器 M 处于 OFF 状态，而接触器 B 则处于 ON 状态，这时电枢电流改变为图 2-22 中虚线所示方向。由于制动时电枢电流方向与"电动"运行时的相反，因此产生的为制动转矩。由于电枢回路的电源极性反接，使电枢感应电压与电源电压相加。设电枢回路电阻为 R，制动电流将按线性方式从初始的约 $2U/R$ 变化到电动机停转时的 $1U/R$，因此可实现快速制动。一般情况下，为了防止制动电流过大，制动时应在主回路中串接制动电阻 R_B。

（3）回馈制动

电机接线保持不变，当电机运行的转速超过空载转速时，电动机变为发电机运行状态，发电机把机械能转换成电能回馈给电网，并产生制动转矩。回馈制动主要有以下 2 种运行状态：

1）减速时的过渡状态。直流电机采用磁场控制时，为了降低转速，可以增大励磁电流，这时电机的感应电动势增大并大于电源电压，电流回馈给电源使电机减速。随着转速的降低，感应电动势也随之减小到小于电源电压。当电枢感应电动势与电枢内部压降之和再次与电源电压平衡时，电动机将稳定运行在新的设定转速上。采用反并联静止伦纳德装置或称沃德-伦纳德装置控制时，常常出现上述过渡状态，如图 2-23 所示。

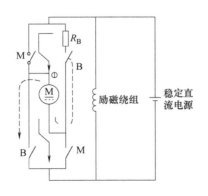
图 2-22 反接制动控制电路

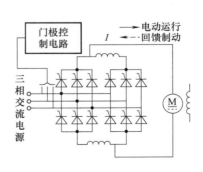
图 2-23 反并联静止伦纳德电路

2）回馈制动运行。一般回馈制动只适用于提升系统，用来高速下放重物。例如控制卷扬机下降运行时，电动机的旋转方向与转速方向相反，这时电动机连续地把机械能转换为电能并回馈给电网，处于回馈制动运行状态。

直流电机控制系统具有成本最低、易于平滑调速、控制简单、技术成熟等优点，但由于直流电机在运行过程中需要电刷和换向器换向，因而电机本身的效率低于交流感应电机，同时，电刷需要定期维护，造成使用上的不便。此外，电机本身体积大、重量大，换向器和电刷制约了直流电机的转速，这些因素都限制了其在电动汽车中的应用。

复习思考题

一、填空题

1. 直流电机包括直流发电机和直流电动机，它们具有相同的结构。将_____转换成直流电能的称为直流发电机，将直流电能转换成机械能的称为直流_____，直流电机具有_____。

2. 当电机转动起来，控制部分会再根据_____设定的转速及_____所组成的命令与霍尔传感器信号变化的转速加以比对（或由软件运算）再来决定由下一组（AH、BL 或 AH、CL 或 BH、CL 或……）_____导通，以及导通时间长短。转速不够则开长，转速过头则减短，此部分工作由 PWM 来完成。PWM 是决定_____快或慢的方式，如何产生这样的_____才是要达到较精准速度控制的核心。

二、问答题

1. 直流电机按励磁方式可分为几种类型？
2. 什么叫直流电机的工作特性？他励、并励、串励及复励电机的特性有何差异？
3. 根据直流电动机的工作原理，试述直流发电机的工作原理。
4. 直流电动机为什么要换向？采取什么措施可以改善换向？

第三章 交流电机类型及其控制技术

学习目标

- 了解交流电机类型
- 掌握交流电机的结构和工作原理
- 掌握交流电机控制技术

交流电机可分为同步电机和异步电机。如果电机转子的转速与定子旋转磁场的转速相等，转子与定子旋转磁场在空间同步地旋转，这种电机就称为同步电机；如果电机转子的转速不等于定子旋转磁场的转速，转子与定子旋转磁场在空间旋转时不同步，这种电机就称为异步电机。异步电机具有结构简单、价格便宜、运行可靠、维护方便、效率较高的优点，得到广泛的应用，其主要缺点在于功率因数低，运行时必须从电网吸收无功电流来建立磁场，故其功率因数小于1。三相异步电机有笼型异步电机和绕线转子异步电机两种。在电动汽车的应用中，笼型异步电机较为广泛，其结构简单、造价低、结构坚固，而且维护起来也很容易。

第一节 交流电机类型

按交流电机原理不同，交流电机可分为同步电机和异步电机两大类，同步电机的旋转速度与交流电源的频率有严格的对应关系，在运行中转速严格保持恒定不变；异步电机的转速随着负载的变化稍有变化。

按所需交流电源相数的不同，交流电机又可分为单相和三相两类，目前使用最广泛的是三相异步电机。在没有三相电源的场合及一些功率较小的电动机则广泛使用单相异步电动机。

三相异步电机根据其转子结构的不同又可分笼型和绕线型两类，其中笼型应用最为广泛。

交流异步电机特别是采用笼型转子的交流电机具有其他电机不可比拟的优点，随着电子调速技术的发展，已成为电力拖动选择的主要机型。

电动汽车用交流异步电机具有以下特点：

1）小型轻量化；
2）易实现转速超过 10000r/min 的高速旋转；
3）高速低转矩时运转效率高；
4）低速时有高转矩，有宽泛的速度控制范围；
5）可靠性好；

交流电机驱动
系统的结构

6）制造成本低；

7）控制装置简单。

异步电机成本低且可靠性好，逆变器即便是损坏而产生短路也不会产生反向电动势，所以不出现紧急制动的可能性。因此，广泛应用于大型高速的电动汽车中，三相笼型异步电机的功率容量覆盖面很宽广，从零点几瓦到上百千瓦。它可以采用空气冷却或液体冷却方式，冷却自由度高、对环境的适应性好，并且能够实现再生制动。与同样功率的直流电机相比较，效率较高、重量要轻一半左右。

为了更好地满足以上要求，各大厂商均对其进行了研究开发。在一般情况下，作为电动汽车专用电机，由于安装条件受限制，而且要求小型轻量化，因而电机转速在10000r/min以上时，大多采用一级齿轮减速器实现减速。

此外，由于振动等恶劣工作环境及低转速状态下需要高转矩，并且要求在较宽的速度范围内具有恒输出功率特性，所以电动汽车用异步电机与一般工业用电机不同，因此在设计上采用了各种新的方法。

出于对工作环境的考虑，电机大多采用全封闭式结构，为了框架、托座等的轻量化，采用压铸或挤压合金铝的方式制造，也有采用将定子铁心裸露在外表面的无框架结构，为了实现小型轻量化，大多采用了水冷却定子框架的水冷式电机。高速运转时由于频率升高引起铁损的增大，因此希望减少电机的极数，一般采用两极或四极的情况较多，但是两极时，线圈端部的长度变长，所以采用四极的场合较多些。此外，为了减少铁损，普遍采用有良好磁性的电磁钢板。

第二节　三相异步电机的构造及工作原理

三相异步电机的定子和转子由层叠、压紧的硅钢片组成；在转子和定子之间没有相互接触的部件，如图3-1所示。

三相异步电机的定子绕组是一个对称的三相绕组。当三相异步电机接到三相电源上，定子绕组就能够产生一个旋转磁场。该磁场切割转子绕组，在转子绕组中感应电动势。如果转子绕组电路闭合，则会产生转子电流，该电流与定子旋转磁场相互作用，使转子绕组导体受到电磁力的作用，从而使转子跟着定子旋转磁场同方向旋转，电机就能带动机械负荷。如果三相异步电机转子的转速与旋转磁场的转速相同，则转子绕组的导体不切割旋转磁场的磁力线，导体中就没有感应电动势和电流，也就不会产生电磁力使转子转动。定子旋转磁场的转速 n_0 与转子转速 n 之间的差值称为转差，其与 n_0 的比值称为转差率 s。三相异步电机转子的转速随负荷变化而变化，s 也就随负荷变化而变化。

1. 三相异步电机的基本结构

三相异步电机的种类很多，但各类三相异步电机的基本结构是相同的，它们都由定子和转子这两大基本部分组成，在定子和转子之间具有一定的气隙。此外，还有端盖、轴承、风扇、风扇罩、接线盒、吊环等其他附件。

（1）定子部分

定子部分是用来产生旋转磁场的，三相交流异步电机的定子由定子铁心、定子绕组等部分组成。

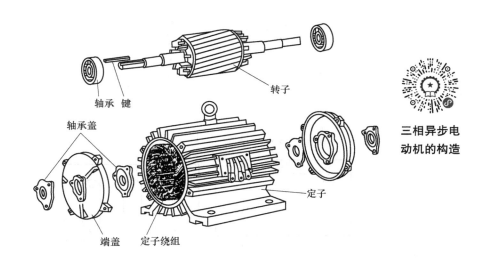

图3-1 笼型异步电机简图

1)外壳。外壳是三相电机机械结构的重要组成部分,它由机座、端盖、轴承盖、风罩、接线盒和吊环等组成。外壳的外表都铸有散热片,以扩大散热面积,有利于电机散热。

2)定子铁心。交流异步电机定子铁心是电机磁路的一部分,由0.35~0.5mm厚的冷轧片叠压而成,如图3-2所示。

3)定子绕组。定子绕组是三相电机的电路部分,三相电机有三相绕组,通入三相对称交流电流时,就会产生旋转磁场。三相绕组由3个彼此独立的绕组组成,且每个绕组又由若干线圈连接而成。每个绕组称为一相,3个绕组在空间互相间隔120°,线圈由绝缘铜导线或绝缘铝导线绕制而成。定子三绕组的6个出线端都引至接线盒上,首端分别标为U_1、V_1、W_1,末端分别标为U_2、V_2、W_2。这6个出线端在接线盒里的排列如图3-3a、b所示,可以接成星形联结或三角形联结。

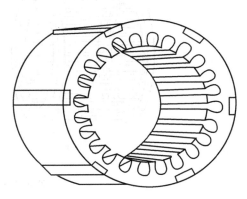

图3-2 定子铁心

(2)转子部分

异步电机的转子分为绕线形与笼形两种,因此称为绕线异步电机与笼型异步电机。

1)绕线异步电机转子。采用0.5mm厚的硅钢片叠压而成,套在转轴上,其作用和定子铁心相同,一方面作为电机磁路的一部分,一方面用来安放转子绕组。

2)笼型异步电机转子。在转子铁心的每一个槽中插入一根铜条,在铜条两端各用一个铜环(称为端环)把导条连接起来,称为铜排转子,如图3-4a所示;也可用浇铸的方法,把转子导条和端环风扇叶片用铝材一次浇铸而成,称为铸铝转子,如图3-4b所示。

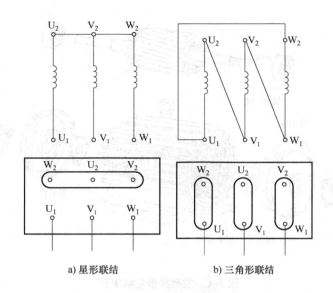

a) 星形联结　　　　　　　　b) 三角形联结

图 3-3　定子绕组接线图

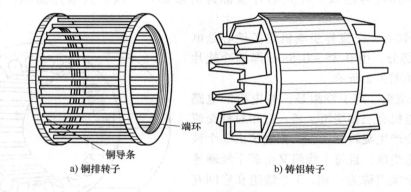

a) 铜排转子　　　　　　　　b) 铸铝转子

图 3-4　笼型异步电机转子

（3）其他部分

其他部分包括轴承、风扇等。风扇是用来通风冷却电机的。三相异步电机的定子与转子之间的空气隙，一般仅为 0.2～1.5mm，气隙不能太大，气隙大时产生的转矩小，会使电机运行时的功率因数降低；但也不能太小，气隙太小时会导致装配困难，如果内有异物或转轴有挠度时容易卡堵（扫膛），运行不可靠，高次谐波磁场增强，引起附加损耗以及起动性能变差。

2. 三相异步电机的工作原理

图 3-5 给出了一对磁极交流电动机在三相交流电的作用下定子上形成的旋转磁场。定子中的旋转磁场转速与电源频率称为同步转速，用 n_0 表示。

$$n_0 = 60f_1/p \tag{3-1}$$

式中，f_1 是定子绕组的供电频率；p 是电机的磁极对数。

由于转子中的电流是通过电磁感应产生的，转子的电流磁场与旋转磁场相互作用才使得转子转动，所以这种电动机称为感应式电动机。另外，转子中之所以产生感应电动势，是由于转子导体切割了旋转磁场的磁力线，由图 3-6 可以看出，为了切割旋转磁场的磁力线，转子与磁场必须有相对运动，即转子的转速低于磁场的转速才能产生感应电动势。

图 3-7 所示为定子的旋转磁场，这样转子的转速与旋转磁场的转速不同步，故交流电机也称为异步电机。这种特性可用转差率 s 来表征。

$$s = (60f_1/p - n)\frac{p}{60f_1} \quad (3-2)$$

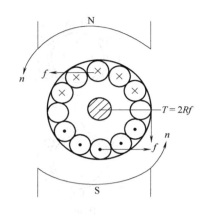

图 3-5　旋转磁场

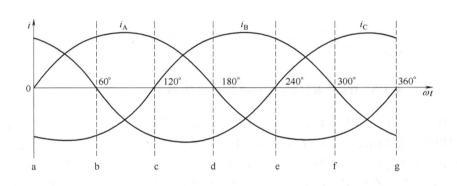

图 3-6　电流磁场与旋转磁场

三相异步电动机的工作原理

经整理得 $n = 60f_1(1-s)/p$。

式中，f_1 为电源频率；n 为同步转速；p 为磁极对数。$n=0$ 时，$s=1$；$n=n_0$ 时，$s=0$。转差率在 $0\sim1$ 范围时，电机处于运行状态，分别计算电机的运行状态时，s 起到重要的作用。由上述公式可知与 f_1、s、p 有关，要改变异步电机的转速有 3 种方法，即改变转差率、改变磁极对数和改变电源供电频率。

3. 转差率与异步电动机运行状态之间的关系

异步电机可以有 3 种运行状态，它与转差率 s 或转速 n 之间的关系可用图 3-8 来表示。

1) 电动机运行状态。当 $0<n<n_0$ 或 $0<s<1$，为电动机运行状态。如前所述，由于转子与旋转磁场存在差速，转子导体就能切割磁场而感应电动势及电流，产生的转矩为驱动转矩，电动机即能克服负载转矩与磁场同方向旋转。电动机从电源吸收电功率，从输出轴上输出机械功率。

2) 发电机运行状态。当 $n>n_0$ 或 $s<0$ 时，为发电机运行状态。作为电动机运行的异步电机，靠其本身的电磁转矩是不可能使转速超过同步转速 n_0 的。但如果在轴上连接原动机，

46 | 电动汽车电机控制与驱动技术

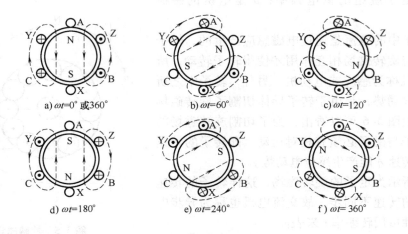

图 3-7 定子旋转磁场

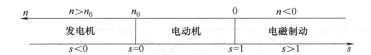

图 3-8 转差率与异步电动机的三种运行状态

或者由其他转矩（如惯性转矩、重力转矩）去拖动异步电机，使其转速 $n > n_0$，$s < 0$ 时，旋转磁场切割转子导体的方向将相反，使得导体的感应电动势方向改变，转子电流及其电磁转矩的方向也随之改变，即电磁转矩变为制动转矩，原动机向异步电机输入机械功率。此时由于转子电流改变，经磁动势平衡作用，定子电流也随之改变方向，变吸收电功率为输出电功率，故 $n > n_0$，$s < 0$ 时，异步电机运行于发电机状态。对于电动汽车要在降速制动过程中实现发电回馈，其电机转速 n 不可能再升高，但是根据前述同步转速 n_0 的公式 $n_0 = 60f_1/p$，可看出 n_0 与其驱动电源频率 f_1 成正比，即可通过调频方式，降低 f_1 来减小 n_0 以达到发电回馈的目的。汽车下坡行驶时，随着位能下降的加速作用，n 可能会大于 n_0，但为确保安全，也可采用与降低电源频率 f_1 相结合的方法来实现发电回馈。

3）电磁制动状态。当 $n < 0$ 或 $s > 1$ 时，为电磁制动状态。如果电动机所带负载的转矩很大，电动机不仅不能带动负载，反而会在负载转矩的作用下朝着相反的方向旋转。例如，在吊车起吊货物时，由于货物过重，电动机不仅不能将货物吊起来，反而由于货物的下沉而使电动机反转，即转速 n 变为负值，电磁转矩即为制动转矩。此时电动机一方面从电网只收电功率，另一方面又从轴上吸收机械功率，两部分功率变为电动机内部的损耗，异步电动机运行于电磁制动状态，也称为"反接制动"状态。

对于变极调速，当电动机的极数一定时，电动机的转速已固定，所以它是有级的，且其变速是有限的，因为极数增多会使电动机的结构复杂、体积和重量增大。对于改变转差率调速，在低速时转差率大，电动机损耗大、效率低，且其结构复杂、成本高。

对于变频调速，在均匀地改变定子绕组的供电频率时，既可平滑地改变电动机的转速，又可在调速过程中，从低速到高速都能保持较小的转差率，因而具有效率高、调速范围宽、调速精度高等优点。

4. 三相异步电机的工作特性

三相异步电机工作特性是当定子的电压、频率为额定值时，电动机转速 n、定子电流 I_1、功率因数 $\cos\varphi$、电机输出转矩 T_e、效率 η 与输出功率 P_2 的关系曲线，如图 3-9 所示。

（1）电动机转速特性

电动机转速特性 $n = f(P_2)$。电动机空载时，转速 n 接近同步转速 n_1，随着负载增加，n 略有降低，这时转子电动势 $E_a = sE_2$ 增大，转子电流增大，电机输出转矩增加，随着 P_2 的增加，n 将下降，s 增大，转速显示"硬"特性。

（2）电动机输出转矩特性

电动机输出转矩特性 $T_e = f(P_2)$。空载时，$P_2 = 0$，$T_e = T_0$，随着 P_2 增加，$T_e = \dfrac{9.55P_2}{n}$ 中，n 基本保持不变，T_e 与 P_2 正相关，T_e 为过坐标原点的一条直线，当 P_2 增加到一定程度时，曲线略向上偏。

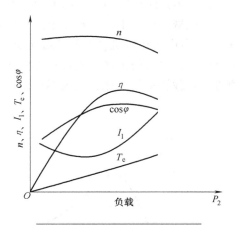

图 3-9 三相异步电机工作特性

（3）定子电源特性

定子电源特性 $I_1 = f(P_2)$。当 $P_2 = 0$ 时，定子电流 I_1 等于励磁电流 I_f。随着负载的增加，s 增大，转子电流增加。

（4）功率因数特性

功率因数 $\cos\varphi = f(P_2)$。当 $P_2 = 0$ 时，$\cos\varphi$ 很低，当负载增加，功率因数提高，接近额定值时，功率因数达到最高值，超过额定负载时，n 下降，s 增大，$\cos\varphi$ 下降。

（5）效率特性

效率特性 $\eta = f(P_2)$。根据 $\eta = P_2/P_1$，$P_2 = 0$，$\eta = 0$。P_2 增加，η 提高，当 P_2 增加到某一临界值时，η 又下降。这是因为铜损与电流有关，铜损与电流的二次方成正比。

通过分析得出结论，效率曲线与功率因数曲线在接近额定负荷时达到最高值。因此，在选用电机时，其容量值应与负载相匹配，如果选得过小，电机会长期过载运行而缩短使用寿命；如果选得过大，则效率 η 和功率因数 $\cos\varphi$ 会很低，能量利用不合理。

一般三相异步电机的起动电流与额定电流的比值为 5~7，起动电流大大地超过额定电流。对一般三相异步电机的起动时间很短（约 3s），电机起动后转速迅速提高，电流比很快地降低，从发热的角度考虑不会有大问题。但过大的起动电流对线路有重大影响，会在线路上造成较大的电压降。

三相异步电机在起动时，虽然转子电流较大，但转子的功率因数却很低，因此实际的起动转矩并不是很大，起动转矩与额定转矩之比为 1.2~2.3。

如果电机起动转矩过小，就不能在满载下起动。如果电机起动转矩过大，就会对传动系统的齿轮造成冲击。可以采用在空载条件下起动，避免发生以上情况。根据电动汽车的使用情况，可采取不同的起动方式。

交流异步电机，特别是采用笼型转子时，交流电机具有其他电机不可比拟的很多优点，随着电子调速技术的发展，已成为电力拖动选择的主要机型。

5. 机械特性

在一定的电源电压 U 和转子电阻 R_2 的条件下，转矩与转差率 s 的关系曲线 $T = f(s)$ 或转速与转矩的关系曲线 $n = f(T)$，称为电动机的机械特性曲线。

T-s 曲线如图 3-10a，T-n 曲线如图 3-10b，即为电机的机械特性曲线。

在机械特性图中，存在 2 个工作区——稳定运行区和不稳定运行区。在机械特性曲线的 AB 段，当作用在电机轴上的负载转矩发生变化时，电机能适应负载的变化而自动调节达到稳定运行，故为稳定区。机械特性曲线的 BC 段，因电机工作在该区段时其电磁转矩不能自动适应负载转矩的变化，故为不稳定区。

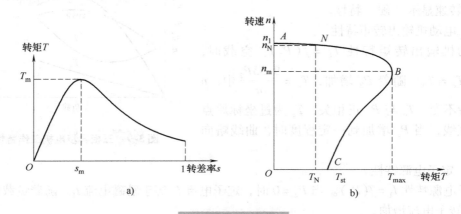

图 3-10 机械特性图

第三节 异步电机工作特性分析

异步电机的工作特性是指在额定电压及额定频率下，电机的主要物理量（转差率、转矩、电流、效率、功率因数等）随输出功率变化的关系曲线。

（1）转差率特性

随着负载功率的增加，转子电流增大，故转差率随输出功率的增大而增大。

（2）转矩特性

转速的变换范围很小，从空载到满载，转速略有下降，异步电机转矩曲线为一个上翘的曲线（近似直线）。

（3）电流特性

空载时电流很小，随着负载电流增大，电机的输入电流增大。

（4）效率特性

其中铜耗随着负载的变化而变化（与负载电流的二次方正比）；铁耗和机械损耗近似不变；效率曲线有最大值，可变损耗等于不变损耗时，电机达到最大效率。异步电机额定效率在 74%~94%；最大效率发生在 0.7~1.0 倍的额定功率处。

(5) 功率因数特性

空载时，定子电流基本上用来产生主磁通，有功功率很小，功率因数很低；随着负载电流增大，输入电流中的有功分量也增大，功率因数逐渐升高；在额定功率附近，功率因数达到最大值。如果负载继续增大，则导致转子漏电抗增大（漏电抗与频率成正比），从而引起功率因数下降。

第四节 三相异步感应电机的转矩与功率的关系

从定子输入到转子的功率

$$P_m = \frac{2\pi n_0 T_e}{60} \text{ (W)} \tag{3-3}$$

式中，T_e 是旋转磁场作用于转子导体所产生的转矩；n_0 是旋转磁场的同步转速。

当转子的转速为 $n(\text{r/min})$ 时，转子产生的总机械功率（包括有用功率和损耗的功率）

$$P_m = \frac{2\pi n T_e}{60} \text{ (W)} \tag{3-4}$$

式中，n 是电机转子转速。

电机的转矩与电机功率的转换关系式

$$T_e = 9.55 \frac{P_m}{n} \text{ (N·m)} \tag{3-5}$$

若转子上实际输出的有用机械功率 P_2 以 kW 计算时，则电机的输出机械转矩 T_L 为

$$T_L = 9550 \frac{P_2}{n} \text{ (N·m)} \tag{3-6}$$

电机的效率

$$\eta_m = \frac{P_2}{P_1} \times 100\% = \frac{P_1 - \Sigma \Delta p}{P_1} \times 100\% \tag{3-7}$$

第五节 三相异步电机变频调速的机械特性

三相异步电机在牵引控制中，采用转差频率矢量控制策略进行控制，其机械特性一般分为 2 个阶段，如图 3-11 所示。

(1) 恒转矩调速

在 $f_2 < f_{1N}$，即低于额定转速调速时，应保持 U_1/f_2 的比值近似不变，使两者同时进行调节。由 $U_1 \approx 4.44 f_{1N} I \Phi$ 和 $T = KT\Phi I_2 \cos\varphi$ 可知，这时的磁通 Φ 和转矩 T_e 也都近似不变。

如果把转速调低时，$U_1 = U_{1N}$ 保持不变，在减小 f_1 时，则磁通增加。这会使磁路饱和，从而增加励磁电流和损耗，导致电机过热，这是不允许的。

(2) 恒功率调速

当 $f_1 > f_{1N}$ 时，即高于额定转速调速时，$U_1 \approx U_{1N}$，磁通 Φ 和转矩 T_e 都减小了，转速增大，转矩减小，将使输出功率近似不变。

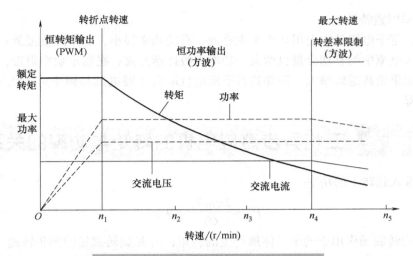

图 3-11　三相异步电机变频调速的机械特性

第六节　再生制动

三相异步电机可以工作在 2 种运动状态，即电动运转状态和制动运转状态。

（1）电动运转状态

在三相异步电机处于电动运转状态时，供电系统向电机供给电能，产生正向旋转的驱动转矩。三相电源中任何两相接线交换，都产生反相旋转的驱动转矩。通过简单的换相接线，即可实现电动汽车电动逆向行驶（倒车）。

（2）制动运转状态

三相异步电机的三种制动运转状态：反馈制动、反接制动和能耗制动。一般情况下，电动汽车利用反馈制动回收能量可以达到车辆所消耗能量的 10%～15%，这对与电动汽车的节能有重要意义。

由于车辆制动时的惯性作用，异步电机的运行转速大于它的同步转速，即 $n > n_0$，$s = (n_0 - n)/n_0 < 0$，此时异步电机就转换为发电状态。此时，转子导线切割旋转磁场的方向与电动状态时相反，电流 I_2 也改变了方向，电磁转矩 T_e 也随之改变方向，T_e 与 n 的方向相反，起制动作用。

在反馈制动状态，电机被电动汽车带动，并将一部分惯性能量转换为转子铜耗，而大部分通过气隙进入定子。除去定子铜耗与铁耗后，电能反馈到电流转换器被转换并储存到动力电池中，因此又称为发电制动。由于 T_e 为负，$s < 0$，所以反馈制动状态的机械特性是电动状态机械特性向第三象限的延伸，如图 3-12 所示。

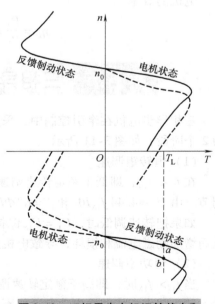

图 3-12　三相异步电机运转状态和反馈制动状态的机械特性

第七节 交流异步电机起动方式

三相异步电机从接通电源，转子从静止状态加速到稳定状态运转的过程，称为起动过程。电机起动性能最重要的是起动电流和起动转矩。笼型异步电机起动的常用方法有直接起动、减压起动、软起动、变频器起动等。

（1）直接起动

直接起动就是利用闸刀开关或交流接触器将电机直接接入电网，使其在额定电压下起动，又叫全压起动。这种起动方法最简单、操作方便，起动时间短，但起动电流大，对电网造成冲击，引起电压波动，一般只适用于额定功率在 7.5kW 以下的电机起动，且是供电变压器容量的 20%～30%。

（2）减压起动

减压起动目的是为了限制起动电流，减小电机起动时对电网的影响，其方法是在起动时减小加在电机定子绕组上的电压，待电机转速接近稳定时，再把电压恢复到正常值。由于电机的转矩与其电压的二次方成正比，所以减压起动时转矩亦会相应减小，常用减压起动具体方法有星-三角起动、自耦变压器起动等。

（3）软起动

软起动器以电子和可控硅为基础，是一种集电机软起动、软停车、轻载节能和多种保护功能于一体的新颖电机控制装置，采用三相反并联晶闸管作为调压器，将其接入电源和电动机定子之间。软起动有在线型和旁路型两种接线方式。在线型是指起动完毕，不需要交流接触器旁路，一直带电工作的方式，晶闸管长期在线运行，功耗太大造成能源浪费、给电网带来高频谐波污染等。旁路型是为了延长起动器的使用寿命，使电网避免谐波污染，减少软起动器中的晶闸管发热损耗，在电机达到满速运行时，用旁路交流接触器取代完成起动任务的软起动器。

（4）变频器起动

变频器是把电压和频率固定不变的交流电变换为电压和频率可变的交流电的装置，主要由整流（交流变直流）、滤波、再次整流（直流变交流）、制动单元、驱动单元、监测单元、微处理单元等组成。整流器先将三相交流电变换为直流电，再由逆变器变换为频率和电压有效值可调的三相交流电供给三相电机，使电机达到无级调速，具有较好的机械特性。

变频调速控制方式经历了 U/f 控制、转差频率控制、矢量控制的发展过程，前者属于开环控制，后两者属于闭环控制。变频器具有软起动功能，变频功能，PID 控制功能，节能，过载、缺相、相序、过电压和欠电压等保护功能，针对不同场合有不同的参数设定，减少设备和电动机的机械冲击，延长设备和电机使用寿命。

第八节 交流异步电机交流调速控制

异步电机的调速方法主要有调定子电压调速、滑差电机的转差离合器调速、绕线转子型电机的转子串电阻调速、串级调速、双馈调速、变频调速等。转差功率是否被损耗，是衡量异步电机调速系统效率高低的主要标准，高效调速指转差率不变，因此无转差损耗也不变，有转差损耗的调速方法属低效调速，如调定子电压调速，转差功率以发热形式消耗在转子电阻中；转差离合器的调速方法，能量损耗在离合器线圈和磁极中；转子串电阻调速方法，能量就损耗在转子回路中。因此这些方法均属于转差功率损耗型，效率较低。串级调速和双馈调速可以把吸收的转差功率返回电网或转换能量加以利用，属于转差功率利用型，但是调速范围较窄，且谐波影响较大。变频调速是通过改变电机定子电源的频率进而改变其同步转速的调速方法，没有转差功率损耗，效率高、调速范围大、机械特性硬、精度高，因此得到广泛的应用。

第九节　交流异步电机控制技术

20 世纪 90 年代后，交流电机驱动系统研制和开发有了新的突破。当电动汽车减速或制动时，电机处于发电制动状态，给电池充电，实现机械能到电能的转换。在电动汽车上，由功率半导体器件构成的 PWM 功率逆变器把蓄电池提供的直流电变换为频率和幅值都可以调节的交流电。三相异步电机逆变器的控制方法主要有 U/f 恒定控制法、转差率控制法、矢量控制法和直接转矩控制法（DTC），见表 3-1，其中，后 2 种控制方式目前处于主流。

表 3-1　异步电机的转矩控制法

控　制　类　型	定子磁通恒定控制	转子磁通恒定控制
电压控制	直接转矩控制法	转差率控制法
电流控制	—	矢量控制法

（1）矢量控制法

矢量控制又称磁场定向控制，按同步旋转参考坐标系定向方式可分为转子磁场定向、气隙磁场定向和定子磁场定向控制。转子磁场定向可以得到自然的解耦控制，在实际系统中得到广泛应用，而后 2 种定向会产生耦合效应，必须通过解耦的补偿电流实施补偿。

矢量控制理论于 1971 年由德国西门子公司的 Blaschke 等人提出。它可以实现转矩和磁通的解耦，可以根据期望得到的性能要求分别进行控制。矢量控制的思想是将交流电机的三相定子坐标转换为两相定子坐标，然后再转换为同步旋转坐标，产生同样的旋转磁场的情况下，同步旋转坐标系中电流为直流，也就是实现了交流电机的解耦。

矢量控制的坐标变换公式为

$$\begin{pmatrix} i_d \\ i_q \end{pmatrix} = \sqrt{\frac{2}{3}} \begin{pmatrix} \cos\theta_r & \cos(\theta_r - 2\pi/3) & \cos(\theta_r + 2\pi/3) \\ -\sin\theta_r & -\sin(\theta_r - 2\pi/3) & -\sin(\theta_r + 2\pi/3) \end{pmatrix} \begin{pmatrix} i_u \\ i_v \\ i_w \end{pmatrix} \quad (3\text{-}8)$$

逆变换公式为

$$\begin{pmatrix} i_u \\ i_v \\ i_w \end{pmatrix} = \sqrt{\frac{2}{3}} \begin{pmatrix} \cos\theta_r & -\sin\theta_r \\ \cos(\theta_r - 2\pi/3) & -\sin(\theta_r - 2\pi/3) \\ \cos(\theta_r + 2\pi/3) & -\sin(\theta_r + 2\pi/3) \end{pmatrix} \begin{pmatrix} i_d \\ i_q \end{pmatrix} \quad (3\text{-}9)$$

矢量控制实现的基本原理是通过测量和控制异步电机定子电流矢量，根据磁场定向原理分别对异步电机的励磁电流和转矩电流进行控制，从而达到控制异步电机转矩的目的。其原理是将异步电机的定子电流矢量分解为产生磁场的电流分量（励磁电流）和产生转矩的电流分量（转矩电流）分别加以控制，并同时控制两分量间的幅值和相位，即控制定子电流矢量，所以称之为矢量控制方式。矢量控制方式又有基于转差率控制的矢量控制方式、无速度传感器矢量控制方式和有速度传感器的矢量控制方式等。它是一种控制异步电机的方法，与直流电机类似，也可得到高速转矩响应。商业应用中广泛采用 AC 伺服技术，这种技术在电动汽车的早期阶段也被广泛采用。与前面提到的无位置（或者速度）传感器法相反，这种方法具有必须使用传感器、控制坐标变换的电路较为复杂、易受转子阻抗等参数变动影响等缺点。然而，近年来为矢量控制而出现的专用的 DSP、高水平控制理论的使用、无传感器化自动转向法等可以使参数恒定的新科技也渐渐得到了应用。常见的异步电机矢量控制图，如图 3-13 所示。

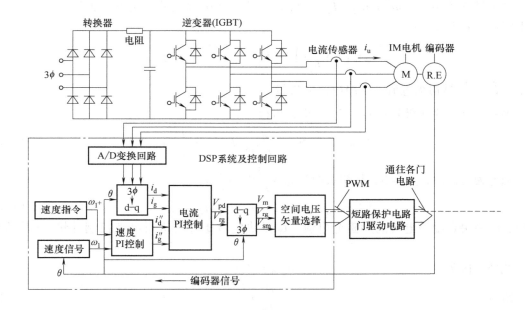

图 3-13 异步电机矢量控制图

异步电机的转矩与电流有如下关系

$$T_e = \frac{3pL_m^2}{2L_r} |I_s|^2 \frac{sT_r}{1+(sT_r)^2} \tag{3-10}$$

式中，L_m 是定子、转子互感；p 是电机极对数；I_r 是转子电感（折算到定子侧）；T_r 是转子回路时间常数（$T_r = L_r/R_r$）；R_r 是转子电阻（折算到定子侧）；I_s 是定子电流矢量的幅值；s 是转差率。

从式（3-10）可以看出，T_e 与 I_s 为非线性关系，T_e 与 s 也为非线性关系。这就是交流电机调速控制难度大的原因所在。

直流电机为了保持励磁与电枢的独立性，励磁磁通与电枢电流的大小是独立变化的，产生的转矩与它们的乘积成比例，例如在励磁电流恒定的情况下，具有仅控制电枢电流就能产生可高速控制的转矩这一优点。相反，在异步电机中，由于转矩分电流与相关的励磁电流以及电枢电流相同,在三相交流状态下从定子侧同时提供,所以转矩控制十分复杂。直流电机中励磁控制时常量比较大、电枢较小。这些掺杂在一起进行控制的时候,电枢、励磁不能得到正确控制,因此必须采用非干涉控制。

三相异步电机中,从与基波一同回转的回转坐标系上看的话,励磁是静止的,故可看作直流电流。

异步电机的特性方程式为

$$\begin{pmatrix} v_1 \\ 0 \end{pmatrix} = \begin{pmatrix} R_1 + (p+\mathrm{j}\omega)L_1 & (p+\mathrm{j}\omega)M \\ (p+\mathrm{j}s)M & R_2 + (p+\mathrm{j}s)L_2 \end{pmatrix} \quad (3\text{-}11)$$

式中,$\vec{v_1}$是初级电压的矢量;ω是电源角频率;s是转差率;L_1、L_2是初级、次级自感;M是互感;$p = d/d_t$;R_1、R_2是初级、次级电阻。

转子锁交磁通矢量$\vec{\Phi_2} = Mi_2 + L_2 i_2 = L_2 i_0'$,这里励磁电流$i_0'$定义为基本矢量。从上式可以得到$i_0 = i_0'$

$$\frac{M}{L_2}\vec{i_2} = \left(1 + \frac{L_2}{R_2}p\right)i_0' + \mathrm{j}\frac{L_2}{R_2}si_0' = \frac{M}{L_2}(\vec{i_{1d}} + \mathrm{j}\vec{i_{1q}}) \quad (3\text{-}12)$$

式中,$\vec{i_1}$、$\vec{i_2}$是初级电流、次级电流的矢量。

另一方面,由于转矩中$\vec{i_0}$、$\vec{\Phi_2}$正交,可得

$$T_e = |\vec{i_2} \times \vec{\Phi_2}| = \frac{M}{L_2}i_{1\beta}(L_2 i_0') = \frac{M^2}{L_2}i_0 i_{1\beta} \quad (3\text{-}13)$$

当i_0'为定值时,$pi_0' = 0$,从初级换算$i_0 = \frac{M}{L_2}i_0'$,所以

$$i_0 = i_{1\alpha}, \quad \mathrm{j}i_{1\beta} = i_1 - i_{1\alpha} = i_T(i_{1\beta} - i_T) \quad (3\text{-}14)$$

式中,i_0是决定励磁电流的励磁分电流;i_T是决定转矩并可进行高速控制的量,即转矩分电流。

此外,因为

$$R_2 i_\beta = sL_2 i_0$$

所以

$$s = \frac{R_2}{L_2} \cdot \frac{i_{1\beta}}{i_0} \quad (3\text{-}15)$$

由于输出电流从三相至两相的变化,$i_1 = i_{1\alpha} + \mathrm{j}i_{1\beta}$可以记作

$$i_1 = \exp(\mathrm{j}\theta)(i_{1\alpha} + \mathrm{j}i_{1\beta}) \quad (3\text{-}16)$$

基于转差率控制的矢量控制方式同样是在进行U/f为恒定控制的基础上,通过检测异步电机的实际转速n,并得到对应的控制频率,然后根据希望得到的转矩,分别控制定子电流矢量及两个分量间的相位,对通用变频器的输出频率进行控制。基于转差率控制的矢量控制方式的最大特点是,可以消除动态过程中转矩电流的波动,从而提高了通用变频器的动态性能。早期的矢量控制通用变频器基本上都是采用基于转差率控制的矢量控制方式。

无速度传感器的矢量控制方式是基于磁场定向控制理论发展而来的。它的基本控制思想是根据输入的电机铭牌参数,按照转矩计算公式分别对基本控制量的励磁电流(或者磁通)和转矩电流进行检测,并通过控制电机定子绕组上电压的频率使励磁电流(或者磁通)和转矩电流的指令值和检测值达到一致,并输出转矩,从而实现矢量控制。采用矢量控制方式的通用变频器不仅可在调速范围上与直流电机相匹配,而且可以控制异步电机产生的转矩。由于矢量控制方式所依据的是准确的被控异步电机的参数,有的通用变频器在使用时需要准

确地输入异步电机的参数，有的通用变频器需要使用速度传感器和编码器，并需使用厂商指定的变频器专用电机进行控制，否则难以达到理想的控制效果。目前，新型矢量控制通用变频器中，已经具备异步电机参数自动检测、自动辨识、自适应等功能，带有这种功能的通用变频器在驱动异步电机正常运转之前，可以自动地对异步电机的参数进行辨识，并根据辨识结果调整控制算法中的有关参数，从而对普通的异步电机进行有效的矢量控制。

除了无传感器矢量控制、转矩矢量控制和可提高异步电机转矩控制性能的技术外，目前的新技术还包括异步电机控制参数的调节及与机械系统匹配的适应性控制等。为了防止异步电机转速偏差以及在低速区域获得较理想的平滑转速，应用大规模集成电路并采用专用数字式自动电压调整控制技术等方式，已经实用化并取得良好的效果。

（2）直接转矩控制法

直接转矩控制以转矩为中心来进行磁链、转矩的综合控制。与矢量控制不同，直接转矩控制不采用解耦方式，从而在算法上不存在旋转坐标变换，简单地通过检测电机定子电压和电流，借助瞬时空间矢量理论计算电机的磁链和转矩，并根据与给定值比较所得差值，实现磁链和转矩的直接控制。图 3-14 所示为一种直接转矩控制异步电机的系统框图。

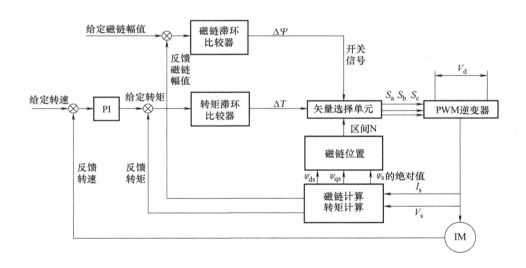

图 3-14　直接转矩控制系统框图

由于它省掉了矢量变换方式的坐标变换与计算、为解耦而简化了异步电机数学模型，没有通常的 PWM 脉宽调制信号发生器，所以它的控制结构简单、控制信号处理的物理概念明确、系统的转矩响应迅速且无超调，是一种具有高静、动态性能的交流调速控制方式。

此外，弱磁及高效率控制也得到广泛的应用。与并励直流电机的情况类似，高速时感应电动势增加、无电流通过，从而不产生转矩。当转速增加到一定程度时励磁变弱，有产生转矩分电流的趋势。基于这种考虑，依靠转速函数而获取弱磁的控制方法得以实现，磁通在饱和密度以下时励磁恒定，在饱和密度以上时磁通与速度成反比产生弱磁。弱磁控制类似于直流电机的情况，不能进行高速控制，因此必须采用具有一定余量的控制。异步电机在低转矩负荷的情况下，不一定需要很大的励磁电流。由于端电压增加，铁损也随之增加。因此，在低转矩时要考虑采用什么样的弱磁。

复习思考题

一、填空题

1. 三相异步电机的_____是一个对称的三相绕组。当三相_____接到三相电源上，定子绕组就产生一个旋转磁场。该磁场切割转子绕组，在转子绕组中感应电动势。如果转子绕组电路闭合，则会产生_____电流，该电流与定子_____相互作用，使转子绕组导体受到电磁力的作用，从而使转子跟着定子旋转磁场同方向旋转，电机就能带动机械负荷。

2. 变频器是把_____固定不变的交流电变换为电压和频率可变的交流电的装置。主要由整流（交流变直流）、滤波、再次整流（直流变交流）、_____单元、驱动单元、检测单元微处理单元等组成的。主要由整流器和逆变器两大部分组成。_____先将三相交流电变换为直流电，再由_____变换为频率可调、电压有效值也可调的三相交流电，供给三相电机，使电机达到_____调速，具有较好的机械特性。

二、问答题

1. 交流异步电机可分为几种类型？
2. 交流异步电机有什么控制技术？
3. 再生制动需要具备什么条件？根据直流电动机的工作原理，试述直流发电机的工作原理。
4. 交流异步电机如何进行交流调速？

第四章 永磁同步电机类型及其控制技术

> 学习目标

- 了解永磁同步电机类型
- 掌握永磁同步电机的结构和工作原理
- 掌握永磁同步电机控制技术

永磁同步电机（PMSM）具有高效、高控制精度、高转矩密度、低噪声的特点，通过合理设计永磁磁路结构能获得较高的弱磁性能，在电动汽车特别是高档电动汽车驱动方面具有很高的应用价值，已经受到国内外电动汽车界的高度重视，并已在中国得到普遍应用，是最具竞争力的电动汽车驱动电机。

电动汽车用永磁同步电机属于调速电机，一个突出的问题是电机的杂散损耗升高，电机效率下降。为充分利用电机的磁阻转矩、提高功率密度，电动汽车用永磁同步电机多采用交、直轴磁路不对称转子结构。日本丰田公司的普锐斯混合动力汽车中的两台永磁同步电机转子采用内置径向式结构。日本本田公司电动汽车 EVPLUS 中的永磁同步电动机 GENII 转子采用了表面插入式结构，并且该公司认为这种结构要优于内置式结构，原因在于转子中不存在磁路短路，可以充分利用永磁体。根据该公司的实验，在产生同样转矩的条件下，表面插入式结构的磁钢用量可以减少40%左右。在减少电机损耗方面，GENII 增加了永磁体与转子轭间的绝缘，杜绝转子中的涡流通过永磁体表面金属镀层构成回路，减少了转子涡流损耗。

为了兼顾电动汽车的经济运行和高速运行，电动汽车用永磁同步电机的设计一般理念是：基速（额定转速）时的反电动势与电源额定电压平衡；在转折速度以下做恒转矩运行，转折速度以上做弱磁恒功率运行。永磁同步电机采用表面式转子结构；电机的尺寸由所需的基本转矩来确定，定子绕组按最大转速下产生的感应电势与电源额定电压平衡设计；在基速以下，电机效率与按一般理念设计的电机基本相同，在基速以上，定子电流与速度成反比减小，因此定子铜耗与一般理念设计的电机相比显著降低。这种电机尽管可以提高高速区的电机效率，但由于电流定额的增大，逆变器成本会增加，逆变器中的损耗也会增加。对于经常处于高速区运行的电动汽车而言，这种设计方案尽管增加了逆变器成本，却可以降低能耗、提高续驶里程。

第一节 永磁电机类型

研制开发电动汽车的关键主要有2个方面：一是生产高能量密度的电池，二是开发性能优良的驱动系统。在各类驱动电机中，永磁同步电机的能量密度高、效率高、体积小、惯性低、响应快，有很好的应用前景。

永磁电机有多种分类方法，根据输入电机接线端的电流种类可分为永磁直流电机和永磁交流电机。由于永磁交流电机没有电刷和集电环，因此也可称为永磁无刷电机。根据输入电机接线端的交流波形，永磁无刷电机可分为永磁同步电机和永磁无刷直流电机。输入永磁同步电机的是交流正弦或者近似正弦波，采用连续转子位置反馈信号来控制换向；而输入永磁无刷直流电机的是交流方波，采用离散转子位置反馈信号控制转向。已有的永磁电机可分为永磁直流电机、永磁同步电机、永磁无刷直流电机和永磁混合式电机。其中，后3类没有传统直流电机的电刷和换向器，故统称为永磁无刷电机。在电动汽车中，永磁同步电机应用广泛，以下做重点介绍。

第二节　永磁同步电机的结构和工作原理

三相永磁同步电机具有定子三相分布的绕组和永磁转子，在磁路结构和绕组分布上保证反电动势波形为正弦波，为了进行磁场定向控制，输入到定子的电压和电流也为正弦波。根据永磁体在转子上位置的不同，永磁同步电机可以分为永磁体内置式电机（SPM）和永磁体外置式电机（IPM）。

1. 内置式永磁同步电机

内置式永磁同步电机按永磁体磁化方向可分为径向式、切向式和混合式，在有阻尼绕组情况下如图4-1所示。内置式永磁同步电机转子由于内部嵌入永磁体，导致转子机械结构上的凸极特性。

a) 径向式　　b) 切向式　　c) 混合式

图4-1　内置式永磁同步电机转子结构示意图

2. 外置式永磁同步电机

外置式永磁同步电机根据永磁体是否嵌入转子铁心中，可以分为面贴式和插入式两种，如图4-2所示。

面贴式永磁同步电机的转子永磁体一般为瓦片形，通过合成胶粘于转子铁心表面。功率稍大的面贴式永磁同步电机中，永磁体与气隙之间可以通过无纬玻璃丝带加以捆绑保护，防止永磁体因转子高速转动而脱落。插入式永磁同步电机的永磁体嵌入到转子铁心中，两永磁体之间的铁心成为铁磁介质突出的部分。在面贴式永磁同步电机中，由于永磁体的相对磁导率接近真空磁导率（$\mu = 1.0$），等效气隙基本均匀，所以交、直轴电感基本相等，是一种隐极式同步电机。插入式永磁同步电机的交轴方向上的气隙比直轴的小，交轴的电感比直轴的

第四章 永磁同步电机类型及其控制技术

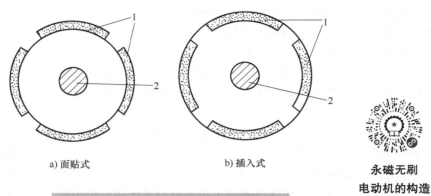

a) 面贴式　　　　b) 插入式

图 4-2　外置式永磁同步电机转子结构示意图
1—永磁体　2—转轴

大，是一种凸极式永磁同步电机。相对而言，由于永磁体的存在使得面贴式永磁同步电机定子和转子之间的有效气隙较大，因而定子的电感较小。

外置式永磁同步电机的结构比内置式电机简单，且具有制造容易、成本低等优点，因而工业上应用较多。其中，面贴式永磁同步电机转子结构最为简单，与插入式相比，它提高了转子表面的平均磁密，可以得到更大的电磁转矩。现阶段，工业上应用最多的是面贴式永磁同步电机。

第三节　永磁同步电机的性能特点

永磁同步电机的功率因数大、效率高、功率密度大，是一种比较理想的驱动电机。但由于电磁结构中转子励磁不能随意改变，导致电机弱磁困难，调速特性不如直流电机。目前，永磁同步电机理论还不如直流电机和异步电机完善，还有许多问题需要进一步研究，主要有以下 2 个方面：

（1）电机效率

永磁同步电机低速效率较低，如何通过设计降低低速损耗，减小低速额定电流是目前研究的热点之一。

（2）电机的弱磁能力

永磁同步电机由于转子是永磁体励磁，随着转速的升高，电机电压会逐渐达到逆变器所能输出的电压极限，这时要想继续升高转速，只有靠调节定子电流的大小和相位、增加直轴去磁电流来等效弱磁提高转速。电机的弱磁能力大小主要与直轴电抗、反电动势大小有关，但永磁体串联在直轴磁路中，所以直轴磁路一般磁阻较大，弱磁能力较小，电机反电动势较大时，也会降低电机的最高转速。

由于永磁电机的转子上无绕组、无铜耗、磁通量小，在低负荷时铁损很小，因此，永磁电动机具有较高的功率质量比。比其他类型的电机有更高的效率、更大的输出转矩。转子电磁时间常数较小，电机的动态特性好，电机的极限转速和制动性能等都优于其他类型的电机。永磁电机的定子绕组是主要的发热源，其冷却系统相对比较简单。

由于永磁电机的磁场产生恒定的磁通量，随着电流的增加，电机的转矩与电流成正比增加，因此基本上拥有最大的转矩。随着电机转速的增加，电机功率也增加，同时电压也随之增加。在电动汽车上，一般要求电机输出功率保持恒功率，即电机输出功率不随转速增加而变化，这就要求在电机转速增加时，电压保持恒定。

对一般电机，可以用调节励磁电流来控制。但永磁电机磁场的磁通量调节的确比较困难，因此需要采用磁场控制技术来实现。这使永磁电机的控制系统变得更复杂，而且增加了成本。

永磁材料在受到振动、高温和过载电流作用时，可能会使得永磁材料的导磁性能下降或发生退磁现象。这会降低永磁电机的性能，严重时还会损坏电机，在使用中必须严格控制其不发生过载。永磁电机在恒功率模式下，操纵较为复杂，永磁电机和三相异步电机同样需要一套复杂的控制系统，从而使得永磁电机的控制系统造价也很高。最新研制和开发的混合励磁永磁同步电机的控制性能得到很大的改进。

永磁同步电机的驱动特性如图 4-3 所示，可以看出永磁无刷同步电机的恒转矩区比较长，一直延伸到电机最高转速的 50% 处左右，这对提高汽车的低速动力性能有很大帮助，电机最高转速较高，能达到 10000r/min。永磁无刷同步电机功率密度高、调速性能好、在宽转速范围内运行效率高（90%～95%），是理想的电动汽车驱动电机之一。它的主要缺点是电机造价较高、永磁材料会有退磁效应、抗腐蚀性差，而且永磁材料磁场不可变，若想增大电机的功率，其体积会很大。随着稀土永磁材料的开发和应用，永磁无刷电机的性能有了很大的提高，是未来最有发展前景的驱动电机之一。

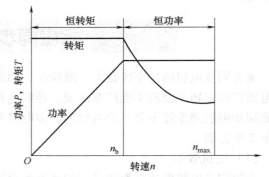

图 4-3　永磁同步电机的驱动特性

电动汽车运行于较宽的负载和转速范围及复杂的路况下，必须确保其在恶劣路面及气候、在大幅度变化的交通状况下整体性能的优异、高效和可靠，因此电动汽车的电机及其控制与传统的电机及其控制相比，必须满足如下特殊要求：

1）高的短时功率、转矩密度和宽调速范围，低速（恒转矩区）运行应能够提供大转矩，以满足起动、爬坡等要求，能够提供高转速，以满足汽车高速行驶及超车的要求；

2）在整个运行范围内具有高效率，目的是增加电动汽车一次充电的行驶距离；

3）有较强的过载能力、快速的动态响应及良好的加速性能，目的是适应路面变化及频繁起动和减速制动等复杂运行工况；

4）可靠性高、重量轻、体积小、成本合理。电动汽车的性能指标主要包括：静加速度、经济车速、最高车速、爬坡度、续驶里程。设计电动汽车用永磁同步电机，必须首先对电动汽车不同运行工况进行正确的受力分析及能量转换分析，依此确定驱动电机的性能指标。

第四节 永磁同步电机控制技术

现在，绝大多数调速的永磁同步电机都属于自控式，自控式是指位置反馈信息确保电机系统和逆变器一直处于同步状态。采用自控式的电机驱动系统，通过霍尔位置传感器检测磁极的位置。控制策略方面，永磁同步电机控制系统可以采用矢量控制（磁场定向控制）或直接转矩控制等先进控制策略。采用矢量控制的策略，通过三闭环电流闭环、磁极位置闭环和转速闭环对电机进行控制。

矢量控制最初应用于异步电机，基本原理是监测和控制异步电机定子电流矢量，根据磁场定向原理，对异步电机的励磁电流和转矩电流进行控制，以达到控制异步电机转矩为目的。具体原理是将异步电机的定子电流矢量分解为产生磁场的电流分量（励磁电流）和产生转矩的电流分量（转矩电流），并分别加以控制，主要是控制两分量的幅值和相位，也就是控制定子电流矢量，因此称这种控制方式为矢量控制方式。矢量控制方式又可以分为3种：基于转差频率控制的矢量控制方式、无速度传感器矢量控制方式和有速度传感器的矢量控制方式等。

通过矢量控制方法，可以将交流伺服电机建模成励磁绕组、电枢绕组与转子同步旋转的直流电机，从而将直流调速系统的理论应用到永磁同步交流伺服电机的控制中来获得高性能的控制效果。永磁同步电机的矢量控制原理与异步电机的矢量控制原理基本一致，都是基于磁场定向的控制策略。

由于永磁同步电机转子永磁体提供的磁场是恒定的，但电机结构和参数不同，相应的控制方法也有所差别。目前，永磁同步电机矢量控制方法主要有：最大转矩/电流控制、$i_d = 0$ 控制、弱磁控制、恒磁链控制、最大输出功率控制等。其中，控制方式最简单的是采用弱磁控制，可以改善电机的调速性能。

1. 最大转矩/电流控制

一般采用最大转矩/电流比的控制方法实现电机的恒转矩控制。

在恒转矩控制过程中，随着电机转速的升高，电枢绕组反电动势也有所增加。当增大到逆变器的允许最大输出电压 U_{slim} 时，电动机的转速也就达到恒转矩控制时的最高转速。

2. $i_d = 0$ 控制

从本质上"$i_d = 0$ 控制"也属于最大转矩/电流比控制，它是相对于面贴式永磁同步电机来说的。由于其 d、q 轴的电感基本相等，其 d 轴上的电流为0A。因此，采用 $i_d = 0$ 控制策略时，定子电流中只有交流分量，而且定子磁动势空间矢量与转子永磁体产生的磁场空间矢量正交，定子电流只有转矩分量。如果在永磁同步电机的整个运行过程中保证 $i_d = 0$，转矩将只受到电子电流 q 轴分量 i_q 的作用。这样，产生相同转矩的条件下，所需的定子电流最小，可以大大降低铜耗，从而提高电机系统的效率。因此，采用 $i_d = 0$ 的转子磁链定向矢量控制具有以下特点：

1) 转子磁链 ψ_f 与定子电流 q 轴转矩分量 i_q 解耦，互相独立；
2) 定子电流 d 轴的励磁分量为0A，永磁同步电机的数学模型进一步化简；
3) 随着负荷增加，定子电流增大这样会造成同步电机功率因数的降低。

3. 弱磁控制

通过以上对 $i_d = 0$ 控制策略的分析可知，它主要是针对转矩的控制，因此若需要改善电机在其他工作区间内的调速性能时，就需要进行弱磁控制。

永磁同步电机的弱磁控制思路来自他励直流电机的励磁控制。他励直流电机的转速随着端电压的升高而增大，当端电压达到极限值，如果还要提高转速，就必须降低电机的励磁电流，把磁场减弱，从而保证电动势和电压平衡。在永磁同步电机系统中，随着转速的增加，其端电压也不断增加，端电压将受到逆变器的允许输出电压值的限制，其原理与他励直流电机相似。而且，当采用最大转矩/电流比控制时，电机的最高转速也会受到逆变器允许输出电压的制约。为了进一步扩大可调速的区间，要进行弱磁控制。由于永磁同步电机的励磁磁动势是永磁体产生的，且无法调节，所以可以通过调节定子电流增加定子的直轴去磁电流分量来维持高速运行时电压的平衡，达到扩速的目的。

复习思考题

一、填空题

1. 为了兼顾电动汽车的经济运行和高速运行，电动汽车用_____的设计一般理念是：基速（额定转速）时的_____与电源额定电压平衡；在_____以下作恒转矩运行，转折速度以上作_____运行。基速以下，电机效率与按一般理念设计的电机基本相同，基速以上，定子电流与速度成反比减小，因此定子铜耗与一般理念设计的电机相比显著降低。

2. 控制策略方面，永磁同步电机_____可以采用矢量控制（磁场定向控制）或直接转矩控制等的先进控制策略。采用_____的策略，通过三闭环电流闭环、_____闭环和转速闭环对电机进行控制。

二、问答题

1. 永磁同步电机可分为几种类型？
2. 永磁同步电机的工作特性是什么？
3. 永磁同步电机的工作原理是什么？
4. 永磁同步电机有什么特点？

第五章 开关磁阻电机类型及其控制技术

学习目标

- 了解开关磁阻电机类型
- 掌握开关磁阻电机的结构和工作原理
- 掌握开关磁阻电机控制技术

开关磁阻电机（Switched Reluctance Motor，简称 SRM）具有结构简单、坚固、成本低、工作可靠、控制灵活、运行效率高，适于高速与恶劣环境运行等优点，由其构成的传动系统（Switched Reluctance Drive，简称 SRD）具有交、直流传动系统所没有的优点，因此，世界各国对 SRD 接受和感兴趣的程度呈逐年上升趋势，现已形成了理论研究与实际应用并重的发展态势。众所周知，SRD 融 SRM、功率变换器、控制器与位置检测器为一体，其性能改善不能一味地依靠优化 SRM 与功率变换器设计，而必须借助先进控制策略的手段，从 20 世纪 80 年代 SRM 问世至今，在 SRM 控制方面已涌现出大量先进的控制思想，并取得了很多实用的成果。

第一节　开关磁阻电机类型

1. 磁阻电机分类

磁阻电机大致可以分为以下三类：

1）开关磁阻电机；
2）同步磁阻电机；
3）其他类型的电机。

开关磁阻电机的转子和定子上都有凸极。同步磁阻电机中只有转子才有凸极，定子结构和异步电机定子一样。这里有必要提高转子的凸极性，可以看出在转子的结构上下了很大的功夫。其他类型的磁阻电机作为开关磁阻电机和同步磁阻电机的改进型正日益被人们所关注。

2. 开关磁阻电机的性能特点

SRM 作为一种新型调速电机，有如下优点：

1）调速范围宽、控制灵活，易于实现各种特殊要求的转矩——速度特性，SRM 起动转矩大、低速性能好，没有异步电机在起动时所出现的冲击电流的现象。在恒转矩区，由于电机转速较低，电机反电动势小，因此需过对电流进行斩波限幅——电流斩波控制（CCC）方式，也可采用调节相绕组外加电压有效值的电压 PWM 控制方式；在恒功率区，通过调节主开关的开通角和关断角取得恒功率的特性，即角度位置控制（APC）方式；

2）制造和维护方便；

3）运转效率高，由于 SRM 控制灵活，易在很宽转速范围内实现高效节能控制；

4）可四象限运行，具有较强的再生制动能力；

5）结构简单、成本低、制造工艺简单，其转子无绕组，可工作于极高速定子为集中绕组、嵌放容易、端部短而牢固、工作可靠，适用于各种恶劣、高温甚至强振动环境；

6）转矩方向与电流方向无关，从而减少功率变换器的开关器件数量，减低了成本，同时功率变换器元件减少，也不会出现直通故障，且可靠性高，控制方便，可四象限运行容易实现正转、反转和起动、制动等特定的调节控制；

7）损耗小，主要产生在定子，电机易于冷却，电机转子不存在励磁及转差损耗，由于功率变换元器件少，相应的损耗也小；

8）可控参数多、调速性能好，可控参数有主开关开通角、主开关关断角、相电流幅值和直流电源电压；

9）适于频繁起、停及正、反转运行；

10）开关磁阻电机的不足：SRM 结构虽然很简单，但其设计和控制较复杂。由于其磁极端部的严重磁饱和以及磁和沟槽的边缘效应，使得 SRM 设计和控制非常困难和精细，而且 SRM 还经常引发噪声问题。

3. 开关磁阻电机双向控制系统

由于 SRM 结构特殊，仅在定子上有集中绕组，通过功率变换器以及控制芯片来对其进行分时的协调控制，可将电动运行时候的励磁功能与发电功能合二为一，这就为 SRM 发电/电动双向可逆运行的实现提供了结构上的依据。同时，由于 SRM 的可控参数较多，对各种参数的单独控制又可以产生不同的控制功能，随着理论研究的进一步深入，出现了一种新型的 SRM 控制系统，即 SRM 发电/电动双向控制系统。它可以实现电机制动发电时的能量回馈以及电动运行，与传统的单向控制系统不同，它将发电和电动过程整合到一起，允许能量双向流动，可以在不改变硬件拓扑结构的情况下自如地实现发电/电动工作状态的切换，而且这两种工作状态的工作时间并不重叠，互不干涉。

第二节　开关磁阻电机结构及工作原理

1. 开关磁阻电机的结构

开关磁阻电机是一种新型电机，由双凸极的定子和转子组成，其定子、转子的凸极均由普通的硅钢片叠压而成。转子既无绕组又无永磁体，定子极上绕有集中绕组。径向的 2 个绕组串联成 1 个两级磁极，称为"一相"。SRM 可以设计成多种不同的相数结构，且定子、转子的极数有多种不同的搭配，可以设计成单相、两相、三相、四相及多相等不同相数结构，低于三相的 SRM 一般没有自起动能力。相数多，有利于减小转矩脉动，但导致结构复杂、主开关器件多、成本增高。目前应用较多的是三相 6/4 极结构和四相 8/6 极结构。四相 8/6 极 SRM 典型结构原理图如图 5-1 所示，四相 8/6 极 SRM 定子、转子实物如图 5-2 所示，SRM 实物（功率为 750W）如图 5-3 所示。

2. 开关磁阻电机工作原理

SRM 的运行遵循"磁阻最小原则"——磁通总是沿磁阻最小的路径闭合。当定子的某相绕组通电时，所产生的磁场由于磁力线扭曲而产生切向磁拉力，迫使相近的转子凸极即导磁体旋转到其轴线与该定子极轴线对齐的位置，即磁阻最小位置。

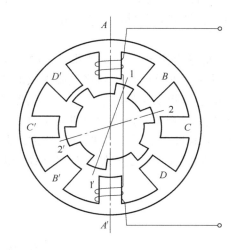

图 5-1　四相 8/6 极 SRM 结构原理图（只画了一相绕组）

图 5-2　四相 8/6 极 SRM 定子、转子实物

下面以图 5-3 所示的四相 8/6 极 SRM 为例，说明 SRM 的工作原理。当 A 相绕组单独供电时，通过导磁体的转子凸极在 A-A′ 轴线上建立磁场，该磁场作用于转子，转子受到磁力作用后，就会使转子极 1-1′ 与定子极轴线 A-A′ 重合，即磁阻最小的位置，此时 A 相励磁绕组的电感最大，从而使转子转动。若在重合时改为 B 相绕组通电，则此时 B 绕组磁场产生的磁力则迫使转子极 2-2′ 与定子极轴线 B-B′ 重合，从而使电机继续转动。由此可见，如果以图 5-1 中的相对位置为起始位置，依次给 A-B-C-D 相绕组通电，转子就会沿逆时针

图 5-3　SRM 实物

方向连续旋转。反之，如果依次给 A-D-C-B 通电，转子就会按照顺时针方向连续转动。其中，若改变了绕组相电流的大小，电机转矩的大小也会随之改变，进而可以改变电机转速。其中，相绕组若在转子转离定子凸极时通电，那么，其所产生的电磁转矩就与转子旋转方向相反，为制动转矩。在 SRM 中，转子的转向与相绕组的通电方向无关，仅取决于相绕组的通电顺序。由此，只需简单地改变控制方式就可以改变电机的转矩、转速、转向和工作状态，因而 SRM 有多种控制方式。同时要保持 SRM 连续旋转，还必须有可靠的开关器件和控制电路以根据转子位置控制各相导通关断。

综上所述，可以得出以下结论：SRM 的转动方向总是逆着磁场轴线的移动方向，改变 SRM 定子绕组的通电顺序，就可改变电机的转向；而改变通电相电流的方向，并不影响转子转动的方向。

一般在双向控制系统的实现中，主要解决的是以下 2 个问题：

1) SRM 发电/电动状态下的最优控制问题：由于不同能量流动过程要分时控制，因而对控制方法的选择非常重要，一般说来，要通过软件编程来实现 2 种控制方式的切换。

2) SRM 的能量回馈问题：电机以发电方式工作时，将电机转子轴上的动能转变为电能，此能量通过功率主电路的续流二极管回馈到直流母线侧，为储能装置充电，从而实现能量的再生回馈。

一般而言，SRM 双向控制系统主要由 SRM、主功率变换器、主控制器、监测模块和高功率密度储能装置五部分组成，如图 5-4 所示。主功率变换器的作用是将电源提供的能量经适当转换后提供给电机，同时在发电阶段也将回馈的能量提供给储能装置。主控制器是根据电机的实际运行情况综合处理位置监测单元，电流电压检测单元提供的电机转子位置、速度和电流、电压等反馈信息及外部输入的指令，实现对 SRM 运行状态的控制，使之满足预定的双向控制要求，它是控制系统的指挥中枢。高功率储能模块负责对发电阶段回馈的能量进行回收，并在需要的时候再提供给电动汽车。

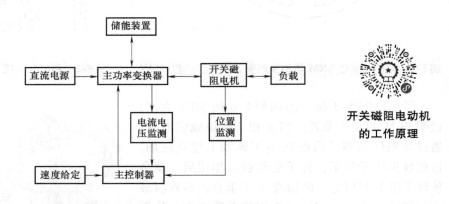

图 5-4 SRM 双向控制系统框图

SRM 的双向控制系统综合发电和电动两个过程，虽然由于 SRM 的非线性，控制系统增加了复杂性，但却使 SRM 具有其他种类电机所无法比拟的一系列独特优越性，例如容错性强、控制灵活简单、可靠性高、应急环境适应性强、可维护性好以及方便实现电机的四象限运行，非常适合作为电动汽车的回馈制动/电动系统使用。

第三节　开关磁阻电机运行特性

SRM 的驱动系统多采用计算机控制。在电机速度小于或等于 ω_b（第一转折点转速）时，通常采用电流或电压斩波控制方式，用调节相绕组中的电流大小来控制电机转矩和过电流保护控制，实现恒转矩运转。在电机速度大于 ω_b 并且小于或等于 ω_{sc}（第二转折点转速）时，采用角度位置控制方式，电机转矩随转速增加而下降，电机功率保持不变，实现恒功率运转。在电机速度大于 ω_{sc} 时，由于可控制条件都超过了极限，转矩不再随转速的一次方下降，SRM 改变串励特性运行，电机转矩随转速的增加而下降。SRM 的运行特性如图 5-5 所示。

SRM 发电/电动运行原理是 SRM 具有四象限运行能力，即可以实现发电/电动的双向运

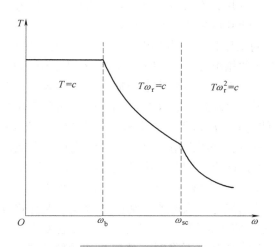

图 5-5 SRM 运行特性

行。当 SRM 在发电状态下运行时,将原动机提供给电机的机械能转换为电能回馈给电源,而当其在电动状态下运行时,则将电源提供的电能转换为机械能输出。SRM 分别在发电与电动状态下运行时,定子每相的理想电感分布与相电流之间的关系如图 5-6 所示,相电感将以转子位置角为周期而变化。

在图 5-6 中,如果绕组在电感上升区域 $\theta_2 \sim \theta_3$ 内通电,则产生电动转矩,SRM 将电源提供的电能转化为机械能输出和绕组储能;如果在电感最大区域 $\theta_3 \sim \theta_4$($t_1 \sim t_2$)内通电,此时没有转矩产生,电源提供的电能全部转化为绕组磁场储能;当在 $t_2 \sim t_3$ 区域给绕组通电时,产生制动转矩,电源提供的电能以及机械能均转化为绕组的磁场储能。到了 $t_3 \sim t_4$ 阶

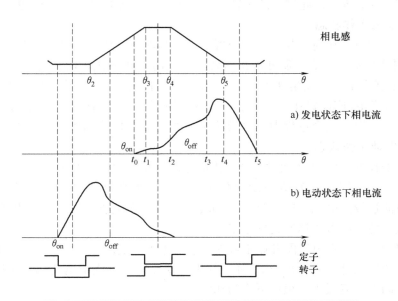

图 5-6 SRM 定子每相的理想电感分布与相电流之间的关系

段，同样产生制动转矩，此时开关磁阻电机将输入的机械能转化为电能回馈给电源。在 $t_4 \sim t_5$ 阶段，此时不产生转矩，SRM 的绕组磁场能回馈给电源。

由此可以得出，SRM 的工作状态是由相电流相对于相电感的位置决定的，当图 5-6 电感变化和发电、电动状态下的相电流图中相电流处在区间 $\partial L/\partial \theta < 0$ 时产生负值转矩，需外加机械转矩，此过程中电机将机械能转化为电能输出，发电运行；而若相电流处在 $\partial L/\partial \theta > 0$ 区间时，产生正的电磁转矩，电动运行；实际应用当中，如图 5-6 所示，在发电状态下，开通角 θ_{on} 应设置在 t_0 点，使得 $t_0 \sim t_3$ 区间内，电机吸收电能，建立励磁电流。关断角 θ_{off} 应设置在 t_3 时刻，在 $t_0 \sim t_5$ 阶段时，绕组断电，则将转子的机械能和绕组磁场能回馈给电源，整个过程中的发电量的大小由这两个不同阶段中的能量的差值来决定。

而在电动状态下，开通角 θ_{on} 应该设置在 θ_2 之前，关断角 θ_{off} 应在 $\theta_2 \sim \theta_3$ 区间。该设置是为了在绕组电感上升区域内流过较大电流，从而尽量地增加有效电动转矩，通常在电感刚刚开始上升的临界点 θ_2 之前使绕组导通，以达到使绕组电流迅速建立起来的目的。同时，为了减少制动转矩，即在电感刚开始下降时，就应尽快使绕组电流衰减到 0A，为此关断角应设计在 $\theta_2 \sim \theta_3$ 区间内，即最大电感到达之前。主开关关断后，绕组电流迅速下降，保证了在电感下降区内流动的电流很小，很快下降为 0A。综上所述，只要适当地控制 SRM 每相绕组导通和关断时刻，就可以使其运行状态发生改变，而这个发电和电动的切换时刻由整车制动系统给出。

如果绕组在电感上升区域 $\theta_2 \sim \theta_3$ 内通电，则产生电动转矩，SRM 将电源电能转化为机械能输出和绕组储能；如果在电感最大区域 $\theta_3 \sim \theta_4$（$t_1 \sim t_2$）内通电，此时没有转矩产生，电源电能全部转化为绕组磁场储能；在 $t_2 \sim t_3$ 区域给绕组通电时，产生制动转矩，电源提供的电能以及机械能均转化为绕组的磁场储能。

到了 $t_3 \sim t_4$ 阶段，同样产生制动转矩，此时开关磁阻电机将输入的机械能转化为电能回馈给电源；在 $t_4 \sim t_5$ 阶段，此时不产生转矩，SRM 的绕组磁场能回馈给电源。

1. SRM 发电工作状态

工作状态由相电流相对于相电感的位置决定；当电感变化和发电状态下的相电流处在区间 $\partial L/\partial \theta < 0$ 时产生负值转矩，需外加机械转矩，此时电机将机械能转化为电能输出（发电运行）；在发电状态下，开通角 θ_{on} 应设置在 t_0 点，使得 $t_0 \sim t_3$ 区间内，电机吸收电能，建立励磁电流。关断角 θ_{off} 应设置在 t_3 时刻，在 $t_0 \sim t_5$ 阶段，绕组断电，则将转子的机械能和绕组磁场能回馈给电源，整个过程中发电量的大小由这两个不同阶段中能量的差值来决定。

2. SRM 电动工作状态

若相电流处在 $\partial L/\partial \theta > 0$ 区间时，产生正的电磁转矩（电动运行）。

在电动状态下，开通角 θ_{on} 应该设置在 θ_2 之前，关断角 θ_{off} 应在 $\theta_2 \sim \theta_3$ 区间。为在绕组电感上升区域流过较大电流，增加有效电动转矩，通常在电感刚刚开始上升的临界点 θ_2 之前使绕组导通，使绕组电流迅速建立起来。

为减少制动转矩，在电感刚开始下降时，应尽快使绕组电流衰减到 0A，即最大电感到达之前，关断角应设计在 $\theta_2 \sim \theta_3$ 区间内，主开关管关断后，绕组电流迅速下降，保证在电感下降区内流动的电流很小，很快下降为 0A。

综上所述，只要适当地控制 SRM 每相绕组导通和关断时刻，就可以使其运行状态发生改变。而发电和电动的切换时刻由整车制动系统给出。

第四节 开关磁阻电机控制技术

SRM 的可控参数为定子绕组电压、开通角与关断角,SRM 的控制就是如何合理改变这些控制参数以达到运行要求,根据改变控制参数的不同方式,SRM 有 3 种控制模式,即角度位置控制(Angular Position Control,简称 APC)、电流斩波控制(Current Chopping Control,简称 CCC)与电压斩波控制(Voltage Chopping Control,简称 VCC)。其中,APC 是电压保持不变,通过改变开通角和关断角调节电机转速,适于电机较高速区,但是对于每一个由转速与转矩确定的运行点,开通角与关断角有多种组合,每一种组合对应不同的性能,具体操作较复杂,且很难得到满意的性能;CCC 一般应用于电机低速区,是为限制电流超过功率开关元件和电机允许的最大电流而采取的方法,CCC 实际上是调节电压的有效利用值,与 APC 类似,它也可以随转速、负载要求调节开关角;VCC 是在固定的开关角条件下,通过调节绕组电压控制电机转速,它分直流侧 PWM 斩波调压、相开关斩波调压与无斩波调压,而无斩波调压通过调节整流电压以响应电机转速要求,在整个速度范围内只有一个运行模式,即单脉冲方式。

SRM 的运行不是单纯的发电或者电动的过程,而是将两者有机结合在一起的控制过程,即它同时也包含了能量回馈的过程。这一控制系统的主要特点包括:

1)不同能量流动过程分时控制,采用相同的硬件设备实现;
2)将发电和电动过程整合到一起;
3)能量的回馈。

SRM 控制系统的可控参数主要有开通角、关断角、相电流幅值以及相绕组的端电压,对这些参数进行单独或组合控制就会产生不同的控制方法,一般来说,常用的控制方法有角度控制法(APC)、电流斩波控制(CCC)、电压斩波控制(VCC)三种。

1. 角度控制法(APC)

APC 是电压保持不变,而对开通角和关断角的控制,通过对它们的控制来改变电流波形以及电流波形与绕组电感波形的相对位置。在 APC 控制中,如果改变开通角,而它通常处于低电感区,则可以改变电流的波形宽度、电流波形的峰值和有效值大小,改变电流波形与电感波形的相对位置,这样就会对输出转矩产生很大的影响。改变关断角一般不影响电流峰值,但会影响电流波形宽度以及与电感曲线的相对位置,电流有效值也随之变化,因此关断角同样会对电机的转矩产生影响,只是其影响程度没有开通角那么大。在具体实现过程中,一般情况下采用固定关断角、改变开通角的控制模式。与此同时,固定关断角的选取也很重要,需要保证绕组电感开始下降时,相绕组电流尽快衰减到零。对应于每个由转速与转矩确定的运行点,开通角与关断角会有多种组合,因此选择的过程中要考虑电磁功率、效率、转矩脉动及电流有效值等运行指标,来确定相应的最优控制的角度。在本系统的控制中,要遵循一个原则,即在电机制动运行时,应使电流波形位于电感波形的下降段;而在电机电动运行时,应使电流波形的主要部分位于电感波形的上升段。角度控制的优点是,转矩调节范围大;可允许多相同时通电,以增加电机输出转矩,且转矩脉动小;可实现效率最优控制或转矩最优控制。但角度控制法不适应于低速,一般应用在高速运行时。

2. 电流斩波控制（CCC）

在 CCC 方式中，一般使电机的开通角和关断角保持不变，主要靠控制斩波电流限值的大小来调节电流的峰值，从而起到调节电机转矩和转速的目的。它的实现形式可以有以下 2 种：

1）限制电流上下幅值的控制。即在一个控制周期内，给定电流最大值和最小值，使相电流与设定的上下限值进行比较，当大于设定最大值时则控制该相功率开关元件关断，而当相电流降低到设定最小值时候，功率开关管重新开通，如此反复，其斩波的波形，如图 5-7 所示。这种方式，由于一个周期内电感变化率不同，因此斩波频率疏密不均，在电感变化率大的区间，电流上升快，斩波频率一般很高，开关损耗大，优点是转矩脉动小。

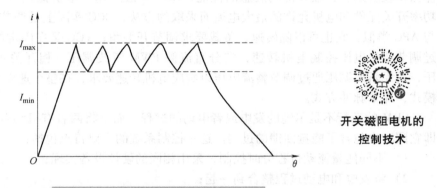

图 5-7 设定电流上下限幅值的电流斩波

2）电流上限和关断时间恒定。与上一种方法的区别是，当相电流大于电流斩波上限值时，就将功率开关元件关断一段固定的时间再开通。而重新导通的触发条件不是电流的下限而是定时，在每一个控制周期内，关断时间恒定，但电流下降多少取决于绕组电感量、电感变化率、转速等因素，因此电流下限并不一致。关断时间过长，相电流脉动大，易发生"过斩"；关断时间过短，斩波频率又会较高，功率开关元件开关损耗增大。应该根据电机运行的不同状况来选择关断时间。

电流斩波控制适用于低速和制动运行，可限制电流峰值的增长，并起到良好有效的调节作用，而且转矩也比较平稳，电机转矩脉动一般也比采用其他控制方式时要明显减小。

3. 电压斩波控制（VCC）

这种控制方式与前两种控制方式不同，它不是实时地调整开通角和关断角，而是某相绕组导通阶段，在主开关的控制信号中加入 PWM 信号，通过调节占空比 D 来调节绕组端电压的大小，从而改变相电流值。具体方法是在固定开通角和关断角的情况下，用 PWM 信号来调制主开关器件相控信号，通过调节 PWM 信号的占空比，以调节加在主开关管上驱动信号波形的占空比，从而改变相绕组上的平均电压，进而改变输出转矩。电压斩波控制是通过 PWM 的方式调节相绕组的平均电压值，间接调节和限制过大的绕组电流，适合于转速调节系统，抗负荷扰动的动态响应快。这种控制实现容易，且成本较低；它的缺点在于导通角度始终固定，功率元件开关频率高、开关损耗大，不能精确地控制相电流。

实际上在 SRM 双向控制系统中，采用的是后两种控制方法。具体的发电/电动状态控制策略，如图 5-8 所示。

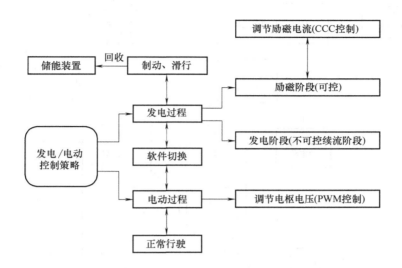

图 5-8　发电/电动状态控制策略

SRM 的动作过程可分为发电过程和电动过程，分别对应于电动汽车的制动、滑行以及正常行驶过程，而将电动汽车制动、滑行时的能量回收到储能装置中，即能量的再生回馈；发电状态和电动状态是通过软件来实现切换的。在整个发电回馈过程中，由于 SRM 本体结构特殊，其定子绕组既是励磁绕组又是电枢绕组，故其励磁与续流（发电）过程必须采用周期性分时控制。SRM 的励磁过程是可控的，但续流（发电）过程不可控，因而采用电流斩波控制来调节励磁阶段的励磁电流的大小，从而实现对发电过程的控制。而电动过程采用电压斩波控制，以调节电枢平均电压从而实现对转矩和转速的调节。

SRM 双向控制系统，主要目标是实现 SRM 的双向运行，着重点在于发电/电动状态下的最优控制，以及 SRM 的能量回馈问题。不但要让 SRM 在电动状态下获得优越的调速性能，更要保证其在发电状态下的能量回馈。其总体方案如图 5-9 所示。

双向控制系统主要是由 SRM 本体、主控制芯片、主功率电路、IGBT 驱动电路以及电流电压检测电路、位置检测电路等外围检测电路构成，具体功能的实现过程如下：三相不可控整流桥将 380V 的三相动力电整流为 537V 的直流电并通过 H 桥式主功率电路给 SRM 供电，同时相电压和相电流检测电路负责对电机的母线电压以及相电流情况进行检测，将检测信号反馈至 DSP 的 A/D 转换模块，进行 A/D 采样；同时，电流电压保护电路接收相电流和相电压检测信号，在对其进行处理后，将过电流、过电压信号反馈至 DSP 的 PDPINT 模块，从而实现整个系统的故障保护功能。此外还有位置检测电路，将光电盘的两路输出信号经调理后，送至 DSP 的捕捉模块，经角度计算和速度计算模块后产生角度和速度控制信号；DSP 内部的 PI 控制模块对 A/D 转换后电流电压信号，以及角度、速度信号进行综合后计算，使 DSP 输出五路占空比可变的 PWM 波形至 IGBT 驱动电路，实现对主功率开关电路的通断控制。另外 DSP 的 SPI 模块负责驱动四个显示模块。如上所述，各个模块相互联系、互相协作，共同完成整个控制系统的功能。

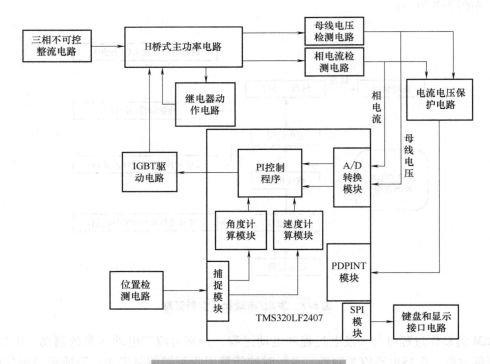

图 5-9 SRM 双向控制系统总体方案

1) SRM 性能的改善必须依靠先进控制策略的手段，必须考虑 SRM 的非线性及参数时变特性，但这势必增加系统的复杂性。

2) 在实际应用中，应当根据性能要求采用与之相适应的控制策略，这也体现了 SRM 控制灵活的一面。SRM 发展到今天在控制策略方面虽已取得了很多非常有用的成果，但是仍然很不完善，依然存在许多问题待解决，而且尚未形成完善的 SRM 控制理论。

第五节　开关磁阻电机功率变换器技术

SRM 控制系统的功率变换器电路结构有许多种，其中 H 桥式主电路如图 5-10 所示，可同时实现发电/电动的功能，由于它的特殊结构，必须工作在两相同时导通的情况下，即每一工作瞬间，上、下桥臂必须有一相导通。H 桥式主电路的优点是可以实现零电压续流，即关断相电流后，可以依靠导通相绕组本身续流，从而实现能量的回馈，同时它的功率器件较少，成本也较低。

这里，对应于 H 桥式主电路主开关的开通、关断顺序的不同组合，控制过程中所采用的电流斩波可分为 2 种。一种称为能量回馈式电流斩波（Energy Returnable Current Chopping，ERCC），当实际电流超过电流参考上限值时，主开关 VI_1、VI_2 同时关断，绕组储存的能量通过 2 个续流二极管回馈给电源；而当 VI_1、VI_2 导通时，绕组上承受正电压，绕组的磁链就会相应增加，产生电流和电动电磁转矩。另一种方式称为能量非回馈式电流斩波（Non-Energy Remindful Current Chopping，NERCC）方式，其工作原理为，在相电流超过电

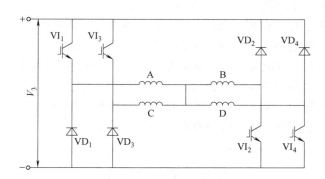

图 5-10 H 桥式主电路

流参考上限值时,只要关断其中一个主开关,而另一个主开关器件保持开通,此时绕组电流在近似为零的外施电压作用下通过二极管 VD_1 和主开关 VI_2,磁链在近似零压下缓慢衰减(相对 ERCC 方式),无能量返回电源,斩波结束时,VI_1、VI_2 同时关断,磁链迅速减少;而考虑到本系统的双向性,以及 NERCC 方式中的主开关器件 VI_1、VI_2 的开关频率相差很大,不利于主开关器件和续流二极管的充分利用;上、下桥工作不对称,因而本系统选择了 ERCC 方式控制,这也决定了控制中主开关管的开关模式;下面以 A、B 相为例,说明一下主电路的工作过程;当 VI_1 和 VI_2 同时导通时,电流通过 VI_1-A-B-VI_2 这一通路流过绕组,这是发电状态下的励磁阶段或者电动状态下的工作情况;当 VI_1 和 VI_2 同时闭合时,绕组中储存的磁场能通过 VD_1-A-B-VD_2 这一通路,回馈到直流母线端,并储存到储能装置中。功率变换器的整体设计方案如图 5-11 所示。

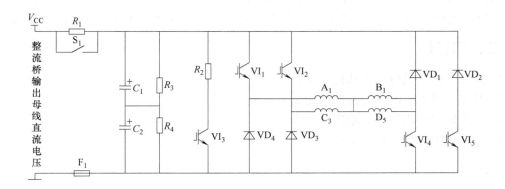

图 5-11 功率主电路图

功率主电路系统采用三相 380V/50Hz 动力电源供电,通过三相不可控整流桥将其整流为 537V 直流电供直流母线使用;由于 SRM 在发电状态下,回馈到电源的能量输入是脉冲电能,为了得到稳定的输出电压,在输出端特意并联了两个电解电容 C_1、C_2,用来对回馈电压起到稳定和滤波的作用,同时也作为回馈电能的储能元件,还可对整流电路的输出电压起到滤波作用。和电容并联的电阻 R_3、R_4 的作用有两个,首先是可以平衡两个电容上的电压,其次就是在整个系统关闭时使 C_1、C_2 电容放电。此外，在系统上电瞬间，为了避免由于滤波电容充电而引起的过大的浪涌电流，采用电阻—继电器并联上电保护电路。上电瞬间母线电压小于某一值时，继电器断开，电流通过电阻 R_1 流过，将浪涌电流限制在安全范围内。当母线电压大于此值时，继电器闭合，将电阻 R_1 短路，不会对主电路的正常运行造成任何影响；而 R_2 和 VI_3 也构成了制动放电电路，主要起到能耗制动的作用，此外，当制动发电过程中电容发生过电压时，VI_3 开通，将电容能量泄放到电阻 R_2 上；最后就是 H 桥式功率主电路，如前所述，它在发电运行时具有能量回馈的功能。

复习思考题

一、填空题

1. 开关磁阻电机（Switched Reluctance Motor，SRM）是一种新型电机，由_____的定子和转子组成，其定子、转子的凸极均由普通的_____叠压而成。转子既无_____又无永磁体，定子极上绕有集中绕组。径向的两个绕组串联成一个两级磁极，称为"一相"。SRM 可以设计成多种不同的相数结构，且定子、转子的极数有多种不同的搭配。

2. SRM 的动作过程可分为_____过程和电动过程，分别对应于电动汽车的制动、_____以及正常行驶过程，而将电动汽车制动、滑行时的_____到储能装置中，即能量的再生回馈；发电状态和电动状态是通过_____来实现切换的。在整个发电习馈过程中，由于 SRM 本体结构特殊，其定子绕组既是励磁绕组又是电枢绕组，故其励磁与续流（发电）过程必须采用_____分时控制。其励磁过程是可控的，但续流（发电）过程不可控，因而我们采用电流斩波控制来调节励磁阶段的_____的大小，从而实现对发电过程的控制。而电动过程采用_____控制，以调节电枢平均电压从而实现对转矩和转速的调节。

二、问答题

1. 开关磁阻电机可分为几种类型？
2. 开关磁阻电机的工作特性是什么？
3. 开关磁阻电机的工作原理是什么？
4. 开关磁阻电机有什么特点？

第六章 续流增磁电机类型及其控制技术

学习目标与要求

- 了解续流增磁电机类型
- 掌握续流增磁电机的结构和工作原理
- 掌握续流增磁电机控制技术

续流增磁电机驱动系统是基于永磁加增磁复合励磁原理,研制出的一种具有低速增磁增矩和高速弱磁增速功能的全新电机调速系统。该电机及其控制器具有无附加励磁调节装置,系统可靠性强,成本低;高效区广,调速范围广;在双象限范围内运行,可实现再生制动;运行时噪声低等优点,控制特性更符合电动汽车动力特性的需求。该系统把增磁绕组接到电机续流回路中,产生了全新的自动弱磁调速理念。

第一节 混合励磁电机的分类及磁路特性

电机驱动系统作为电动汽车的关键系统,其性能直接决定了电动汽车的运行性能。电动汽车所使用的直流电机有三种:他励直流电机(包括永磁直流电机)、串励直流电机、复合励磁直流电机。他励直流电机的优点是,线路无需切换即可实现牵引与制动的转换,防空转性能好,缺点是大多采用一个磁场斩波器致使体积较大;永磁直流电机的优点是体积相对较小、重量轻且效率高,但由于磁场固定,缺乏可控性,不能同时满足电动汽车低速大转矩和高速大功率的要求。串励直流电机虽无上述缺陷,只采用一个斩波器,但存在线路要增加接触器、切换励磁绕组才能实现牵引与制动转换的缺陷;控制电路结构复杂,可靠性和效率较低。根据德国电动大型客车的试验,采用串励直流电机比采用他励直流电机再生制动作用低5%,能量消耗高19%。

"混合励磁"概念早在1988年便由苏联学者提出,但目前尚缺乏相对统一的定义。常用术语是混合励磁,有时也称组合励磁或复合励磁,是由两种励磁源相互作用,共同实现电磁能量转换,是对单一励磁(永磁励磁或电励磁)概念的有效拓宽与延伸。

"混合励磁电机"最早由美国学者提出,作为一种综合了永磁电机和励磁电机优点的新型电机,并且在电动汽车驱动等领域的应用取得了诸多进展。所谓混合励磁电机,在保持电机较高效率的前提下,改变电机的拓扑结构,由两种励磁源共同产生电机主磁场,实现电机的主磁场调节和控制,改善电机调速、驱动性能或调压特性的一类新型电机。

与永磁电机相比,混合励磁电机具有调节气隙磁场的能力;与励磁同步电机相比,混合励磁电机具有较小的电枢反应电抗。混合励磁电机不仅能继承永磁电机的诸多特点,而且具有励磁电机气隙磁场平滑可调的优点:用作发电机,可获得较宽的调压范围,在飞机、车辆中可作为独立的发电系统；用作电动机，适合于作节能驱动使用，而其中的宽调速特性可以应用在电动汽车等高要求场合。

混合励磁电机的主要特点是永磁体产生的磁势和励磁电流产生的磁势共同影响电机内气隙磁场，利用励磁电流可调的优势，实现气隙磁场灵活调节，在永磁体产生的励磁磁场上引入励磁磁场可以解决永磁电机磁场调节困难的问题，对于拓宽调速电机的运行范围，改善发电机电压调节性能和故障保护能力有重要意义。从控制角度来看，励磁电流变量的引入，使永磁电机弱磁控制增加了可控量，不再单独依赖电枢绕组中直轴电流分量进行弱磁控制，有利于驱动系统的解耦控制和效率优化。

混合励磁电机结构形式多样，对于该类新型电机命名和定义也不尽相同，主要有混合励磁电机、双励磁电机、组合励磁电机和具有轴向励磁绕组的永磁电机等；根据永磁体的安装位置可分为定子永磁型和转子永磁型；从磁路原理角度将混合励磁电机可分为串联磁路、并联磁路和复合磁路等。

1. 混合励磁电机分类

混合励磁电机在永磁电机的基础上引入励磁绕组，结构灵活多样，励磁绕组和永磁体的安装位置直接影响混合励磁电机的结构形式、磁场调节性能和输出特性。从永磁体和励磁绕组的位置角度出发，可以将混合励磁电机结构分类如图6-1所示，分为以下5种类型。

（1）串联磁势式

图6-2a为串联磁势式，永磁体和励磁绕组都安装在转子上，由于转子上安装了励磁绕组，电机难以实现无刷励磁。

（2）转子磁极分割型

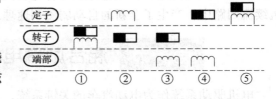

图6-1 励磁绕组和永磁体安装位置示意图

如图6-2b所示，转子表面存在两种磁极，一种是永磁磁极，一种是铁心磁极 N 极、S 极和铁心磁极交错排列，定子铁心被定子环形直流励磁绕组分为两段，从结构上来看，其励磁绕组安装在定子上，永磁体安装在转子上。

（3）交叉凸极型

如图6-2c，轴向充磁的永磁体在转子上，嵌放在 N 极和 S 极导磁体的中间，励磁绕组安装在电机的端部，通过导磁桥形成轴向磁路，从而调节主气隙磁通。

（4）新型混合励磁双凸极电机

如图6-2d为一种新型混合励磁双凸极电机，永磁体安装在定子上，在电机端部放置电励磁绕组，引入轴向电励磁磁场，实现电机的励磁无刷化。

（5）混合励磁双凸极电机

如图6-2e永磁体安装在定子上，在电机定子上同时嵌入绕励磁绕组，电机转子上无绕组和永磁体，结构简单可靠。

2. 混合励磁电机磁路模型

混合励磁电机内同时存在两个磁势源，即永磁磁势和电励磁磁势，因此两个磁势的相互作用关系直接决定了混合励磁电机的永磁体用量和电励磁绕组的匝数，进而影响励磁调节效率和气隙磁场。依据磁路原理，混合励磁电机的永磁磁势和励磁磁势关系可以归类为串联磁势、并联磁势、串并联磁势和并列磁势。

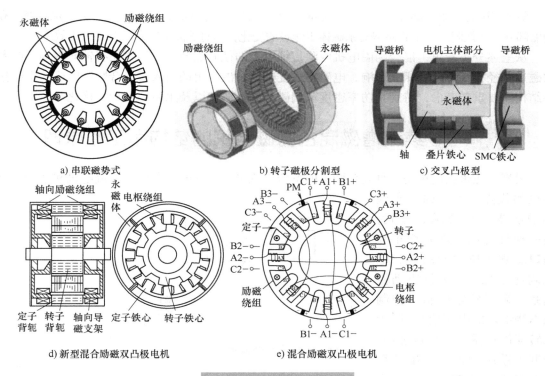

图 6-2 混合励磁电机的类型

如图 6-3 所示，分别给出了 3 类混合励磁电机的等效磁路原理图，串联磁势的永磁磁势和励磁磁势串联作用于气隙磁场，图 6-2a 所示混合励磁电机属于串联磁势型，其磁路原理如图 6-3a 所示。电励磁磁通必须要穿过永磁体，由于永磁体磁导很低，因此直接导致励磁效率降低。

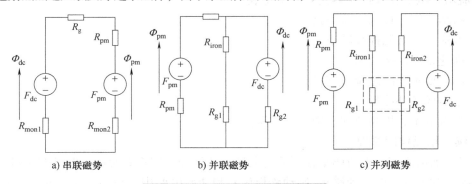

图 6-3 混合励磁电机磁路原理

并联磁势型的永磁磁势和励磁磁势并联作用于气隙磁场，两部分磁路相互有耦合，电励磁磁通不必穿过永磁体，磁路原理如图 6-3b 所示，而对应的混合励磁电机如图 6-2a、b、c、d 所示。

串并联磁势的原理实际上是，在电机内部既有一部分气隙磁密，又有永磁磁势和励磁磁势串联相互作用产生的气隙磁密，还有两者并联作用产生的气隙磁密，对应的混合励磁电机如图 6-2e 所示。

图 6-3c 所示为并列磁势原理图，永磁磁场和励磁磁场是分开的，相互独立没有磁路上的耦

合,整个气隙磁密由两部分形成,即励磁部分和永磁部分。这类磁路从原理上分离了永磁部分和励磁部分,有效阻断了励磁磁势对永磁体工作点的变化,同时提高了励磁部分的励磁效率。

从上述分类看出,混合励磁电机内除传统电机的径向磁通外,多数还有轴向磁场,两者的磁通路径相互耦合、相互影响,电磁特性复杂,励磁绕组的引入对混合励磁电机的整体拓扑结构需要重新考虑,特别是功率密度和调磁范围的协调以及永磁体用量的优化。

第二节 续流增磁混合励磁电机的结构和工作原理

续流增磁永磁电机是一种复合励磁的特殊直流电机,它兼顾了串励直流电机和他励直流电机的优点。采用稀土永磁和增磁绕组复合励磁方式,是一种具有低速增磁增矩和高速弱磁增速功能的全新电机调速系统。该电机驱动控制系统采用转矩控制(控制电枢绕组内的电流值),因为无转速传感器和转矩传感器,降低了系统硬件复杂度和系统的噪声敏感度,从而提高了系统可靠性,控制特性更符合电动汽车动力特性的需求,如图6-4和图6-5所示。

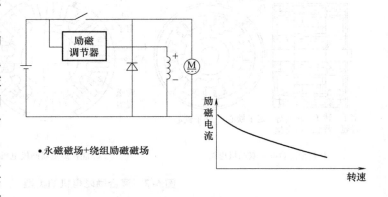

图6-4 续流增磁绕组电机驱动系统

续流增磁电机及其控制器具有以下特点:
1)将增磁绕组接入续流回路;
2)低速自动增磁提高转矩;
3)高速自动弱磁提速;
4)不需要附加励磁调节装置;
5)不需要额外能量;
6)降低成本,提高效率,增加了可靠性。

1. 续流增磁控制原理

该续流加增磁直流电机驱动控制系统弱磁调速原理如图6-6所示。电机控制器的主要功能是接收驾驶人发出的加速踏板/制动踏板信号和功率电路中电机电枢电流传感器的反馈信号,实现电动大客车调速时的驱动转矩和再生转矩的闭环控制。

该续流增磁电机原理及控制,其系统数学模型为:

$$T = C_m(\Phi_y + \Phi_z)i_a \tag{6-1}$$

$$n = (U_b D - r_a i_a)/C_e(\Phi_y + \Phi_z) \tag{6-2}$$

$$\Phi_z = L_f i_f \tag{6-3}$$

$$i_f = i_a(1 - D) \tag{6-4}$$

$$U_e = C_e(\Phi_y + \Phi_z)n \tag{6-5}$$

式中，C_m 是电机转矩常数；C_e 是电机电动势常数；Φ_y 是永磁磁通；Φ_z 是增磁磁通；r_a 是电机电枢电阻；i_a 是电机电枢电流；L_f 是增磁续流绕组电感；i_f 是增磁续流绕组电流；U_e 是电机电枢反电动势；D 是 PWM 信号占空比。

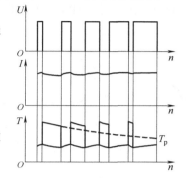

图 6-5　续流增磁绕组电机输出特性曲线　　　图 6-6　续流加增磁绕组控制系统结构示意图

当电动汽车起动、加速、高速行驶时，控制器锁定制动踏板信号使 IGBT2 始终处于断开状态。控制器接收加速踏板信号，并向功率电路中的 IGBT1 发出高频 PWM 信号，控制 IGBT1 工作在高频开关状态。PWM 的导通角依据电机电枢电流的反馈值自动调节，确保电枢电流与加速信号的设定值对应。当 IGBT1 闭合时，工作回路为电池组—IGBT1—电机—电池组，续流绕组无电流通过，电机等效为永磁直流电机。当 IGBT1 断开时，工作回路为电机—续流绕组—IGBT2 反向并联二极管—电机。续流绕组有电流通过，此时续流绕组不仅具有续流保护的作用，而且还有增强磁通调速的功能。

当电动汽车制动时，控制器锁定加速踏板信号使 IGBT1 始终处于断开状态。控制器收到制动踏板信号，并向功率电路中的 IGBT2 发出高频 PWM 信号，控制 IGBT2 工作在高频状态。增磁续流绕组通过一个反并联的二极管使得在整个制动过程中增磁续流绕组中始终没有电流通过，不会产生增磁，电机产生的反电动势电压比较稳定。电机反电动势上升，超过电池组端电压开始给电池组充电，完成再生制动。

2. 续流增磁直流电机稳态特性

当电机工作在低转速区时，电机电枢的反电动势小，此时 PWM 的占空比很小，电枢电流即可达到加速踏板信号的设定值。电流通过续流增磁绕组的时间长，增磁效果显著，电机产生很大的转矩，和传统电机相比，电动汽车的加速性能得到提高。随着电机转速的增高，电机电枢反电动势逐渐增大，PWM 占空比逐步增大才能满足加速踏板信号所设定的电枢电流。

电流通过续流增磁绕组的时间减小，绕组增磁作用逐步减弱，实现了电机弱磁增速恒功率的特性，很好地满足电动汽车对动力性的需求。整个弱磁过程中永磁部分的磁通始终保持恒定，与传统直流电机相比，系统在调速特性、转矩特性、峰值功率和系统效率等方面具有很大的优越性。

（1）续流增磁电机工作特性

续流增磁电机的工作特性如图 6-7 所示。当电机转速恒定时，转矩随着电枢电流的增加而减小；当电枢电流恒定时，转矩随着电机转速的上升而增大；转矩随着转速的上升和电枢电流的降低而平滑减小。系统稳定性原理表明当 $d_n/d_t < 0$ 时，系统机械特性稳定，系统具有大范围的稳定调速区。

(2) 电机续流回路中有无增磁绕组性能比较

当续流回路中接有增磁绕组时,该新型电机随着转速的变化具有自动弱磁调速特性。当续流回路没有接通增磁绕组时,该电机与传统的他励直流电机等效。图 6-8 显示了两种情况下不同电枢电流时电动机转矩与转速关系对比结果(同一曲线上电枢电流恒定)。

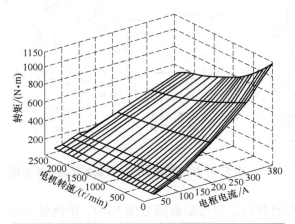

图 6-7 续流增磁电机转矩、转速与电枢电流关系图

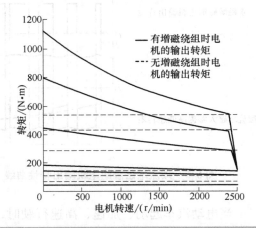

图 6-8 续流回路中有无增磁绕组电机转矩对比图

增磁绕组接在电机续流回路中时,电机低速转矩显著增大,极大地提高了汽车的加速性能;随着电机转速的上升,增磁绕组增磁作用减弱,电机转矩平滑减小。在整个弱磁调速过程中,永磁部分的磁通保持恒定,使系统在高速时仍能保持与负载相平衡的转矩,系统具有大范围的高功率区。

图 6-8 显示,续流回路中接有增磁绕组时,电机具有更广泛的稳定调速区域,能很好地满足电动汽车对转矩和功率的需求规律;转速相同时,续流增磁电机具有更大的转矩和更高的效率。

3. 续流增磁电机与传统串励直流电机的比较

由弱磁调速系统工作原理可知,续流增磁电机的弱磁过程随着车速的改变由 PWM 信号占空比自动控制完成,没有必要另加斩波器或者接触器等器件来控制励磁电流,整个系统具有简单、可靠等优点。永磁磁场在调速过程中保持恒定,与传统串励电机相比,该系统在高转速区具有更高的输出转矩来确保电动汽车的驱动转矩与负载转矩平衡,且系统运行效率更高,解决了传统串励电机必须牺牲转矩来满足电机转速升高,而不能满足电动汽车高转速大转矩工况的缺陷。

在电动汽车再生制动过程中,增磁绕组无电流通过,电机等效为传统他励永磁电机。永磁部分提供稳定的方向一致的高效的励磁磁场,而传统串励驱动电机控制系统在实现电动汽车再生制动时,必须变换串励绕组中励磁电流方向为了保证励磁磁场稳定需要加入由接触器或者功率二极管等构成的辅助控制电路。

该续流增磁直流电机驱动控制系统与传统的串励电机驱动控制系统相比,克服了转矩随转速急剧下降的缺陷,具有更好的可靠性、稳定性、经济性。

第三节 续流增磁混合励磁电机的应用

续流增磁电机驱动系统是基于永磁加增磁复合励磁原理研制出的一种具有低速增磁增矩

和高速弱磁增速功能的全新电机调速系统。该系统结构简单，系统可靠性强，成本低；高效区广，调速范围广；能在双象限范围内运行，可实现电动汽车再生制动；运行时噪声低，控制特性更符合电动汽车功能特性的需求。该电机驱动控制系统采用转矩控制。因为无转速传感器和转矩传感器，降低了系统硬件复杂度和系统的噪声敏感度，从而提高了系统可靠性。该电机驱动控制系统是多输入、多输出的非线性耦合全新电机调速系统，传统的电机数学模型已不适用，必须建立其动态数学模型，获得各项性能指标才能更好地应用。

图 6-9 显示的是该续流增磁直流电机驱动控制系统调速原理。电机电枢端子与蓄电池组连接，增磁绕组接入续流回路中，其内电流有效值根据 PWM 占空比不同自动调节。总磁通为增磁绕组产生的磁通与永磁磁铁磁通的同向叠加。电

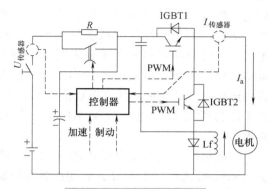

图 6-9 控制系统调速原理

机调速时，电机控制器接收驾驶人发出的加速踏板（ACCEL）/制动踏板（BRAKE）信号和电枢电流的反馈信号，依据两者差值控制电枢电流，从而控制电机的驱动转矩和再生转矩。

图 6-10 显示该系统具有宽广范围的稳定调速区域。电枢电流恒定时，电机在低速区，具有很高的转矩，系统具有良好的加速性能。随着转速升高，增磁磁通逐渐变小，系统弱磁扩速，电机输出功率增高。系统输出特性能很好地满足电动汽车对转矩和功率的需求特性。

当电机工作在低转速区时，电机电枢的反电动势小，此时 PWM 的占空比很小，电枢电流即可达到 ACCEL 的设定值。电流通过续流增磁绕组的时间长，增磁效果显著，电机具有很大转矩，对比传统电机，方可使电动汽车加速性能得到提高。随着电机转速的升高，电机电枢反电动势逐渐增大，PWM 占空比逐步增大才能满足 ACCEL 信号所设定的电枢电流。电流通过续流增磁绕组的时间则相应减小，绕组增磁作用逐步减弱，实现了电机弱磁增速恒功率的特性，很好地满足电动汽车行驶对动力性的需求。整个弱磁过程中永磁部分的磁通始终保持恒定，与传统直流电机比较，本系统在调速特性、转矩特性、峰值功率和系统效率等方面具有很大的优越性。

试验表明装配该新型电机系统的电动汽车在试验场进行了加速试验，采用直接档，驾驶人将加速踏板踩到最底端，试验加速时间为60s。试验测得车速与数学模型迭代计算车速绘制在图6-11中。试验结果与仿真计算结果基本吻合，验证了数学模型的正确性。

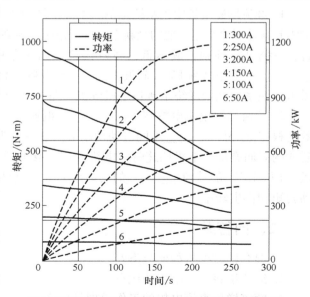

图 6-10 电机输出转矩、功率与转速的关系曲线

依据续流增磁直流电机驱动控制系统控制策略、电机结构和试验数据，建立续流增磁电机驱动控制系统动态模型。迭代计算其加速特性与加速试验结果一致，验证了该动态数学模型的正确性，为系统应用提供了理论基础。模型计算和实车试验表明该新型电机驱动控制系统在低速时能输出大转矩，随着转速提高自动弱磁，具有弱磁扩速的功能。其工作特性更符合电动公交车的动力特性需求。

永磁加增磁绕组复合励磁的新型直流牵引电动机-续流增磁电机及其驱动控制系统避免了传统直流电机驱动系统的缺陷，具有结构简单、稳定调速范围广和效率高等优点。

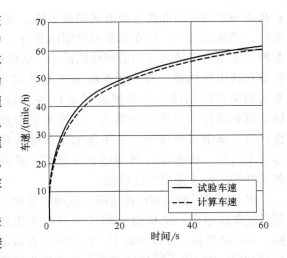

图 6-11　采用直接档加速试验与仿真结果

与传统等效永磁电机系统相比，该系统在转矩、功率特性和系统效率都有很大的优势；与传统串励直流电机系统相比，控制器结构简单、可靠性高，解决了传统串励直流电机需要牺牲转矩来增速的缺陷；再生制动时无需增加额外的辅助控制电路。从加速度控制系统性能分析结果看，该电机控制系统可获得满意的控制效果。

复习思考题

一、填空题

1. 续流增磁电机驱动系统是基于永磁加增磁复合励磁原理，研制出的一种具有_____增矩和高速弱磁增速功能的全新电机调速系统。该新型电机及其控制器无附加_____调节装置，系统可靠性强，成本低；高效区广，调速范围广；在_____范围内运行，可实现_____；采用高频 PWM 斩波控制，运行时噪声低，控制特性更符合电动汽车_____的需求。该系统把增磁绕组接在电机续流回路中，产生了全新的自动弱磁调速理念。

2. 续流增磁电机电枢端子与_____组连接，增磁绕组接入续流回路中，其内电流有效值根据 PWM _____不同自动动调节。总磁通为增磁绕组产生的_____与永磁磁铁的磁通的同向叠加。电机调速时，电机控制器接收驾驶人发出的_____（ACCEL）/制动踏板（BRAKE）信号和_____的反馈信号，依据两者差值控制电枢电流，从而控制电机驱动转矩和再生转矩。

二、问答题

1. 混合励磁电机如何分类？
2. 续流增磁直流电机的优点是什么？
3. 续流增磁直流电机的工作原理是什么？

第七章 电动汽车能量系统的电源变换装置

> **学习目标**
> - 了解 DC/DC 和 AC/DC 的类型
> - 掌握 DC/DC 和 AC/DC 的结构和工作原理
> - 掌握 DC/DC 和 AC/DC 控制技术

电动汽车的电子设备通常是一个极为复杂的电子系统。这个复杂的系统包含许多作用不同的功能模块,每个功能模块对电源的要求不尽相同,各部分所需的功率等级、电压高低、电流大小、安全可靠性、电磁兼容性等指标也不同。为了满足上述要求,电动汽车常使用各种功率变换器。目前使用的功率变换器可分为 AC/DC、DC/DC、DC/AC 三种类型。它们分别适用于各种不同的领域,其中使用最多的是前两种。

第一节 DC/DC 功率变换器

1. DC/DC 的功用

在电动汽车的电子系统和设备中,系统中的直流母线不可能满足性能各异、种类繁多的元器件(包括集成组件)对直流电源的电压等级、稳定性等要求。因而必须采用各种 DC/DC 功率变换模块来满足电子系统对直流电源的各种需求。DC/DC 变换模块的直流输入电源可来自系统中的电池,也可来自直流总线。这种电源通常有 48V、24V、12V 或者其他电压数值,其电压稳定性差且会有较高的噪声分量。例如,12V 的汽车电池在充电时其电压可高达 15V,起动电机时电压可低至 6V。要使汽车电子设备正常工作,必须使用一个 DC/DC 功率变换模块,将较宽范围变化的直流电压变换成一种稳定性能良好的直流电压。

电动汽车 DC/DC 变换器的主要功能是给车灯、电器控制设备(Electric Control Unit, ECU)、小型电器等车辆附属设备供给电力和向附属设备电源充电,其作用与传统内燃机汽车的交流发电机相似。传统汽车依靠发动机带动交流发电机发电供给附属用电设备及其电源。由于纯电动汽车和燃料电池电动汽车无发动机,混合动力汽车的发动机并非不间断地工作,并且多带有自动停止怠速的设备,因此电动汽车无法使用交流发电机提供电源,必须依靠主电池向附属用电设备及其电源供电,因此 DC/DC 成为必备设备。

2. 双向 DC/DC 变换器的应用

电动汽车中的电机是典型的有源负荷,电机根据驾驶人的不同指令,既可以工作在电动状态,又可以工作在再生发电状态,既可以吸收电池组电能将其转换成机械能输出,也可以将机械能转换成电能反馈给电池组。由于电动汽车电机的转速范围很宽,行驶过程中频繁加速、减速,而且在电动汽车运行过程中蓄电池电压的变化范围很大,在这样的条件下,如果用蓄电池组直接驱动电机运转，会导致电机驱动性能恶化，使用直流/直流（DC/DC）变换器可以将蓄电池组的电压在一定的负荷范围内稳定在一个相对较高的电压值，从而明显提高电机的驱动性能。另一方面，DC/DC 变换器又可以将电机制动时由机械能转化而来的电能回馈给蓄电池组，以可控的方式对蓄电池组进行充电，这对于电动汽车有着非常重要的意义，尤其是在电动汽车需要频繁起动和制动的城市工况运行条件下，有效地回收制动能量，可使电动汽车的行驶里程大大增加。电动汽车采用 DC/DC 变换器可以优化电机控制、提高电动汽车整车的效率和性能，同时还可以避免出现反向制动无法控制和变换器输出端出现浪涌电压等不利情况。

目前，大多数 DC/DC 变换器是单向工作的，即通过变换器的能量流动只能是单向的。然而，对于需要能量双向流动的场合，例如超级电容器在电动汽车中的应用，如果仍然使用单向 DC/DC 变换器，则需要将两个单向 DC/DC 变换器反方向并联使用，这样的做法虽然可以达到能量双向流动的目的，但是总体电路会变得非常复杂，双向 DC/DC 变换器就是可以完成这种能量双向流动的直接变换器。

双向 DC/DC 变换器是指在保持变换器两端的直流电压极性不变的情况下，根据实际需要完成能量双向传输的直流变换器。双向 DC/DC 变换器可以非常方便地实现能量的双向传输，使用的电力电子器件数目少，具有效率高、体积小和成本低等优点。

由于双向 DC/DC 变换器具有上述优点，使其在电动汽车的发展过程中得到如下应用：

1）在电动汽车发展初期，由于直流电机结构简单、技术比较成熟和优良的电磁转矩特性，所以直流电机得到广泛的应用。对于采用直流电机的电动汽车而言，如图 7-1 所示，为常见的利用双向 DC/DC 变换器的驱动系统机构图。

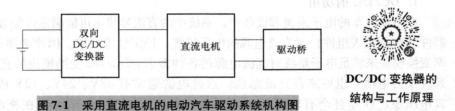

DC/DC 变换器的结构与工作原理

图 7-1 采用直流电机的电动汽车驱动系统机构图

2）由于直流电机存在价格高、体积和质量大、维护困难等缺点，目前，电动汽车用电机正在逐渐由直流向交流发展，直流电机基本上已经被交流电机、永磁电机取代。在这些应用场合，双向 DC/DC 变换器可以调节逆变器的输入电压，并且可以实现再生回馈制动。图 7-2 为这种驱动系统的结构图。

图 7-2 采用交流电机的电动汽车驱动系统结构图

电动汽车用电机是一些具有较低输入感抗的交流电机，由于它具有高功率密度、低转动惯量、转动平滑以及低成本等优点，因此得到了越来越多的应用。对于这种交流电机，如果仍然采用通常的固定直流母线电压脉宽调制的驱动方式，较低的输入感抗必然会导致电机电流波形中出现较大的纹波，同时会造成很大的铁损耗和开关损耗，使用双向 DC/DC 变换器就可以很好地解决这个问题。当采用这类电机直接驱动车轮时，由于电机电流波形的纹波与加在电机输入端子上电压的瞬间值和电机反电动势之间的电压差值成正比，因此利用双向 DC/DC 变换器可以根据电机转速不断调整逆变器的直流侧输入电压，从而减小电机电流波形的纹波。另外，通过控制反向制动电流，双向 DC/DC 变换器可以将机械能回馈到蓄电池组或者是一个附加的超级电容中，从而达到提高整车效率的目的。

3）由于单一的动力电池难以满足电动汽车对于电池提出的各项要求，因此人们开始探索将几种电池组合使用，以发挥它们各自性能上的优势。铅酸蓄电池由于技术比较成熟、价格比较便宜，长期以来一直作为电动汽车的主要电源，并且改进型的铅酸蓄电池也在不断推出之中。还出现了以铅酸蓄电池为主电源的基础上，附加高功率密度的超级电容器作为辅助电源的电源结构，由铅酸蓄电池提供电动汽车正常运行过程中所需要的能量，由超级电容器提供和吸收电动汽车加速或者减速过程中的附加能量。这样一方面利用了超级电容器功率密度大的优点，减少了对蓄电池峰值功率的要求；另一方面弥补了超级电容器单一电源能量密度低的缺点，增加了电动汽车的行驶里程，也延长了蓄电池的使用寿命，降低了成本。在这样的电源结构中，由于超级电容器的能量流动是双向的，因此需要在超级电容器与直流母线间接入双向 DC/DC 变换器。当电容器输出能量时，DC/DC 变换器正向升压工作，将超级电容器的电压升高到较高的直流母线电压；当电容器吸收能量时，DC/DC 变换器反向降压工作，将母线电压降低以恒流的方式给电容器充电。

燃料电池以其优越的性能和良好的开发前景，被广泛认为是未来电动汽车电池的最佳选择。

1）在燃料电池发电前，通过双向 DC/DC 变换器升高电压，提供较高的总线电压能量，保持电源输出功率的稳定；

2）当汽车加速时，超容量电容器通过双向 DC/DC 变换器，可以提供所需的峰值功率。

当电动汽车制动时，逆变器和双向 DC/DC 变换器将再生制动的能量存储到超级电容器中。

通过加入超级电容器和双向 DC/DC 变换器，提高了电动汽车的加速和减速性能。图 7-3 所示为燃料电池电动汽车的驱动系统机构图。

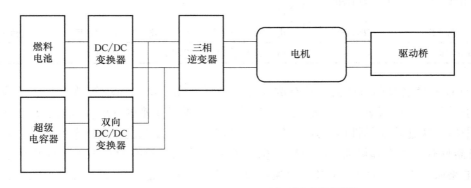

图 7-3　燃料电池电动汽车的驱动系统机构图

第二节 DC/DC 变换器的种类与比较

功率开关变换器利用调节开关的开启和关断来调节变换器输出电压的大小，即把输入的电能转化为符合输出要求的高效率电能。按照功率转化类型，功率开关变换器可分为下列 4 种类型：

1）DC/DC（直流/直流）变换器；
2）DC/AC（直流/交流）变换器；
3）AC/AC（交流/交流）变换器；
4）AC/DC（交流/直流）变换器。

DC/DC 变换器按是否采用高频变压器分为隔离式和非隔离式两类，隔离式 DC/DC 变换器可由非隔离式演变而来，非隔离式 DC/DC 变换器的基本拓扑是降压变换器（Buck 电路）和升压变换器（Boost 电路），这两种基本电路的组合又构成了另外两种基本变换器：降压-升压变换器（Buck-Boost 电路）和升压-降压变换器（Cuk 电路）。这几种电路都有电感电流连续与断续的工作状态，而燃料电池电动汽车使用 DC/DC 变换器，则要求电感电流工作在连续的状态。隔离式的变换器由基本的非隔离式变换器和隔离变压器组成，这类功率变换电路包括单端正激、单端反激、推挽式、半桥式和全桥式等。

双向 DC/DC 变换器的电路拓扑有很多种如图 7-4 所示。常见的有电流双象限变换器、全桥变换器、T 形双向升降压变换器、级联式升降压变换器、CUK 双向变换器、Sepic-Zeta 双向变换器以及基于上述拓扑的衍生电路，其功能和特点见表 7-1。

表 7-1 常见双向变换器功能及特点对比

变换器	功能	特点
电流双象限变换器	降压/升压	电流双象限、结构简单、应用成熟，同等功率条件下主开关管电压电流应力小，电感易于优化设计
全桥变换器	降压/升压	四象限运行，应用于中大功率场合，结构复杂，所用元器件较多
T 形双向升降压变换器	双向升降压	结构简单，输入输出极性相反，开关管应力大
级联式升降压变换器	双向升降压	开关管应力与电流双象限变换器相似，结构复杂，所用器件多、成本高
CUK 双向变换器	双向升降压	电容的使用降低了可靠性，输入输出极性相反，电路结构稍显复杂
Sepic-Zeta 双向变换器	双向升降压	电容的使用降低了可靠性，电路结构稍显复杂

DC/DC 变换器又称斩波器，具有成本低、可靠性高、结构简单等特点，广泛应用于便携式电子设备、工业仪表、航空航天、通信及电车的无级变速等领域，能够实现上述控制获得加速平稳、快速响应的性能，还能够有效抑制电网侧谐波电流噪声及节约电能。由于 DC/DC 变换器具有最基本和最简单的电路结构，为提高其工作效率而采取的控制措施也可被其他变换电路所采纳，因此对 DC/DC 变换器有关问题的研究也一直是电力电子工程界关注的领域。

常见双向变换器功能及特点对比见表 7-1。

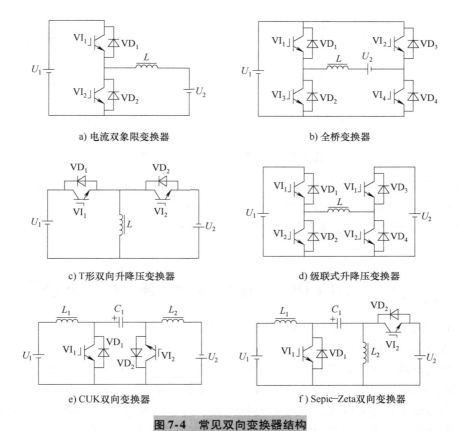

图 7-4 常见双向变换器结构

第三节 DC/AC 功率变换器

DC/AC 功率变换器（逆变器）是应用功率半导体器件，将直流电转换成恒压、恒频交流电的一种静止变流装置，供交流负荷用电或与交流电网并网发电。随着石油、煤炭和天然气等化石能源的日渐枯竭，新能源的开发和利用越来越得到人们的重视。利用新能源的关键技术，逆变技术能将蓄电池、太阳电池和燃料电池等其他新能源转化的电能变换成交流电能与电网并网发电。因此，逆变技术在新能源的开发和利用领域有着至关重要的地位。

逆变器可分为有源逆变与无源逆变两种。有源逆变是指把直流逆变成与交流电源同频率的交流电馈送到电网中去的逆变器。在逆变状态下，变换电路的交流侧如果不与交流电网连接，而直接与负荷连接，将直流电逆变成某一频率或可调频率的交流电直接供给负荷，则称之为无源逆变。有源逆变与无源逆变的区别如图 7-5 所示。

除电动汽车外，DC/AC 无源逆变电路模块主要用于航天、航海、航空以及通信系统等设备，其特点是体积小、质量轻、稳定性好、噪声低，具有自动稳频稳压性能、谐波失真小、转换效率高、保护功能完善、可靠性好。典型产品有 SWG 系列 DC/AC 电源模块，这种模块电源也称为铃流源（一种特殊形式的电源，在通信交换设备中，铃流源为用户话机提供振铃信号和工作电源），在通信系统中获得了广泛的应用。

电动汽车中使用的 DC/AC 多为无源逆变器，其功用主要是将蓄电池或燃料电池等输出

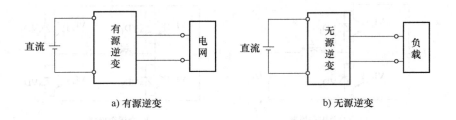

图 7-5　有源逆变与无源逆变的区别

的直流电变换为交流电提供给交流驱动电机等。由于电动汽车的功能不断扩展，对于兼作流动办公室或野营生活用车等使用的汽车而言，则需要 220V（或 110V）的单相交流电，以满足常用电器设备的用电要求。因此随着人类生活水平的提高，车用两相 DC/AC 逆变器的应用会逐渐增大。

第四节　AC/DC 功率变换器结构和工作原理

AC/DC 功率变换器（模块）的作用就是将交流电压如 220V、110V 转换成电子设备需要的稳定直流电压，电动汽车中 AC/DC 的功能主要是将交流发电机发出的交流电转换成直流电提供给用电器或储能设备储存。AC/DC 功率变换模块电路的一般原理如图 7-6 所示，图中 U_{ref} 为参考电压，PWM 为脉冲宽度调制式开关变换器。AC/DC 功率变换模块由输入滤波电路、全波整流和滤波电路、DC/DC 变换电路、过电压和过电流保护电路、控制电路和输出整流电路组成。整流电路的作用是将交流电压变为直流脉冲电压，输入滤波电路的作用是使整流后的电压更加平滑，并将电网中的杂波滤除以免对模块产生干扰，同时输入滤波器也阻止模块自身产生的干扰影响。DC/DC 变换电路和控制电路是模块的关键环节，由它实现直流电压的转换和稳压。保护电路的作用是在模块输入电压或电流过大的情况下产生动作，使模块关断，从而起到保护作用。目前，越来越多的模块制造厂商还在全波整流电路和DC/DC 变换电路之间加入功率因数校正电路，有效地解决了整流后谐波畸变所导致的低功率因数问题，使模块效率进一步提高。

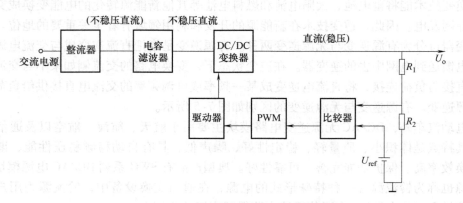

图 7-6　AC/DC 功率变换模块电路原理

常见的 AC/DC 功率变换模块输出功率有 25W、40W、40~50W、50W、50~60W、75W、100W、130W、160~180W、200W、350W、450W、600W、740W、950W、1500W。输出电压可以是 +5V、-5V、+12V、-12V、+15V、-15V、+24V、-24V，或者在某一范围内电压连续可调，输出结构可以是单路电压输出或者是双路、三路、四路甚至是五路。模块外部封装可以是开放式、金属外壳或者其他形式。另外，用户可以根据设备的需要自由选择合适的模块。

第五节　电力变换装置在电动汽车上的应用

采用 Boost 电路作为最大功率跟踪电路，采用电流双象限变换器作为超级电容与直流母线的连接通道，得到复合能源电动汽车系统总体硬件电路图如图 7-7 所示。图中的能源装置有太阳电池、蓄电池和超级电容（UC）。M 为电机，图 7-7 复合能源系统总体硬件电路 U_n（n 为 c、b、mppt）为电压传感器，I_n（n 为 c、b、m、mppt）为电流传感器。

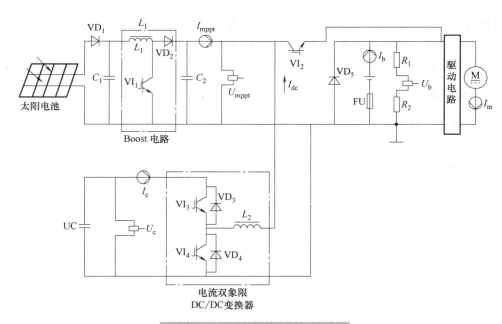

图 7-7　复合能源系统总体硬件电路

电路中 VD_1 为防反充二极管，防止当负荷电压高于太阳电池时对其反充电。VD_5 为防蓄电池反接二极管，当蓄电池接反的时候，二极管 VD_5 导通，产生大电流迅速熔断熔丝，从而达到保护蓄电池的目的。C_1、C_2 为大容量滤波电容，电力开关管 VI_2（这里采用的是 IGBT）起到开关的作用，连接辅助电源与主电池，通过控制其导通/关断实现能量流动方向的控制。Boost 电路用作最大功率跟踪，电流双象限 DC/DC 变换器在电动汽车起动或者加速时工作在降压状态（Buck 电路），为电动汽车提供瞬时大电流，在其他工况下工作于升压状态，由太阳电池向超级电容充电。

复习思考题

一、填空题

1. DC/DC 变换器按是否采用高频变压器分为隔离式和非隔离式两类，隔离式_____变换器可由非隔离式演变而来，非隔离式 DC/DC 变换器的基本拓扑是_____变换器（Buck 电路）和升压变换器（Boost 电路），这两种基本电路的组合又构成了另外两种基本变换器：_____变换器（Buck-Boost 电路）和升压降压变换器（Cuk 电路）。

2. AC/DC 功率变换器（模块）的作用就是将_____如 220V、110V 转换成电子设备需要的稳定直流电压，电动汽车中 AC/DC 的功能主要是将_____发出的交流电转换成直流电提供给用_____或储能设备储存。AC/DC 功率变换_____的一般原理见图 7-6，图中 U_{ref} 为参考电压；PWM 为脉冲宽度调制式开关变换器。AC/DC 功率变换模块由输入_____电路、全波整流和滤波电路、DC/DC 变换电路、过电压和_____保护电路、控制电路和输出整流电路组成。整流电路的作用是将交流电压变为直流脉冲电压，输入滤波电路的作用是使整流后的电压更加平滑，并将电网中的_____滤除以免对模块产生干扰，同时输入滤波器也阻止模块自身产生的干扰影响。

二、问答题

1. DC/DC 和 AC/DC 可分为几种类型？
2. DC/DC 和 AC/DC 的结构和工作原理是什么？
3. DC/DC 和 AC/DC 是如何进行控制的？

第八章 轮毂电机类型及其控制技术

> 学习目标

- 了解轮毂电机类型
- 掌握轮毂电机的结构和工作原理
- 掌握轮毂电机控制技术

近年来，随着电动汽车的兴起，轮毂电机重新引起了重视。轮毂电机驱动系统的布置非常灵活，可以使电动汽车实现前轮驱动、后轮驱动或四轮驱动。与内燃机汽车和单电机集中驱动电动汽车相比，使用轮毂电机驱动系统的汽车具有以下 5 个方面的优势：

1）动力控制由硬连接改为软连接形式。通过电子线控技术，实现各电动轮从零到最大速度的无级变速和各电动轮之间的差速要求，从而省略了传统汽车所需的离合器、变速器、传动轴和机械差速器等，使驱动系统和整车结构简单，可利用空间更大，传动效率提高。

2）各电动轮的驱动力直接独立可控，使其动力学控制更为灵活、方便能合理控制各电动轮的驱动力，从而提高在恶劣路面条件下的行驶性能。

3）容易实现各电动轮的电气制动、机电复合制动和制动能量回馈。

4）底盘结构大为简化，使整车总布置和车身造型设计的自由度增加。若能将底盘承载功能与车身功能分离，则可实现相同底盘不同车身造型的产品多样化和系列化，从而缩短新车型的开发周期，降低开发成本。

5）若在采用轮毂电机驱动系统的四轮电动汽车上导入线控四轮转向技术（4WS），实现车辆转向、行驶高性能化，可减小转向半径，甚至实现零转向半径（原地转向），大大增加了转向灵活性。

电动汽车轮毂电机总成及控制系统属于汽车零部件，是电动汽车零部件的关键核心部件，该系统的特点是将电机系统、制动系统、悬架系统于一身的独特设计，有永磁无刷同步电动汽车轮毂电机和开关磁阻轮毂电机，可采用 PWM 控制和交流变频控制，这种完善的产品设计，具有效率高、重量轻、寿命长、噪声低、匹配强、结构简单、组装容易、功能齐全、安全可靠等特点，不用车桥、变速器等机械部件，传动消耗等于零，传动效率接近100%。与传统的电机传动轴—变速器—差速器—车桥等电动汽车机械传动系统有质的变化，因而整体结构、驱动性能、综合效率、续驶里程优于任何形式的驱动结构，可配置成两轮驱动和四轮驱动，是电动汽车驱动系统的首选，而且可与任何型号的汽车相匹配，组成油电混合动力汽车，轮毂电机驱动是未来电动汽车驱动形式的发展方向。

轮毂电机系统的诞生可以一直追溯到电动汽车诞生的初期，而轮毂电机在电动汽车上的广泛应用主要集中在近几年的概念车上。

1900 年，保时捷研制了前轮装备轮毂电机的前驱双座电动汽车，并在电动汽车比赛中取得了最好的成绩。值得注意的是，保时捷在 1902 年就研制出采用发动机和轮毂电机的混合动力汽车，并在山地汽车拉力赛中取得好成绩。1910 年，保时捷研制出军用陆地列车，最前面的机车装备发动机和发电机，后面的 10 辆列车利用轮毂电机驱动。可以说，保时捷是基于轮毂电机的电动汽车和混合动力汽车之父。

20 世纪 50 年代，美国人罗伯特发明了电动汽车轮毂，并申请了专利。1968 年这种轮毂被通用电器公司应用在大型矿用自卸车上。采用轮毂电机的电动汽车具有一个明显的优点，就是可以采用扁平的车架结构，许多汽车公司研制的低车架和低地板公交车上都采用了轮毂电机结构，因此在需要频繁上下车的城市公交车上大量应用。

轮毂电机系统驱动作为电动汽车的一种重要驱动形式，得到了各大汽车厂商和组织的重视。自 20 世纪 90 年代起，日本就推出了一系列轮毂电机系统驱动的电动汽车，如 TEPCO 的 IZA、NIES 的 Eco、Luciole 等，最近又有三菱的 Colt、Lancer Evolut MIEV 以及本田的 FCX Concept 等新车型。通用自 2002 年开始推出的概念车 AUTOnomy（自主魔力）、Squel 采用的都是轮毂电机系统驱动。与此同时，各大厂商加大了对轮毂电机系统的研发力度，高性能的新型轮毂电机系统不断涌现，轮毂电机的种类不断丰富，性能不断提高，著名的轮毂电机厂商有加拿大的 TM4、美国的 Wavecrest 等。

第一节　轮毂电机类型

1. 轮毂电机系统

轮毂电机系统驱动作为电动汽车的一种重要驱动形式，也有的研究者称轮毂电机为轮式电机、车轮电机或者电动轮，英文名称以"In- wheel Motor"居多，也有称"Wheel Motor"和"Wheel Direct Drive Motor"的。实际上，以上称谓严格来说都不准确。"轮毂电机、轮式电机和车轮电机"都侧重于电机，而"电动轮"侧重于车轮。若从系统观点出发，我们所指确切应为驱动电机和车轮紧密集成而形成的一体化的多功能系统，即为"Integrated Motor and Wheel System"。为了方便起见，对已经被工程界广泛应用的"轮毂电机"和"In- wheel Motor"稍作修改，以"轮毂电机系统"和"In- wheel Motor System"分别作为中英文称谓。

轮毂电机系统在各种交通工具中都有应用。不同的应用场合对轮毂电机的结构形式和技术性能等都有不同的要求，相应地产生了各种轮毂电机系统及其特色技术。这里主要论述了汽车用轮毂电机系统。

2. 轮毂电机的结构形式、电机应用类型及特点分析

（1）轮毂电机的结构形式

轮毂电机动力系统通常由电机、减速机构、制动器与散热系统等组成。轮毂电机动力系统根据电机的转子形式主要分成两种结构形式：内转子型和外转子型。通常，外转子型采用低速外转子电机，电机最高转速在 1000 ~ 1500r/min，不用任何减速装置，电机的外转子与车轮的轮辋固定或者集成在一起，车轮转速与电机相同。内转子型则采用高速内转子电机，同时装备固定传动比的减速器。为了获得较高的功率密度，电机转速通常高达 10000r/min。减速结构通常采用传动比在 10∶1 左右的行星齿轮减速装置，车轮转速在 1000r/min 左右。

高速内转子的轮毂电机具有较高的比功率，质量轻，体积小，效率高，噪声小，成本低；缺点是必须采用减速装置，使效率降低，非簧载质量增大，电机的最高转速受线圈损耗、摩擦损耗以及变速机构的承受能力等因素的限制。低速外转子电机结构简单、轴向尺寸小，比功率高，能在很宽的速度范围内控制转矩，且响应速度快，外转子直接和车轮相连，没有减速机构，因此效率高；缺点是如要获得较大的转矩，必须增大电机体积和质量，因而成本高，加速时效率低，噪声大。随着紧凑的行星齿轮变速机构的出现，高速内转子式驱动系统在功率密度方面比低速外转子式更具竞争力。

由于电机电制动容量较小，轮毂电机动力系统不能满足整车制动效能的要求，通常需要附加机械制动系统。轮毂电机系统中的制动器可以根据结构采用鼓式或者盘式制动器。由于电机电制动容量的存在，往往可以使制动器的设计容量适当减小。大多数轮毂电机系统采用风冷方式进行冷却，也有采用水冷和油冷的方式对电机、制动器等的发热部件进行散热降温，但结构比较复杂。

（2）电机应用类型与特点分析

要使电动汽车有较好的使用性能，驱动电机应具有较宽的调速范围、较高的转速、足够大的起动转矩，体积小、重量轻、效率高，并具有强动态制动和能量回馈等特性。目前，电动汽车用电机主要有异步电机、永磁无刷电机和开关磁阻电机、横向磁场电机四类。

1）异步电机。异步电机在这四类电机中发展历史最为长久，其设计、制造以及控制技术都相对成熟，且具有结构简单、制造容易、低成本、运行可靠、转矩脉动小、噪声低、无需位置传感器、转速极限高等优点，受到欧美国家的青睐。但此类电机也存在一些缺点，如效率不高（特别是在低速时），功率密度一般；是一个强耦合、多变量、非线性的系统，需采用矢量控制和直接转矩等控制手段，控制成本较高。

2）永磁无刷电机。永磁无刷电机与其他电机相比，具有功率密度高、效率高、体积小、结构简单、输出转矩大、可控性好、可靠性高、噪声低等一系列优点，在电动汽车领域颇受青睐。日本绝大多数电动汽车采用永磁无刷电机驱动系统。其缺点是：因受永磁材料的限制，目前最大功率也只有几十千瓦；其次，永磁转子的励磁无法调节，导致电机调速困难，调速范围不宽。

3）开关磁阻电机。开关磁阻电机是近20年才发展起来的一种新型调速电机，具有简单可靠、可在较宽转速和转矩范围内高效运行、可四象限运行、响应速度快和成本较低等优点。但其缺点也很多：转矩存在较大波动，振动大，噪声大；系统非线性，建模困难，控制成本高；功率密度低等。

4）横向磁场电机。横向磁场电机最早是由德国著名电机专家H. Weh于20世纪80年代末提出，并将之使用到电力舰船、电动汽车上。与其他电机相比，横向磁场电机的优点十分突出：实现了电路和磁路解耦，设计自由度大大提高；高转矩密度，是标准工业用异步电机的5~10倍，且特别适合应用于要求低速、大转矩等场合；绕组形式简单，不存在传统电机的端部，绕组利用率高；各相之间相互独立，效率高；控制电路与永磁无刷电机相同，可控性好。目前，国外已成功开发了很多电动汽车用横向磁场电机，国内也正在积极开展相关研究。但此类电机也存在不少缺点：永磁体数目多，用量大；结构较为复杂，工艺要求高，电机成本高；漏磁严重；功率因数低；自定位转矩较大。

轮毂电机系统的驱动电机按照电机磁场的类型分为径向磁场和轴向磁场2种类型。对比如下：

1）轴向磁通电机结构更利于热量散发，并且它的定子可以不需要铁心；

2）径向磁通电机定子、转子之间受力比较均衡，磁路由硅钢片叠压而成，技术更简单成熟。

3. 轮毂电机系统研究关键技术问题

轮毂电机带来新的技术挑战，主要包括：

1）轮毂电机系统集驱动、制动、承载等多种功能于一体，优化设计难度大；

2）车轮内部空间有限，对电机功率密度性能要求高，设计难度大；

3）电机与车轮集成导致非簧载质量较大，恶化悬架隔振性能，影响不平路面行驶条件下的车辆操控性和安全性，轮毂电机将承受很大的路面冲击载荷，电机抗振要求苛刻；

4）在车辆大负荷低速爬长坡工况下，容易出现冷却不足导致的轮毂电机过热烧毁问题，电机的散热和强制冷却问题需要重视；

5）车轮部位容易积存水和污物等，导致电机被腐蚀破坏，电机寿命、可靠性会受影响；

6）轮毂电机运行转矩的波动可能会引起汽车轮胎、悬架以及转向系统产生振动和噪声，以及其他整车声振问题。

4. 轮毂电机系统特点分析

通常，电动汽车采用集中电机驱动的动力系统结构形式。这种结构形式具有以下优点：

1）可以沿用内燃机动力汽车的部分传动装置，布置在原发动机舱中，继承性好；

2）可以采用电机和减速机构，乃至控制器的集成结构形式，结构紧凑，便于处理电机冷却、隔振以及电磁干扰等问题；

3）整车总布置形式与内燃机接近，前舱热管理、隔声处理以及碰撞安全性与原车接近或者容易处理。

轮毂电机系统的缺点是：

1）传动链长，传动效率低；

2）通常要求使用高转速大功率电机，对电机性能要求高。

分散电机驱动相对于集中电机驱动具有以下优点：

1）以电子差速控制技术实现转弯时内外车轮以不同转速转动，而且精度更高；

2）取消机械差速装置有利于动力系统减轻质量，提高传动效率，降低传动噪声；

3）有利于整车总布置的优化和整车动力学性能的匹配优化；

4）降低对电机的性能指标要求，冗余可靠性高。

但是，分散电机驱动方式具有以下缺点：

1）为满足各轮运动协调，对多个电机的同步协调控制要求高；

2）电机的分散安装布置带来了结构布置、热管理、电磁兼容以及振动控制等多方面的技术难题。

分散电机驱动通常有轮毂电机和轮边电机两种方式。所谓轮边电机方式是指每个驱动车轮由单独的电机驱动，但是电机不是集成在车轮内，而是通过传动装置（例如传动轴）连接到车轮。采用轮边电机方式的驱动电机属于簧载质量范围，悬架系统隔振性能好。但是，安装在车身上的电机对整车总布置的影响很大，尤其是在后轴驱动的情况下。由于车身和车轮之间存在很大的变形运动，对传动轴的万向传动也有一定的限制。与轮边电机方式相比，轮毂电机方式具有明显的优点，主要包括：

第八章 轮毂电机类型及其控制技术 | 95

1) 可以完全省略传动装置，整体动力利用效率大大提高；

2) 轮毂电机使整车总布置可以采用扁平化的底盘结构形式，车内空间和布置自由度得到极大的改善；

3) 车身上几乎没有大功率的运动部件，整车振动、噪声和舒适性得到极大的改善；

4) 轮毂电机方式便于实现四轮驱动形式，有利于极大地改善整车的动力性能；

5) 轮毂电机作为执行元件，具有响应速度快和准确等优点，便于实现包括线控驱动、线控制动以及线控整车动力学控制在内的整车动力学集成控制，提高整车的主动安全性。

第二节 轮毂电机的结构和工作原理

1. 轮毂电机的结构

传祺纯电动轿车所采用的轮毂电机驱动方式为外转子直接驱动，电机定子、转子以及逆变器集成为一体，由8个逻辑上的子电机组成。这种分布式结构可降低对每个子电机的功率要求，因此可以采用小体积、低成本的功率电子器件，使整个电机可以集成得非常紧凑。此类轮毂电机的结构如图8-1所示。

轮毂电动机的结构

1) 该轮毂电机的结构由转子、轴承、定子、功率与控制电子模块以及密封背板等部分组成。

① 转子：转子内圈镶嵌有永磁体，共64极。

② 轴承：轴承内端与定子、车辆悬架轴节连接，外端与转子、轮辋连接。轴承可直接采用与原车匹配的轴承，对转子及定子上与轴承配合的安装孔的位置稍作修改即可，电机的主体结构完全不变。这使得该轮毂电机可以方便地实现模块化与通用化，降低生产成本。另一方面，由于

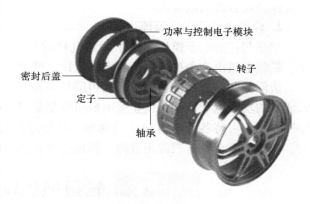

图 8-1 轮毂电机的结构

采用了原车的轴承，悬架轴节也几乎不需做任何改动即可安装，降低了汽车电动化的难度。

③ 定子：定子本体为环形中空结构，铸造一次成型，线圈绕组安装在定子本体的外圈；定子本体中空部分为电机的冷却水道，为绕组以及功率电子模块散热。

④ 功率与控制电子模块：此部分为整个轮毂电机的核心，负责各个子电机的逆变功能以及协同控制。得益于分布式的子电机结构，功率电子模块可以做得非常紧凑，整个模块封装在一个环形盒中，安装在定子本体内侧。

⑤ 密封后盖：在外圈与转子连接，随转子一起旋转。后盖内圈装有环形密封胶圈，防止外界的水和杂物进入定子与转子之间的缝隙。

2) 机械制动器的集成。轮毂电机安装在驱动轮的轮毂内，占据了原来布置机械制动卡钳与制动盘的空间，导致无法沿用原有的机械制动器。若仅靠轮毂电机的发电回馈制动，存在制动力不足、电池SOC高时无法实现发电回馈制动、制动可靠性较低等问题。

汽车的制动能力是关系到人车安全的重要问题，因此必须在轮毂电机上集成比较成熟的机械制动器。轮毂电机集成机械制动器的解决方案如图8-2所示。与传统制动器内制动盘外卡钳式的结构不同，外转子式轮毂电机中间的定子部分不随车轮转动，无法安装传统的制动盘，因此采用了内卡钳外环式制动盘的结构。机械制动器主要由连接环、环形制动盘、制动卡钳及支架等组成。环形制动盘通过连接环与电机转子固定，连接环除了起连接作用外，还对环形制动盘起到隔热的作用，避免所产生的制动热量过多地影响电机本体。制

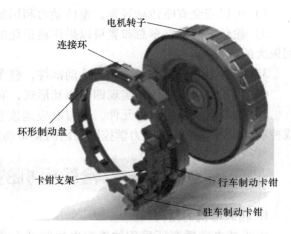

图 8-2　轮毂电机集成机械制动器

动卡钳分为行车制动卡钳与驻车制动卡钳两个，通过支架固定在电机定子上，所用的制动油管和驻车制动拉索结构与原车完全一致，只需根据情况对长度稍作修改。

通过仿真试验，表明该制动器可提供达 1000N·m 的机械制动力矩，同时环形制动盘的温升保持在合理的范围内。

2. 轮毂电机的工作原理

功率与控制电子模块为整个轮毂电机的核心，负责各个子电机的逆变功能以及协同控制。轮毂电机由8个逻辑上的子电机组成，使用共同的转子，并通过算法实现各子电机的独立、协同控制。这种分布式的结构可降低对每个子电机的功率要求，因此可以采用小体积、低成本的功率电子器件，使整个电机可以集成得非常紧凑；而通过对8个子电机进行合理的协同控制，可将各子电机输出的功率、转矩进行叠加，使整个电机输出强劲的驱动力；同时，若其中1个子电机发生故障，其他的电机仍可以继续正常工作而不会导致汽车抛锚。

第三节　轮毂电机驱动系统的特点

轮毂电机驱动系统作为一种新兴的电机驱动方式，其布置非常灵活，可以根据车辆驱动方式分别布置在电动汽车的两个前轮、两个后轮或四个车轮的轮毂中。与内燃机汽车和其他驱动形式的电动汽车相比，轮毂电机驱动式电动汽车在动力源配置、底盘结构等方面有其独特的技术特征和优势，具体体现在以下5个方面：

1) 动力控制由硬连接改为软连接形式，通过电子线控技术实现各电动轮从零到最大速度的无级变速和各电动轮间的差速控制，省略了传统汽车所需的离合器、变速器、传动轴和机械差速器等，使驱动系统和整车结构简单、有效利用空间大、传动效率提高。

2) 各车轮的驱动力直接独立可控，响应快捷，正反转灵活，瞬时动力性能更为优越，显著地提高了适应恶劣路面的行驶能力。

3) 容易实现各轮的电气制动、机电复合制动和制动能量回馈，还能对整车能源的高效利用实施最优化控制和管理，尽可能地节约能源。

4) 整车布局和车身造型设计的自由度大大增加，将车架的承载功能和传动功能分离，

结构大为简化，更容易实现相同底盘、不同车身造型的产品多样化和系列化，缩短了新车的开发周期，降低了开发成本。

5）在采用轮毂电机驱动系统的四轮电动汽车上，若进一步导入线控四轮转向技术，实现车辆转向行驶高性能化，减小转向半径，甚至实现零转向半径，大大增加转向灵活性。

第四节　轮毂电机控制技术

随着微电子及计算机技术的发展，采用轮毂电机以及电子转向线控技术、智能控制技术后，各车轮的驱动力直接独立可控，将使系统结构更加简单、响应更加迅速，抗干扰能力加强，因此极大地提高了整个系统的综合性能。因此无论是前驱、后驱还是四轮驱动形式，它都可以比较轻松地实现转速变化和转向变化，四轮驱动在轮毂电机驱动的车辆上实现起来非常容易。采用电子线控先进技术、线控四轮转向技术，实现左右车轮的不同转速和差动转向，大大减小车辆的转弯半径，在特殊情况下几乎可以实现原地转向，这对于特种车辆也很有价值。电动汽车驱动控制器的开关器件、电路、控制器、传感器等集成在一块高度集成的电路板上，可以有效地减小体积和重量。

1. 轮毂电机的驱动方式

轮毂电机的驱动方式可分为减速驱动和直接驱动两类。

在减速驱动方式下，电机一般在高速下运行，而且对电机的其他性能没有特殊要求，因此可选用普通的内转子电机。减速机构放置在电机和车轮之间，起减速和增加转矩的作用。减速驱动的优点是：电机运行在高转速时，具有较高的功率和效率比；体积小、重量轻，通过齿轮增矩后，转矩大、爬坡性能好；能保证在汽车低速运行时获得较大的平稳转矩。不足之处是，难以实现液态润滑、齿轮磨损较快、使用寿命短、不易散热、噪声偏大。减速驱动方式适用于丘陵或山区，以及要求过载能力较大、旅游健身等场合。带减速机构的轮毂电机示意图，如图8-3所示。

在直接驱动方式下，电机多采用外转子（即直接将转子安装在轮毂上）。为了使汽车能顺利起步，要求电机在低速时能提供大的转矩。此外，为了使汽车能够有较好的动力性，电机需具有较宽的调速范围。直接驱动的优点是，不需要减速机构，不但使整个驱动轮结构更加简单、紧凑，轴向尺寸也减小，而且效率也进一步提高，响应速度也变快。其缺点是，起步、顶风或爬坡等承载大转矩时需大电流，易损坏电池和永磁体；电机效率峰值区域很小，负荷电流超过一定值后效率急剧下降。此驱动方式适用于平路或负荷较轻的场合。不带减速机构的轮毂电机的示意图，如图8-4所示。

图8-5所示为两种轮毂电机驱动方案。在图8-5中，尽管采用了两种不同驱动方式的轮毂电机，但其能量控制方面都是通过电子控制器和能量转化器对电机进行控制与驱动。

2. 轮毂电机的优点

轮毂电机驱动系统的布置非常灵活，它与内燃机汽车和单电机集中驱动电动汽车相比，具有以下5个方面的优势：

1）动力控制由硬连接改为软连接形式。通过电子线控技术，实现各电动轮从零到最大速度的无级变速和各电动轮间的差速要求，从而省略了传统汽车所需的离合器、变速器、传动轴和机械差速器等，使驱动系统和整车结构简单，可利用空间大，传动效率提高；

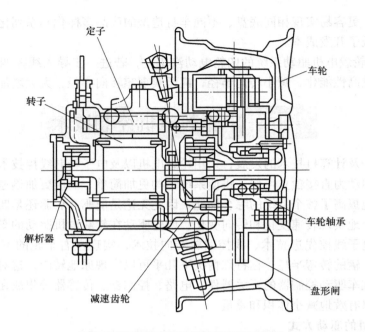

图8-3 带减速机构的轮毂电机示意图

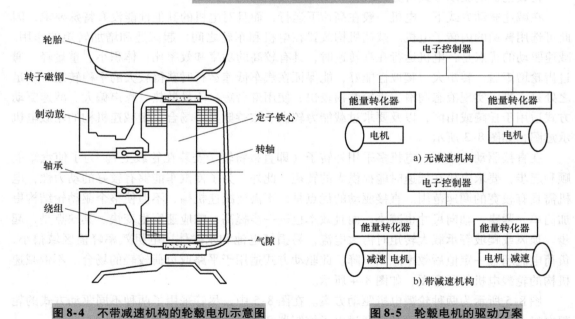

图8-4 不带减速机构的轮毂电机示意图　　　图8-5 轮毂电机的驱动方案

2）各电动轮的驱动力直接独立可控，使其动力学控制更为灵活、方便合理控制各电动轮的驱动力，从而提高恶劣路面条件下的行驶性能；

3）容易实现各电动轮的电气制动、机电复合制动和制动能量回馈；

4）底架结构大为简化，使整车总布置和车身造型设计的自由度增加。若能将底架承载功能与车身功能分离，则可实现相同底盘不同车身造型的产品多样化和系列化，从而缩短新车型的开发周期，降低开发成本；

5）若在采用轮毂电机驱动系统的四轮电动汽车上导入线控四轮转向技术，实现车辆转向行驶高性能化，可有效减小转向半径，甚至实现零转向半径，增加了转向灵活性。

① 集成化轮毂总成。将轮毂电机的电机系统、变速系统、制动总成、悬架总成融为一体，结构紧凑，简单牢固，便于整体车辆的设计、任何车辆的改装设计及油电混合动力汽车的设计；

② 变频双动力驱动。轮毂电机在车辆起步时用变频方法促使电机有较大的输出转矩，以满足车辆的起步要求，正常运行时减少电流输出以节省电力；

③ 电子差速控制。在控制车轮转速的基础上，以车轮的滑移率为控制目标，通过控制驱动轮的转矩来控制变量。在保证汽车操控性和平顺性前提下，当汽车直线行驶时，平均分配两驱动轮的转速和转矩，在汽车转向时利用敏感电路输入不同的转速和转矩，使两驱动轮的滑移率最低，实施电子差速控制确保行驶安全性。

3. 轮毂电机控制策略

电机驱动系统的关键性能有输出转矩和调速特性。下面主要就这两个方面对永磁同步轮毂电机控制系统的控制策略进行分析。利用位置传感器检测转子磁极位置信号，通过电流的闭环控制，使电机实际输入电流与给定电流相一致，实现电机的高效化控制。采用的面贴式永磁同步轮毂电机，其具有面贴式永磁同步电机优点。直轴电流 i_d（励磁电流）和交轴电流 i_q（转矩电流）是各自独立的，因此可以通过对它们的独立控制实现电机转矩和转速控制。

1）电流闭环控制。目前，电机控制系统多采用电流闭环控制策略，电流闭环控制是指检测电机的实际输出电流，并与设定的参考输入值相比较得出它们之间的误差，通过一定的控制算法对这一误差进行处理，尽量使实际输出与参考值一致，提高电机的可操控性。

面贴式永磁同步电机系统比较适合应用 $i_d=0$ 和弱磁控制策略。这里使用的轮毂电机是面贴式永磁同步电机的特殊结构形式，$i_d=0$ 和弱磁控制这两种控制策略也适用。因此，通过合理的设计，采用两者结合的控制策略对电动汽车永磁同步轮毂电机驱动系统进行控制。下面介绍两者结合的控制策略。

从上述两种控制方法的原理来看，它们是相互矛盾的。当采用 $i_d=0$ 控制策略时，要求直轴电流为零；而采用弱磁控制时，则需要通入负的直轴电流，从而产生去磁电流，以削弱永磁体产生的磁场，达到弱磁调速的目的。因此，在电机某一运行状态下同时使用两种策略是不可行的。我们把两种控制策略按电机运行状态不同为区分依据，按运行状态不同切换使用这两种控制方法。按电机的工作区（运行状态）采用的控制策略区分方法为，在恒转矩输出区，采用 $i_d=0$ 控制策略；在恒功率和最大功率输出区采用弱磁控制，以电机转速作两种控制方法切换时刻为判断依据。图 8-6 是电动汽车永磁同步轮毂电机的矢量控制框图。

图 8-6 中所示的控制策略是采用三闭环控制：电流闭环控制、速度闭环控制和位置闭环控制。位置传感器检测得到磁极的位置信号，为矢量控制的坐标变换和电机转速计算所用。然后利用电流传感器检测电机中任意两相的电流，再求出另外一相电流，在得到三相电流的实际值后，通过坐标变换得到交、直轴的实际电流，最后与交、直轴设定的参考电流进行对比。通过 PI 控制器对实际电流与参考电流的误差进行处理，再经坐标变换后通过脉宽调制技术控制逆变器输出所需的三相电压值，进而驱动电机工作，并实现电机的控制。

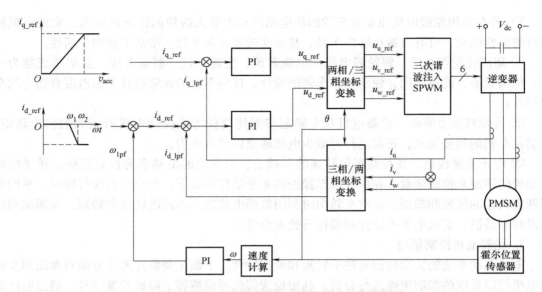

图 8-6　电动汽车永磁同步轮毂电机矢量控制框图

下面介绍两种控制方法组合运用的控制策略。

首先是 $i_d=0$ 控制策略的实现，如图 8-6 中所示，当电机的转速 $\omega<\omega_1$ 时，$i_{d\text{-ref}}$ 的输出为零，从而实现了 $i_d=0$ 的控制策略。此时，通过转把（类似汽车加速踏板装置）控制参考转矩电流（交轴电流）的输入，实现对电机转矩的控制。

其次是弱磁控制方法的实现。通过位置传感器检测所得电机磁极位置信号，求出电机的转速 ω，与设定的转速做比较，判断是否需要进行弱磁或需要通入多大的弱磁电流值。在图 8-6 中，转速的设定值分别为 ω_1 和 ω_2，由于理论计算忽略了很多因素，并且是假设在理想化下的电机参数，在电机的实际应用时，ω_1 和 ω_2 的设定会与理论计算值有所不同。但显然 ω_1 和 ω_2 设定值均要受到电机约束条件的限制，此时理论计算的转折转速可以起到一定的参考作用。

2）位置信号检测位置传感器是永磁同步电机矢量控制系统的重要部件。永磁同步电机矢量控制系统的控制精度是以转子磁极位置信号的检测精度为前提的。转子位置传感器将电机转子磁极位置动态的检测，对电机转子磁链进行有效的跟踪，实现磁链的定向控制。目前使用的转子位置传感器主要有磁敏式、电磁式、光电式、接近开关式、旋转编码器等，目前最常用的位置传感器有以下 3 种：光电式位置传感器、电磁式位置传感器和霍尔位置传感器。

3）电压电流的监控。以动力电池为能量来源的电动汽车电机驱动系统，监控驱动电池侧（直流侧）的输出电压和输出电流是十分有必要的。这是因为动力电池作为电机逆变器的输入侧，对逆变器起着决定性的作用。动力电池的输出电压及输出电流的大幅度波动，所产生的冲击会对逆变器造成很大的威胁，甚至会烧毁逆变器，而且对电动汽车的安全性也有很大的影响。

4. 永磁无刷直流电机的工作特性及控制技术

永磁无刷直流电机是在直流电机的转子上装置永久磁铁，不再用电刷和换向器为转子输入励磁电流。工作时，直接将方波电流输入无刷直流电机的定子中，控制其运转。永磁无刷直流电机起动转矩大、过载能力强、体积小、效率高、控制方便，非常适合电动汽车的运行特性。其效率明显高于欧盟标准（CEMED），如图8-7所示。

永磁无刷直流电机不采用机械式换向器和电刷，而是由固态逆变器和转轴位置检测器组成电子换向器。位置传感器用来检测转子在运动过程中的位置，并将位置信号转换为电信号，保证各相绕组正确换流。永磁无刷直流电机常采用电流斩波控制，控制系统由桥式变换器、PWM控制电路、电机转轴位置检测器和方波永磁直流电机等组成。

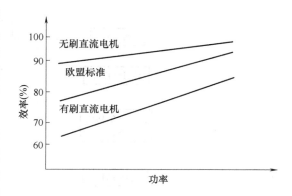

图8-7 永磁无刷直流电机的效率

轮毂电机是电动汽车研究开发的一个热点，也是一种解决能源和环境问题的有效手段。轮毂电机驱动结构如图8-8所示。轮毂电机安装在车轮的轮毂内，省略了离合器、减速器、传动桥等，电动汽车的轮毂电机驱动系统接受动力电池的电能，由电机直接驱动车轮，驱动电动汽车行驶，大大简化了整车结构，提高了传动效率。由于取消了差速器，因此对驱动电机转矩与转速的控制是研究重点，其差速控制技术直接影响轮毂电机式电动汽车的发展。电动汽车用轮毂电机主要采用永磁材料。伴随着现代控制理论、电子技术和永磁电机优化设计技术的迅速发展，轮毂电机驱动技术也逐渐成熟，应用在各个电动汽车领域。

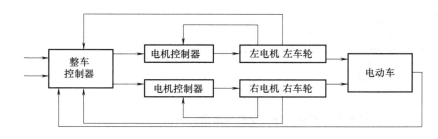

图8-8 轮毂电机驱动结构简图

轮毂电机的控制策略

电动轮驱动结构如图8-9所示。电动轮驱动方案其主要特点是取消了差速器和半轴，将行星减速器与电动机制造为一体，组合为一个电动轮，轮胎直接安装在电动轮上。

电动轮技术作为电动汽车的一个发展方向，也受到电动汽车开发商的关注。电动轮驱动方案是集电机、传动机构、制动器为一体的驱动部件，是一种独特的驱动单元。使用电动轮技术的电动汽车不占用车身和底盘的空间，扩大了汽车驾驶人和乘员的空间，车辆的底部空间用来安装电池，使整个车辆的总体布置得到了很大的简化，绿色环保，传动效率高。

差速半轴驱动方案与传统汽车的发动机驱动方案的区别在于前者将汽车的发动机转换成电动机和相关电子器件。此方案中驱动力由一台电机提供来驱动车辆的两侧车轮，布置示意图如图8-10所示。这种布置形式的电动汽车，操作方式与传统汽车相同，电机控制器接收

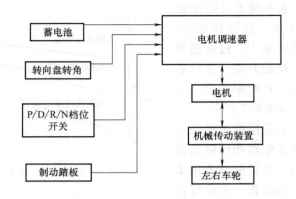

图 8-9　电动轮驱动结构简图

加速踏板信号、制动踏板信号、P/D/R/N 即停车、前进、倒车、空档信号控制电动机旋转，通过机械传动装置驱动左右两侧车轮。该汽车保留了机械部件包括变速器、传动轴和半轴等部件，优点是技术比较成熟，有利于集中精力匹配电动汽车动力系统，缺点是效率比较低，满足不了电动汽车对动力性能的要求。

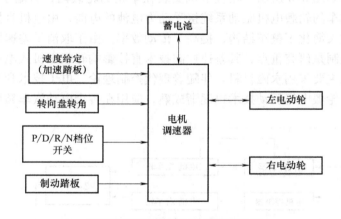

图 8-10　差速半轴驱动结构简图

第五节　轮毂电机在电动汽车中的应用

1. 日本典型轮毂电机驱动系统

日本庆应义塾大学环境信息学部清水浩教授领导的电动汽车研究小组在过去的十几年中，一直以基于轮毂电机的全轮驱动电动汽车为研究对象，至今已试制了五种不同形式的样车。其中，1991 年与东京电力公司共同开发的电动汽车 IZA，采用镍镉电池为动力源，采用 4 个额定功率为 6.8kW，峰值功率达到 25kW 的外转子式永磁同步轮毂电机驱动，最高时速可达 176km/h。1996 年，该小组联合日本国家环境研究所研制了采用轮毂电机驱动的后轮驱动电动汽车 ECO，轮毂电机驱动系统选用永磁直流无刷电机，额定功率为 6.8kW，峰值功率为 20kW，并配速比为 1∶5 的行星齿轮减速机构。轮毂电机采用机械制动与电机再生制动相结合的方式，机械制动力矩由鼓式制动器提供，制动力分配规律的基本原则是在不损害制动效能的前提下，尽可能多地回收制动能量，有效地延长续驶里程。2001年，又推出了以锂电池为动力源，采用8个大功率交流同步轮毂电机独立驱动的电动大轿车KAZ，最高时速达到311km/h。KAZ的轮毂电机系统中采用高转速高性能内转子型电动机，其峰值功率可达55kW，提高了KAZ的极限加速能力，使其0~100km/h加速时间仅为8s。为了使电机输出转速符合车轮的实际转速要求，KAZ的轮毂电机系统匹配了一个传动比为4.588的行星齿轮减速机构。KAZ的前后轮没有采用相同形式的制动器，而是前轮采用盘式制动器，后轮采用鼓式制动器。2003年日本丰田汽车公司在东京车展上推出的燃料电池概念车FINE-N也采用了轮毂电机驱动技术。

2. 法国典型轮毂电机驱动系统

法国TM4公司设计制造的一体化轮毂电机结构，它采用外转子式永磁电机，将电机转子外壳直接与轮辋相连接，将电机外壳作为车轮轮辋的组成部分，而且电机转子与鼓式制动器的制动鼓集成在一起，实现电机转子、轮辋以及制动器三个回转运动物体的集成，大大减轻一体化轮毂电机系统的质量，集成化程度还相当高。该一体化轮毂电机系统的永磁无刷直流电机的额定功率为18.5kW，峰值功率可达80kW，峰值转矩为670N·m，额定转速为950r/min，最高转速为1385r/min，而且额定工况下的平均效率可达96.3%。

沃尔沃汽车利用Protean轮毂电机实现四轮驱动，在5.1s内可加速到96km/h。Protean的PD18系列轮毂电机的突破技术是电机和逆变器集成在一起，不再需要额外的电力电子器件或机械齿轮，其电机参数为峰值转矩825N·m，最高转速1400r/min，最大功率83kW，连续功率54kW。电机重量31kg，电机外径420mm。车轮尺寸是457mm（18in）。

3. 美国典型轮毂电机驱动系统

位于美国加州的通用汽车高级技术研发中心成功地将自行研制的轮毂电机应用到雪佛兰S210皮卡车中。该电机给车轮增加的重量只有约15kg，却可产生约25kW的功率，产生的转矩比普通的雪佛兰S210四缸皮卡车高出60%，加速性能也有所改善。美国通用汽车公司2001年试制的全新线控四轮驱动燃料电池概念车Autonomy采用轮毂驱动形式，于2005年推出后轮采用轮毂驱动系统的燃料电池电动车Sequel，该车前端采用集中电机驱动，后轮采用两个轮毂电机驱动，3个电机总功率达到110kW，续驶里程达到500km。轮毂驱动系统灵活的控制与布置方式，使该车能更好地实现线控技术。

4. 国内典型轮毂电机驱动系统

哈尔滨工业大学爱英斯电动汽车研究所研制开发的EV96-1型电动汽车也采用外转子型轮毂电机驱动系统，选用一种称为"多态电动机"的永磁式电机，兼有同步电机和异步电机的双重特性，其额定功率为6.8kW，峰值功率为15kW，集成盘式制动器，风冷散热。

同济大学汽车学院在2002年、2003年和2004年分别推出了采用轮毂电机驱动系统的四轮驱动燃料电池微型电动汽车动力平台"春晖一号"和"春晖二号"，两者均采用四个低速永磁直流无刷轮毂电机直接驱动，匹配相应的盘式制动器。轮毂电机为外转子型轮毂电机，其外形结构主要考虑与双横臂悬架、轮辋及制动盘连接方便。为了提高轮毂电机的外形通用性，考虑在一定功率范围内的轮毂电机采用相同的外形结构。该轮毂电机既可安装市售微型汽车的制动盘，又能安装不同规格摩托车的制动盘。因此相同的底盘结构只需更换不同功率的轮毂电机，即可获得不同的整车动力性能。轮毂电机额定功率0.8kW，峰值功率

2.5kW；额定转矩25N·m，峰值转矩155N·m；额定转速300r/min，最高转速510r/min。

奇瑞新能源汽车由国内首辆四驱强混A级车瑞麒G3（JC22 plug-in）领衔，和搭载轮毂电机的瑞麒X1-EV电动汽车、增程式纯电动汽车瑞麒M1-REEV同台亮相，展示了增程技术和轮毂电机的成熟应用。

瑞麒M1-REEV纯电动汽车是当前世界上已知续航里程最长的纯电动汽车之一，最大续航里程可达到400km。据悉，瑞麒M1纯电动汽车是秉承奇瑞公司"更安全、更节能、更环保"的设计理念开发的一款增程型纯电动汽车。整车搭载15kW的增程器，并为消费者设计了多种可选择的行驶模式，打破了电池电量的工作局限和消费者抱怨的风险，使该车最大续航里程超过350km。

瑞麒M1-REEV采用的是转子发动机的增程系统。该系统采用了高度集成化设计、智能化控制等技术。转子发动机的缸内直喷技术使整车在行驶中可以达到低噪声、低振动、低油耗、高效率等特点。在增程器技术中，发动机的管理系统是增程器最核心的技术之一。

瑞麒X1-EV纯电动汽车在搭载了轮毂电机之后，节省了重量和空间，使悬架系统更好设计，保证了更加宽大舒适的乘坐空间。同时，该车四个车轮都配备轮毂电机，即意味着实现了四轮驱动，通过调整供电方式可以独立调节每个轮子的驱动力，必要时可以调节用于发电的制动模式，无需其他系统即可实现ESP、ABS功能，有效提高能量利用率，行驶相同里程可以节省车载电池约30%的电量。

同时，轮毂电机的使用减少了传统传动系统的限制，使汽车每个轮子都可设计为大角度转弯，甚至±90°的转向，不仅使原地转弯、垂直入库变得简单易行，就连高速行驶中的急转向、漂移等特技也更易实现。在外接AC 220V充电和DC Off-board Charge实现四轮驱动的同时，让用户充分感受到SUV的超强动力。

采用轮毂电机驱动的纯电动传祺轿车在广汽自主品牌"传祺"轿车平台上进行开发，拆除了发动机、变速器、燃油箱、排气管等传统动力系统零部件，安装了动力电池、轮毂电机、DC/DC、车载充电机以及小三电（电动空调、电动转向、电动真空泵）等电动化零部件。装载轮毂电机的纯电动传祺轿车的动力性能十分优越，0~100km/h的加速时间少于10s；单次充电最大续驶里程超过200 km，优于绝大多数同类电动车型，完全可以满足日常用车的要求。

与传统电机相比，轮毂电机具有结构紧凑、集成度高、性能优异等优点，在电动汽车上的应用是一种全新驱动方式的应用，使整车性能更为优异，空间更为充裕、布置更为自由、控制更为自由。但其应用仍存在若干亟需解决的关键技术问题，若能取得突破，将拥有广阔的应用前景。

轮毂电机是电动巴士发展的关键技术。轮毂电机帮助巴士制造商适应电能动力系统发展所带来的变化，它集成电能动力系统和制动系统，带来一种全新的技术解决方案；轮毂电机驱动技术可在各种新能源汽车上派上大用场。无论是电池电动还是燃料电池电动汽车，抑或是增程式混合动力汽车，都可以用轮毂电机作为主要驱动力；采用轮毂电机并重新设计公共巴士，使它们变得更轻便、更紧凑、更宽敞。

电动汽车已经得到了蓬勃的发展，但要完全替代传统汽车还有很长的一段路要走。目前，国内外对电动汽车电机驱动系统的研究都有很多，主要集中在新型电机的应用、电机驱动系统控制策略的改进这两个方面。轮毂电机需要解决技术问题，提高轮毂电机与驱动器功率,电动轮驱动与制动实用控制技术,提高轮毂电机可靠性和耐久性,减轻轮毂电机质量。随着电气技术和电子技术,以及控制新技术的发展和突破,电机性能的不断提高,以及电池技术、动力控制系统和整车能源管理系统等相关技术的突破,轮毂电机也将在电动汽车上取得更大的成功。车用轮毂电机技术及其控制技术向永磁化、智能化、集成化、全数字化方向发展。

在电动汽车上轮毂电机应用不仅可提高电机驱动效率的效果,还大大简化了机械传动机构,减轻整车自重,减小其传动和附加损耗,降低成本、节能减噪,全面提高节能环保型电动微型轿车的各项性能指标和性价比,因而成为未来电动汽车的发展方向。

复习思考题

一、填空题

1. 电动汽车_____总成及控制系统属于汽车零部件,是电动汽车零部件的_____部件,该系统的特点是:将电机系统、制动系统、悬架系统集成于一身的独特设计,有永磁无刷同步电动汽车轮毂电机和开关磁阻轮毂电机,可采用 PWM 控制和_____控制。与传统的电机传动轴—变速器—差速器—车桥等电动汽车机械传动系统有本质上的变化,因而整体结构、驱动性能、综合效率、_____优于任何形式的驱动结构,可配置成两轮驱动或四轮驱动,是电动汽车驱动系统的首选,而且可与任何型号的汽车相匹配,组成_____汽车,轮毂电机驱动是未来电动汽车驱动形式的发展方向。

2. 无论是前驱、后驱还是_____形式,它都可以比较轻松地实现转速变化和转向变化,四轮驱动在轮毂电机驱动的车辆上实现起来非常容易。采用电子_____先进技术、线控四轮转向技术,实现左右车轮的不同转速和差动转向,大大减小车辆的_____半径,在特殊情况下几乎可以实现原地转向,对于特种车辆也很有价值。电动汽车_____的开关器件、电路、控制、传感器等集成在一块高度集成的电路板,可以有效减小体积和重量。

二、问答题

1. 轮毂电机可分为几种类型?
2. 轮毂电机的结构和工作原理是什么?
3. 轮毂电机控制技术是什么?

第九章 电动汽车控制系统

> **学习目标**
> - 了解电动汽车控制类型和CAN总线通信网络
> - 掌握电动汽车的结构和工作原理
> - 掌握电动汽车的控制策略

电动汽车计算机控制系统是基于使用车载处理器的硬件和软件，以及CAN总线通信网络系统等，来实现对汽车各个功能总成的控制。微处理器的功能包括：信息的传送、分析、处理以及控制指令的分布和修改、能量的传递和调控、执行器的动态响应、各个总成和器件的实时执行状态、传感器反馈的信息比较等功能。在为处理器控制系统中装备有多个子控制器、执行器和功能总成的实体，具体实现驾驶人的驾驶意图，并通过传感器反馈执行器在线执行的信息。使用计算机控制系统全面改善和提高电动汽车驾驶与控制意图的贯彻，创建良好、舒适的驾驶环境和人车对话氛围，减轻驾驶人驾驶与操控的劳动强度，降低交通事故的发生率。电动汽车的计算机控制系统的基本构成如图9-1所示。

电动汽车动态集成管理系统（VDIM）是由车辆稳定控制系统（VSC）、电动助力转向系统（EPS）、牵引力控制系统（TCS）、制动力分配系统（EBT）、防抱死制动系统（ABS）等组成的集成管理系统。

VDIM经常保持在准备状态，在车辆运行接近极限状态时，可以快速识别电动汽车的实时运行状态，作出快速响应并全面实施控制，提高了电动汽车行车的安全性，如表9-1所示。

表9-1 电动汽车计算机控制系统及子控制系统

车身	电动汽车驱动系统		电动汽车底盘		
车身及附件	电-电耦合平台	油-电耦合平台	悬架、车轮	转向系统	制动系统
安全带控制系统	车载充电器控制系统	发动机控制系统	半主动悬架控制系统	前轮转向系统	行驶稳定性控制系统
安全气囊控制系统	动力电池组控制系统	燃料供应系统	主动悬架阻尼控制	后轮转向系统	电子稳定控制
刮水器、喷淋器控制系统	电能转换器控制系统	进气控制系统	全方位底盘控制系统	四轮转向系统	驱动防滑系统
后视镜控制系统	电动机控制系统	排气控制系统	轮胎压力监测控制	防侧倾控制系统	防抱死制动系统
信息、仪表、显示系统	电动机集中驱动系统	怠速控制系统	四轮驱动控制系统	动力转向系统	线控制动控制系统

(续)

车　　身	电动汽车驱动系统		电动汽车底盘				
灯光、信号、通信系统	轮毂电机驱动系统	汽油机点火控制系统	—	线控转向控辅系统	—	—	—
记忆功能座椅调节系统	制动能量反馈系统	柴油机共轨控制系统	—	—	—	—	—
自动门窗控制系统	能量优化配置	电机/发动机控制	—	—	—	—	—
空调、气候控制系统	—	电能转换控制系统	—	—	—	—	—
多媒体娱乐系统	—	电机控制系统	—	—	—	—	—
卫星导航系统	—	驱动模式转换控制	—	—	—	—	—
中控锁、遥控钥匙系统	—	动力耦合控制系统	—	—	—	—	—
诊断系统	—	变速器控制系统	—	—	—	—	—
防盗报警系统	—	制动能量反馈系统	—	—	—	—	—

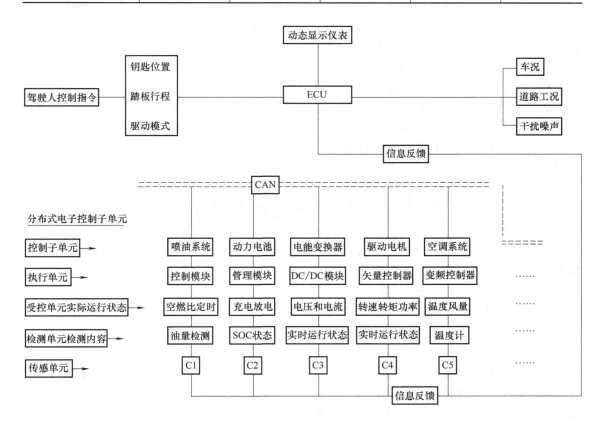

图9-1　电动汽车的计算机控制系统的基本构成

1）驾驶人驾驶信息。驾驶人通过控制加速踏板、离合器踏板及变速器档位等发出驾驶信息；通过操纵转向盘转角和踩踏离合器踏板的行程及强度，来实现电动汽车的起动、加速、匀速、减速、转弯；通过踩踏制动踏板的行程和强度，来实现电动汽车的行车制动和紧急制动，并保证受控单元能够正确、同步实现驾驶人的操作意图。

2）控制单元。控制单元微型处理器是计算机控制系统的核心，一般具有以下功能：

① 对输入的驾驶人控制信息和环境条件（包括行驶工况）有数据运算、数据对比、信号变换、指令分布、故障监测、安全报警灯处理功能；

② 按照设定的程序，将运算结果转换为执行指令，并发送到受控单元，准确、快速地实现即时意图；

③ 将传感器单元采集的各个单元反馈的信息和数据进行运算和处理实时作出控制决策，传递修正或调整后的控制指令，控制单元发出的控制指令是执行单元产生相应动作的唯一依据，同时还监测受控单元的响应和状态参数调整的实况。

3）执行单元。执行单元一般包括执行器和执行机构两部分，执行器有电磁电机、伺服电机、步进电机等，它们将控制指令的电信号转换为正向或反向的直线运动或旋转运动。

4）受控单元。受控单元有杠杆式（例如：加速器拉杆、变速器操纵杆、转向器拉杆等）、液压式（例如：液压制动器主缸、轮缸等）、气动式（气动制动器、轮缸等）等结构形式，使受控单元产生相应的同步动作来达到驾驶人控制的目的。各种受控单元在结构强度等方面，需要与执行单元相匹配。

5）测量单元与传感器单元。在微处理器控制系统中，测量单元与传感器单元有重要的作用，测量单元检测整个微处理器信号的实际控制状态和受控总成实时的响应状态，控制参数变量或中间变量，并将检测到的次数变量或中间变量放大后经传感单元反馈，经过控制单元机构运算，调整实时控制决策，使受控单元修正指令产生相应的动作。

6）消除干扰和故障报警。在汽车行驶过程中，驾驶人应用微处理器传输的信息和指令，在执行单元的执行过程中，由于受控总成受到外部环境（电磁、阻力、振动、滑转等）干扰，使受控总成的动作偏离微处理器指令预期的控制目标，微处理器控制系统还必须有及时修正因外部环境干扰的能力和故障报警的功能以实现预期的控制目标。

第一节　电动汽车控制系统的组成

电动汽车电控系统是电动汽车的大脑，由各个子系统构成，每个子系统一般由传感器、信号处理电路、电控单元、控制策略、执行机构、自诊断电路和指示灯组成。在不同类型的电动汽车上，电控系统存在一些区别，但总体来说一般都包括能量管理系统、再生制动控制系统、电机驱动控制系统、电动助力转向控制系统以及动力总成控制系统等。各个子系统功能不是简单的叠加，而是综合各子系统功能来控制电动汽车。

1. 能量管理系统

能量管理系统是多能源电动汽车的核心，它由 3 部分组成——功率分配、功率限制和充电控制。其工作原理可以简单归纳为：由电子控制单元根据数据采集电路采集到的电池状态信息以及其他相关信息，进行数据分析和处理，并形成最终的指令和信息发送到相应的功能模块。它所完成的功能包括维持电动车所有蓄电池组件的工作，并使其处于最佳状态；采集车辆各个子系统的运行数据，并进行监控和诊断；控制充电方式和提供剩余能量的显示。与电机控制技术相比，能量管理技术还不是很成熟。如何实现无损电池的充电、监控电池的充放电状态，避免过充电现象，并对电池实行定期实时的检测、诊断和维护，最大限度地保证电池正常可靠地运行，这是很多学者正在研究的方向，而在能量管理系统中数据采集模块的可靠性、剩余能量估算模块的精度、安全管理模块等方面有待进一步提高。

2. 再生制动控制系统

传统汽车的制动过程多依靠摩擦的方式消耗车辆行驶的动能而降低车速，其制动能量转化为热能散发到周围环境中去。而电动汽车在制动时，可以将牵引电动机转换为发电机，依靠车轮拖动电机产生电能和车轮制动力矩，从而在减缓汽车速度的同时将部分动能转化为电能储存起来，回收了能量，提高了汽车的续航里程。

再生制动能量回馈系统的研究是电动汽车开发中的一个重要环节，其设计开发需要综合考虑汽车动力学特性、电机发电特性、电池安全保证与充放电特性等多方面的问题。

采用再生制动技术，需要满足2个要求：

1）要满足制动效能、制动效能恒定性、制动时汽车的方向稳定性以及最大限度地提高制动能量的回收程度；

2）要满足驾驶人操作的习惯、舒适性能的要求。而这些性能的满足主要依赖于合理设计能量管理系统以及系统的控制策略。3种典型控制策略是：并行制动系统控制策略、最佳制动能量回收控制策略以及理想制动力分配控制策略。

其中，并行制动系统控制策略是在传统汽车制动系统的基础上加入电机制动，其驱动轴在制动时是采用机械制动系统与再生制动系统联合制动；最佳制动能量回收控制策略是在保证制动要求的前提下最大限度地回收制动能量；理想制动力分配控制策略是在保证最佳制动性能的前提下尽量回收制动能量。这3种控制策略中，并行制动系统控制策略最简单，另2种比较复杂，而且要求精确的计算和控制。总体来说，国内关于制动能量回收的研究还处在初级阶段。如何设计更加合理的系统及其控制策略以满足制动要求和人性化要求，使再生制动与电动汽车性能匹配更加优化将成为电动汽车研究的重要方向。

3. 电机驱动控制系统

电机驱动控制系统的好坏关系着电动汽车能否安全可靠地运行。电机驱动系统主要由电机、电力电子逆变器、数字控制器和传感器等核心部分组成。

目前，电动汽车电机驱动系统主要采用感应电机、永磁同步电机和开关磁阻电机；电机驱动控制系统由电力电子逆变器向IGBT集成模块发展，传感器向集成智能传感器发展，在电机的控制方法方面，传统的控制方法是直流电机的励磁控制法与电枢电压控制法；开关磁阻电机的角度位置控制、电流斩波控制以及电压控制；感应电机主要有U/f控制、转差率控制、矢量控制和直接转矩控制等。近几年来出现了许多先进的控制方法包括自适应控制、变结构控制、模糊控制和神经网络控制、闭环控制、鲁棒控制、滑模控制、专家系统、模型参考自适应控制、非耦合控制、交叉耦合控制以及协调控制等，都适用于电机驱动。

4. 电动助力转向系统

电动助力转向系统通常由传感器、电子控制单元、电动机、电磁离合器和减速机构等组成。其工作原理是电子控制单元根据转向盘的输入力矩、转动方向以及汽车速度等信号，决定电动机的旋转方向和助力电流的大小，并将指令传递给电动机，通过离合器和减速机构将辅助动力施加到转向系统中，从而完成实时控制的助力转向。如今，电动助力转向系统日趋完善，在降低自重、减少生产成本、控制系统发热、电流消耗、内部摩擦，与整车进行匹配获得合理的助力特性以及保证良好的路感方面取得了重大的进步。电动助力转向技术进一步发展，一方面需要开发可靠性高、成本低的传感器；另一方面需要开发满足助力要求、驾驶人舒适性要求以及低成本的助力电动机。而可靠性高、低成本、高效率以及高功率的直流无刷电动机是今后助力电动机的研究方向。此外，如何设计合理的控制策略以保证电动助力转向系统的动态性能、稳定性能以及可靠性，保证驾驶人获得良好的路感，使系统能与整车上其他控制子系统相互通信协调以实现整车综合控制，是今后研究的重点，而更多的先进控制策略如人工智能控制方法将应用于电动助力转向系统的控制中。

5. 混合动力总成控制系统

混合动力就是指汽车使用汽油驱动和电力驱动两种驱动方式，优点是车辆处于起动/停止状态时，只靠电机带动，不达到一定速度，发动机就不工作，因此能使发动机一直保持在最佳工况状态，动力性好，排放量很低，而且电能的来源都是发动机，只需加油即可。

混合动力汽车的关键是混合动力系统，它的性能直接关系到混合动力汽车整车性能。经过十多年的发展，混合动力系统总成已从原来发动机与电机离散结构向发动机、电机和变速器一体化结构发展，即集成化混合动力总成系统。混合动力总成以动力传输路线分类，可分为串联式、并联式和混联式等三种。

串联式动力由发动机、发电机和电动机三部分组成，它们之间用串联方式组成 SHEV 动力单元系统，发动机驱动发电机发电，电能通过控制器输送到电池或电动机，由电动机通过变速机构驱动汽车。小负荷时由电池驱动电动机驱动车轮，大负荷时由发动机带动发电机发电驱动电动机。当车辆处于起动、加速、爬坡工况时，发动机、发电机组和电池组共同向电动机提供电能；当电动汽车处于低速、滑行、怠速工况时，则由电池组驱动电动机，当电池组缺电时则由发动机-发电机组向电池组充电。串联式结构适用于城市内频繁起步和低速运行工况，可以将发动机调整在最佳工况点附近稳定运转，通过调整电池和电动机的输出来达到调整车速的目的，使发动机避免了怠速和低速运转工况，从而提高了发动机的效率，减少了废气排放。它的缺点是能量几经转换，机械效率较低。

并联式装置的发动机和电动机共同驱动汽车，发动机与电动机分属两套系统，可以分别独立地向汽车传动系提供转矩，在不同的路面上既可以共同驱动又可以单独驱动。当汽车加速爬坡时，电动机和发动机能够同时向传动机构提供动力，一旦车速达到巡航速度，汽车将仅仅依靠发动机维持该速度。电机既可以当电动机又可以当发电机使用，故又称为电动-发电机组。由于没有单独的发电机，发动机可以直接通过传动机构驱动车轮，这种装置更接近传统的汽车驱动系统，机械效率损耗与普通汽车差不多，因而得到比较广泛的应用。

混联式装置包含了串联式和并联式的特点。动力系统包括发动机、发电机和电动机，根据助力装置不同，它又分为发动机为主和电机为主两种。以发动机为主的形式中，发动机作为主动力源，电机为辅助动力源；以电机为主的形式中，发动机作为辅助动力源，电机为主动力源。该结构的优点是控制方便，缺点是结构比较复杂。

6. 动力总成控制系统

动力总成控制系统包括动力总成控制单元、发动机电控单元、电机控制器、AMT 控制器及动力电池管理系统。其中动力总成控制单元用以确定发动机与电动机输出功率的比例，以满足汽车的动力性能、经济性、排放性等性能指标,保证换档操作过程的平顺性。多能源动力总成控制单元的研究成为近年来电动汽车技术发展和产业进程中的重要研究发展方向。在这方面,国外已开发出不少成熟的动力总成控制器。

第二节 电动汽车控制系统的分类

2015 年国内新能源汽车产销突破 31 万辆,发展态势喜人。下面我们结合研发过程中的实践经验,从新能源汽车分类、模块规划、电控技术和充电设施等方面,对电动汽车控制系统进行分析。

1. 新能源汽车分类

在新能源汽车分类中,"弱混、强混"与"串联、并联"不同分类方法令非业内人士感到困惑,其实这些名称是从不同角度给出的解释,并不矛盾。

(1) 消费者角度

从消费者角度按照混合度可分为起停、弱混、中混、强混、插电和纯电动,节油效果和成本增加等指标见表 9-2。表中"-"表示无此功能或较弱、"+"个数越多表示效果越好,从表中可以看出随着节油效果改善,成本增加也较多,如图 9-2 所示。

表 9-2 从消费者角度分类

功能	起停	弱混	中混	强混	插电	纯电动
典型车型	奇瑞 BSG	通用 BAS	荣威 750Hybrid	丰田 Prius	通用 Volt	日产 Leaf
电功率比例	<5%	5%~10%	10%~20%	>30%	>50%	100%
节油效果	<5%	5%~12%	15%~25%	25%~40%	>50%	100%
起动/停机	+	+	+	+	+	-
再生制动	-	+	++	+++	+++	+++
发动机效率优化	-	+	++	++	+++	+++
纯电动能力	-	-	-	+	+++	+++
成本增加(万元)	0.2~0.5	1~2	3~4	4~6	6~8	>12

(2) 技术角度

从技术角度由简到繁分为纯电动、串联混合动力、并联混合动力及混联混合动力,具体如图 9-2 所示。其中 P0 表示 BSG(Belt Starter Generator,带传动起停装置)系统,P1 代表 ISG(Integrated Starter Generator,起动机和发电机一体化装置)系统、电机处于发动机和离合器之间,P2 结构中的电机处于离合器和变速器输入端之间,P3 表示电机处于变速器输出端或布置于后轴,P03 表示 P0 和 P3 的组合。从图 9-2 可以看出,各种结构在国内外乘用车或商用车中均得到广泛的应用,相对来说 P2 在欧洲比较流行,行星齿轮结构在日系和美系车辆中占主导地位,P03 等组合结构在四驱车辆中应用较为普遍,欧蓝德和标致 3008 均已实现量产。新能源车型选择应综合考虑结构复杂性、节油效果和成本增加,例如由通用、克莱斯勒和宝马联合开发的三行星排双模系统,尽管节油效果较好,但由于结构复杂且成本较高,近十年间的市场表现不尽如人意。

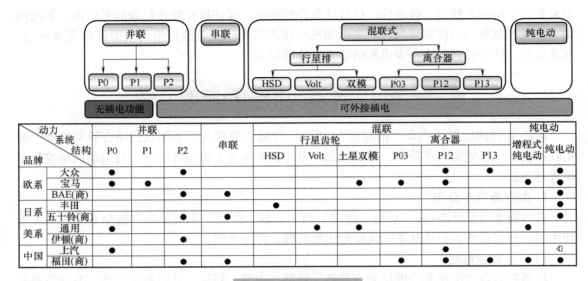

图 9-2 从技术角度分类

2. 新能源汽车模块规划

尽管新能源汽车分类复杂，但其中共用的模块较多，在开发过程中可采用模块化方法，共享平台、提高开发速度。总体上讲，整个新能源汽车可分为三级模块体系，如图 9-3 所示，一级模块主要是指执行系统，包括充电设备、电动附件、储能系统、发动机、发电机、离合器、驱动电机和齿轮箱。二级模块分为执行系统和控制系统两部分，执行部分包括充电设备的地面充电机、集电器和车载充电机，储能系统的单体、电箱和线束（Pack or Cable），发动机分为气体机、汽油机和柴油机，发电机分为永磁同步和交流异步，离合器分为干式和

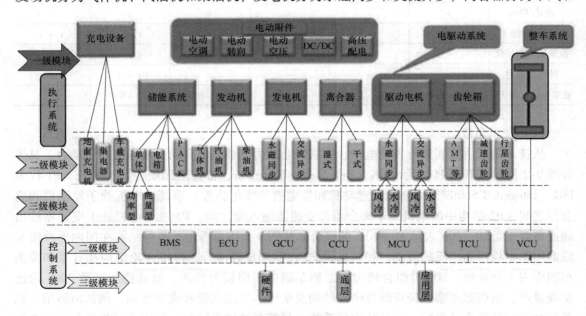

图 9-3 三级模块体系

湿式，驱动电机分为永磁同步和交流异步，齿轮箱分为有级式自动变速器（包括 AMT、AT 和 DCT 等）、行星齿轮和减速齿轮。二级模块的控制系统包括 BMS、ECU、GCU、CCU、MCU、TCU 和 VCU，分别表示电池管理系统、发动机电子控制单元、发电机控制器、离合器控制单元、电机控制器、变速器控制系统和整车控制器。三级模块体系中，电池单体分为功率型和能量型，永磁和异步电机分为水冷和风冷形式，控制系统的三级模块主要包括硬件、底层和应用层软件。

根据功能和控制的相似性，三级模块体系的部分模块可组成纯电动（含增程式）、插电并联混动和插电混联混动三种平台架构，例如纯电动（含增程式）由充电设备、电动附件、储能系统、驱动电机和齿轮箱组成。各平台模块的通用性较强，采用平台和模块的开发方法，可共享核心部件资源，提升新能源系统的安全性和可靠性，缩短周期、降低研发及采购成本。

3. 新能源汽车三大核心技术

在三级模块体系和平台架构中，整车控制器、电机控制器和电池管理系统是最重要的核心技术，对整车的动力性、经济性、可靠性和安全性等有着重要影响。

（1）VCU

VCU 是实现整车控制决策的核心电子控制单元，一般仅新能源汽车配备，传统燃油车无需该装置。VCU 通过采集加速踏板、档位、制动踏板等信号来判断驾驶人的驾驶意图；通过监测车辆状态（车速、温度等）信息，由 VCU 判断处理后，向动力系统、动力电池系统发送车辆运行状态控制指令，同时控制车载附件电力系统的工作模式；VCU 具有整车系统故障诊断保护与存储功能。

图 9-4 为 VCU 的结构组成，共包括外壳、硬件电路、底层软件和应用层软件，硬件电路、底层软件和应用层软件是 VCU 的关键核心技术。

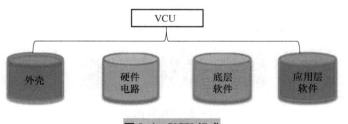

图 9-4　VCU 组成

VCU 硬件采用标准化核心模块电路（32 位主处理器、电源、存储器、CAN）和 VCU 专用电路（传感器采集等）设计；其中标准化核心模块电路可移植应用在 MCU 和 BMS，平台化硬件将具有非常好的可移植性和扩展性。随着汽车微处理器技术的发展，VCU 从基于 16 位向 32 位处理器芯片逐步过渡，32 位已成为业界的主流产品。

底层软件以 AutoSAR 汽车软件开放式系统架构为标准，达到电子控制单元开发共享平台的发展目标，支持新能源汽车不同的控制系统；模块化软件组件以软件复用为目标，以有效提高软件质量、缩短软件开发周期。

应用层软件按照 V 型开发流程、基于模型开发完成，有利于团队协作和平台拓展；采用快速原型工具和模型在环（mil）工具对软件模型进行验证，加快开发速度；策略文档和软件模型均采用专用版本工具进行管理，增强可追溯性；驾驶人转矩解析、换档规律、模式切换、转矩分配和故障诊断策略等是应用层的关键技术,对车辆动力性、经济性和可靠性有着重要影响。

表 9-3 为世界主流 VCU 供应商的技术参数,代表着 VCU 的发展动态。

表 9-3 世界主流 VCU 供应商的技术参数

	国外主流厂商 1	国外主流厂商 2
尺寸/mm	185×127×65	220×170×45
CPU 架构	Freescale 32 位(MPC5642),单核 120MHz + Delphi ASIL C	Freescale 32 位(MPC5644),单核 120MHz + Freescale 8 位(S9S08DZ60)
软件架构	参考 AutoSAR	非 AutoSAR
通信方式	CAN、LIN、SPI、FlexRay	CAN、LIN、SPI
工作电压/V（不兼容24V系统）	10~16	9~16
功能安全	可通过扩展相关芯片满足 ISO26262 ASIL C	符合 ISO26262 ASIL C

（2）MCU

MCU 是新能源汽车特有的核心功率电子单元,通过接收 VCU 的车辆行驶控制指令,控制电动机输出指定的转矩和转速,驱动车辆行驶。实现把动力电池的直流电能转换为所需的高压交流电并驱动电机本体输出机械能。同时,MCU 具有电机系统故障诊断保护和存储功能。

MCU 由外壳及冷却系统、功率电子单元、控制电路、底层软件和控制算法软件组成,具体结构如图 9-5 所示。

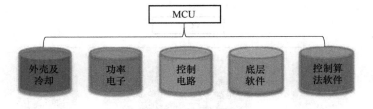

图 9-5 MCU 组成

MCU 硬件电路采用模块化、平台化设计理念(核心模块与 VCU 同平台),功率驱动部分采用多重诊断保护功能电路设计,功率回路部分采用汽车级 IGBT 模块并联技术、定制母线电容和集成母排设计;结构部分采用高防护等级、集成一体化液冷设计。

与 VCU 类似,MCU 底层软件以 AutoSAR 开放式系统架构为标准,达到 ECU 开发共同平台的发展目标,模块化软件组件以软件复用为目标。

应用层软件按照功能设计一般可分为 4 个模块:状态控制、矢量算法、需求转矩计算和诊断模块。其中,矢量算法模块分为 MTPA 控制和弱磁控制。

MCU 关键技术方案包括:基于 32 位高性能双核主处理器;汽车级并联 IGBT 技术;定制薄膜母线电容及集成化功率回路设计;基于 AutoSAR 架构平台软件及先进 SVPWM PMSM 控制算法;高防护等级壳体及集成一体化水冷散热设计。

表9-4为世界主流MCU硬件供应商的技术参数，代表着MCU的发展动态。

表9-4　世界主流MCU硬件供应商的技术参数

	国外主流厂商1	国外主流厂商2
尺寸/mm	475×245×108	411×454×183
峰值功率/kVA	180	320
峰值输出电流/A	320	450
主处理器	TMS320F28335	Infineon
防护等级	IP67	IP69
通信方式	CAN	CAN
转矩和转速响应时间，转矩和转速控制精度满足整车控制要求满足整车控制要求		

（3）电池包和BMS

电池包是新能源汽车核心能量源，为整车提供驱动电能，它主要通过金属材质的壳体包络构成电池包主体。模块化的结构设计实现了电芯的集成，通过热管理设计与仿真优化电池包热管理性能，电器部件及线束实现了控制系统对电池的安全保护及连接路径；通过BMS实现对电芯的管理，以及与整车的通信及信息交换。

电池包组成如图9-6所示，包括电芯、模块、电气系统、热管理系统、箱体和BMS。BMS能够提高电池的利用率，防止电池出现过充电和过放电，延长电池的使用寿命，监控电池的状态。

图9-6　电池包组成

BMS是电池包最关键的零部件，与VCU类似，核心部分由硬件电路、底层软件和应用层软件组成。但BMS硬件由主板（BCU）和从板（BMU）两部分组成，从板安装于模组内部，用于检测单体电压、电流和均衡控制；主板安装位置比较灵活，用于继电器控制、荷电状态值（SOC）估计和电气伤害保护等。

BMU硬件部分完成电池单体电压和温度测量，并通过高可靠性的数据传输通道与BCU模块进行指令及数据的双向传输。BCU可选用基于汽车功能安全架构的32位微处理器完成总电压采集、绝缘检测、继电器驱动及状态监测等功能。

底层软件架构符合AutoSAR标准，模块化开发容易实现扩展和移植，提高开发效率。

应用层软件是BMS的控制核心，包括电池保护、电气伤害保护、故障诊断管理、热管理、继电器控制、ECU控制、均衡控制、SOC估计和通信管理等模块，应用层软件架构如图9-7所示。

表9-5为国内外主流BMS供应商的技术参数，代表着BMS的发展动态。

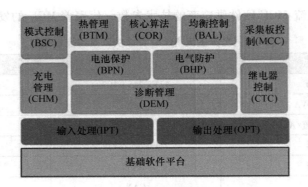

图 9-7　应用层软件架构

表 9-5　国内外主流 BMS 供应商的技术参数

	国外主流厂商	国内主流厂商
配套方案	主从结构	主从结构
温度范围	-40~85℃	-40~85℃
技术指标	电压测量精度：0.1% FS 电流测量精度：0.1% FS 电流测量范围：-600~600A SOC 估算精度：5% 均衡方式：主动平衡	电压测量精度：0.5% FS 电流测量精度：0.5% FS 温度测量范围：-40~125℃ 温度测量精度：0.5℃ SOC 测量精度：5% 均衡方式：被动平衡
车型应用范围	纯电动汽车、混合动力汽车	纯电动汽车、混合动力汽车
功能安全	电池过充、过放、温升保护、绝缘防护、高压互锁、预充电	电池过充、过放、温升保护、绝缘防护
适用电芯范围	锰酸锂、三元材料	铅酸电池、镍氢电池、锂电池等动力电池

4. 充电设施

充电设施不完善是阻碍新能源汽车市场推广的重要因素，特斯拉充电方案分析如下：

特斯拉超级充电器代表了当今世界最先进的充电技术，它充电的速度远高于大多数充电站，表 9-6 为特斯拉电池和充电参数。

表 9-6　特斯拉电池和充电参数

	动力电池总成参数			0.8C 快充参数（90kW 充电）		
电池类型	额定电压/V	电压范围/V	总容量/A·h	电压/V	电流/A	功率/kW
NCA	424.8	324.5~495.6	200.1	500	160	80
改进 NCA	356.4	272.25~415.8	238.7	420	192	80

特斯拉具有 5 种充电方式，采用普通 110/220V 市电插座充电，30h 充满；集成的 10kW 充电器，10h 充满；集成的 20kW 充电器，5h 充满；一种快速充电器可以安装在家庭墙壁或者停车场，充电时间可缩短为 5h；45min 能充 80% 的电量且电费全免，这种快充装置仅在北美市场比较普遍。

特斯拉使用太阳电池板遮阳棚的充电站，既可以抵消能源消耗又能够遮阳。与在加油站加油需要付费不同，通过配置适当的模块可以在任何开放充电站充电。

特斯拉充电技术特点可总结如下：

1）特斯拉充电站加入了太阳能充电技术，这一技术使充电站尽可能使用清洁能源，减少对电网的依赖，同时也减少了对电网的干扰，国内这一技术也能实现。

2）特斯拉充电时间短也不足为奇，特斯拉的充电机容量大 90~120kW·h，充电倍率 0.8C，跟普通快充一样，并没有采用更大的充电倍率，所以不会影响电池寿命；20min 可充至 40%，就能满足续航要求，主要原因是电池容量大。

图 9-8 为一种可参考的新能源汽车充电解决方案，充电系统由配电系统（高压配电柜、变压器、无功补偿装置和低压开关柜）、充电系统（充电柜和充电机终端）以及储能系统（储能电池与逆变器柜）组成。无功补偿装置解决充电系统对电网功率因数影响，充电柜内充电机一般都具备有源滤波功能、解决谐波电流和功率因数问题。储能电池和逆变器柜解决老旧配电系统无法满足充电站容量要求并起到削峰填谷作用，在不充电时候进行储能，大容量充电且配电系统容量不足时释放所储能量进行充电。如果新建配电系统容量足够，储能电池和逆变器柜可以不选用。风力发电和光伏发电为充电系统提供清洁能源，尽量减少从电网取电。

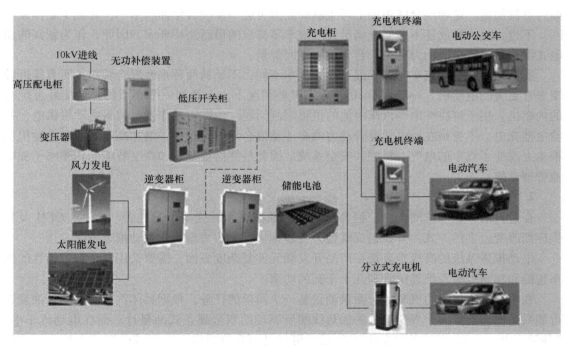

图 9-8　充电系统组成

第三节　电动汽车的控制策略

亨利·福特在 1923 年曾说过："汽车重量即使减少几磅……就意味着它们能开得更快，并且消耗更少的燃料。"这个永恒的真理正是锂电池化学行业引领世界发展下一代插电式电动汽车的理由。

不过，笔记本电脑锂离子电池爆炸案我们仍记忆犹新，当考虑到电动汽车电池更大的总能量时，这种印象更是被进一步放大。这方面的顾虑及其他因素促进了高度智能的电池管理系统的发展。这种电池管理系统需要与大功率电池充电系统通信，以满足诸如安全、成本、电池寿命、汽车行程和整夜充电等要求，这是为了达到更低的碳排放和更高的燃油经济性需要作出的让步。

随着汽车制造厂商对下一代电池管理和充电系统要求的确定，半导体公司正在推进预期能够满足这些要求的产品开发进程。下面将就插电式混合动力汽车中的大功率（>3kW）、离线式电池充电器开发相关的设计要求、架构及挑战，并举例说明为何要为这类应用创建数字电源架构。

1. 电动汽车设计环境

电动交通工具泛指使用高压电池和电动机进行推进的车辆。与仅用内燃机提供动力的汽车相比，这种技术的优势在于，电动机在产生转矩（特别是在加速过程中）时要比内燃机高效得多。另外，电动汽车可以在制动时回收动能，而其他类的汽车只能以热量的形式损耗掉。

混合动力汽车与新兴的插电式混合动力汽车不同，它们使用较低容量的电池和电动机辅助内燃机加速。这种混合转矩加上再生制动能力可进一步改善燃油利用率，并减少碳排放。

不过，减少排放还不能完全满足针对汽车零排放的最新法律要求。因此，作为新兴的插电式混合动力汽车的动力完全来自于清洁电网能量。

所谓的串联电动汽车与并联混合动力汽车不同，不是从两种来源混合转矩。所有推进转矩来自更大的电动机，一般大于80kW。在某些情况下，会增加一个小型的、性能经过优化的内燃机，用于解决纯电动汽车电池的里程限制问题。内燃机用作发电机给电动机供电，并给电池充电。不管是在插电式混合动力汽车还是混合动力汽车中，增加高压电池和电动机从根本上改变了汽车的电气、机械和安全系统。因此最终需要复杂和高度智能的功率电子和电池管理系统。

2. 电池设计挑战

在过去的一百年时间内，工程师已经使汽油推进系统变得十分完善。现在，OEM及其供应商改变过去的方式，开始组成联盟，突破常规，集中力量优化电动推进系统。

电动推进系统的高成本表现在产品开发和元件复杂度方面，需要采用复杂和容错性的汽车智能和功率电子系统连续管理几十千瓦的功率。

在传统的汽油动力汽车中，测量油量是一个简单的任务。根据具体汽车的不同，油量表可能只是由连接到一个发送部件的加热线圈所驱动的双金属条式油量计。而在电动汽车中，"油箱"是由串联/并联的许多电池单元（可能是100节或以上）组成的高压电池。电荷状态（SOC）的精确判断要求对每节电池进行精确的电压测量。

BMS是一个高精度的系统，用于向中央处理器报告有关电池单元的电压、电流和温度等详细信息，然后由中央处理器负责计算电池SOC。不能精确地测量电池电压不仅会误报电池SOC，还会缩短电池使用寿命或产生潜在性的灾情。

为了避免出现这种情况，业界开发出了满足ISO 26262之类新兴标准的集成电路，它们通过硬件内置测试功能，以及为电池单元的过压/欠压监视等安全关键功能提供的"N+1"

冗余保护,来确保系统可靠地运作。如果电池组中的一节电池被迫进入深度放电状态,或被过度充电,这节电池可能永久性损坏,并可能出现热失控——自我破坏状态。因此,除了主要的电池监视系统外还需要二级保护。

更先进的BMS能够同步电压和电流测量,并作为连续测量电池阻抗的一种方式。阻抗是电池健康状态(SOH)的一个重要指示。

图9-9显示了足以用来测量电池SOC和SOH的典型电池单元配置和BMS。请注意,串联电池组中的任何一节电池单元都会限制整个电池组容量。换句话说,如果某节电池单元先于其他电池达到了最大或最小电压,充电或放电周期必须被中断。单元平衡电路用于确保所有单元被均匀一致地充电和放电。

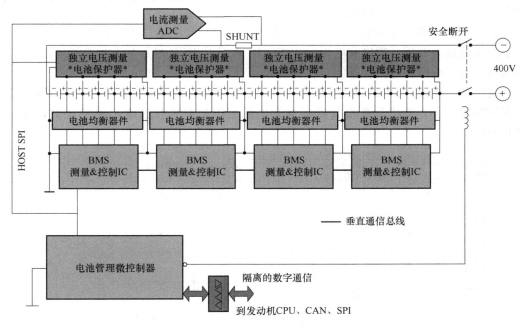

图9-9　针对多电池数量应用的电池管理系统

3. 电池充电器基本原理

电动汽车充电器根据输出功率/输入电压分类。一类充电器通常集成在电路板上,输入的是95~265V的交流电压,充电能力在1.5~3.3kW。专用的二类和三类充电器工作于240V/480V配线系统,能够以快得多的速率完成充电,但限于汽车电池和连接器约束范围内。例如,SAE J1772是目前北美地区唯一获得批准的电动汽车连接器标准,功率限制在16.8kW以下。

与用于便携式电子设备的电池不同,汽车级电池可以适应大得多的充电电流,而不会影响电池寿命或引发热失控。充电器的额定值(C)被定义为流入电池的电流,正比于以A·h为单位测量的电池容量。例如,一个1C充电器以1A的电流给1A·h电池充电。

尽管传统的锂离子电池可能限于1C,但一些汽车电池可以用远高于这个限值的电流充电,从而缩短再次充电时间。事实上,工作在480V三相电压的大功率三类充电器,给电动汽车电池充电的时间与加满一箱燃油的时间相近。

请注意，电动汽车的电池容量一般是用千瓦时（kW·h）表示，将千瓦时额定值除以标称电池平坦电压，可松散关联到电池的 A·h 额定值。例如，将一个 24kW·h 的电池从 10% 充电到满充状态，日产聆风电动汽车集成的一款 3.3kW 充电器需要用 8h。

另外需要注意的是，电动汽车电池的放电深度影响电池单元寿命，因此这种电池在充电周期开始时，通常需要保留至少 10% 的电池容量。

4. 充电器的架构设计

板载充电器必须符合严格的电磁兼容性、功率因数和 UL/IEC 安全标准方面的工业标准和政府法规要求。与所有其他的锂化学工业一样，电动汽车推进电池充电器采用恒流、恒压（CC/CV）充电算法，电池先被可编程的电流源充电，直到它达到电压设置点，然后转入稳压阶段，同时监视电池电流作为充电周期完成的指示。

充电电流（功率）由 BMS、混合控制模块（HCM）和电动车服务设备协商确定，具体取决于使用的输入电压、温度和电池 SOC/SOH，以及受 HCM 监视的其他系统考虑因素。这种控制算法的安全性和容错性不能打任何折扣。

控制反馈参数输入 ECU，微控制器能够以数字方式关闭多个控制环路，并精确地调制高压 MOSFET 开关。集中和高度智能的控制机制可以应对模拟技术不易解决的许多问题，如图 9-10 所示。

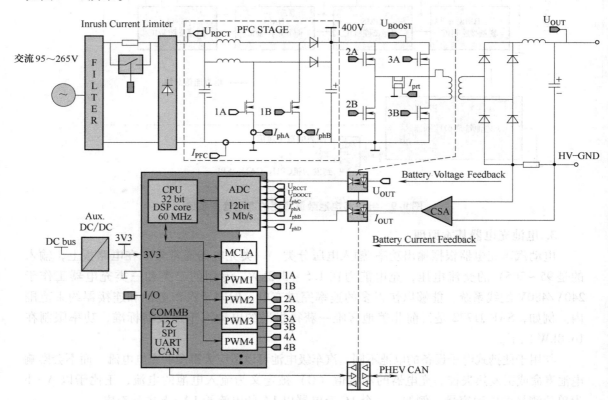

图 9-10　用于连接交错式 PFC 和移相桥的数字控制接口

更先进的微控制器集成协处理器（控制律加速器）和多个高分辨率脉宽调制器（PWM），前者用于加速控制环路传输函数的运算，后者能够控制功率开关在 150PS 内。这种架构能够动态适应线路和负载的变化,记录系统操作参数数据,并实现前瞻性的无差错算法,同时通过一个隔离的控制区域网络智能连接所有其他汽车子系统。

最近在数字电源方面的发展使这种方法更加可行,更具成本效益及可扩展性,并且更适合电动汽车中的大功率多相位应用。

针对数字补偿和每种可能的电源拓扑的大型可扩展的模块化软件库,可以由有经验的软件设计师进行集成;另外还能获得与数字和模拟电源解决方案作对比的测试报告。例如,考虑图 9-11 所示的两相交错式 PFC 功能。PFC 升压开关受到实现多模式 PFC 的 PWM1 控制,可以产生电池充电器的兼容电压。

从图 9-11 可以明显看出这种拓扑的适应性,其中的数字补偿和相位管理模块在软件控制下是可变的。采用数字技术还能使系统不易受噪声和温度的影响,同时智能同步电源级电路,使干扰最小并优化滤波器设计。

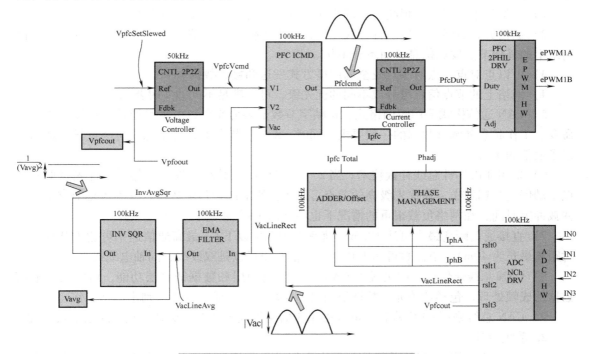

图 9-11 大功率 PFC 方法的软件模块化编程

图 9-11 阐明了升压 PFC 的完整代码模块性。类似的代码构造可以用零电压开关实现移相桥,从而使转换器开关损耗达到最小,同时提高效率。级联拓扑能够使充电器效率达到 95%,并使系统故障容错性能最大化,系统成本降至最低。

电动汽车是集计算机技术、通信技术、电子技术、新材料技术等一体化的高科技产品,其结构复杂,有多种相互作用却又相对独立的部件,且车载环境较恶劣,有很强的干扰,用模拟量的控制可靠性不高。先进高效的控制体系结构,可以使电动汽车各系统之间的数据交换满足简单迅速、可靠性高、抗干扰能力强、实时性好、系统错误检测和隔离能力强等要求。电动汽车采用了先进的计算机技术和 CAN 总线技术,集智能控制、信号采集、数据处理和通信于一体,控制实时性好,可实现整车控制智能化和多传感器信息的有效融合。

第四节　电动汽车 CAN 总线通信网络

1. CAN 总线的简介

CAN（Controller Area Newtork）即控制器局域网，是一种先进的串行通信协议，属于现场总线范围。CAN 总线是最初由德国博世公司在 20 世纪 80 年代初期，为了解决现代汽车中众多的控制与测试一起之间的数据交换而开发的一种串行数据通信协议，目的是通过较少的信号线将汽车上的各种电子设备通过网络连接起来，并提高数据在网络中传输的可靠性，CAN 总线具有较强纠错能力，支持差分收发，因而适合高噪声环境，并具有较远的传输距离，特别适合于中小型分布式测控系统，目前已在工业自动化、建筑物环境控制、机床、医疗设备等领域得到广泛应用。CAN 总线具有以下 9 个重要特点：

1）结构简单，只有两根线与外部相连，且内部含有错误探测和管理模块。

2）通信方式灵活。可以多种方式工作，网络上任意一个节点均可在任意时刻主动地向网络上的其他节点发送信息，而不分主从。

3）可以点对点、点对多点及全局广播方式发送和接收数据。

4）网络上的节点信息可分成不同的优先级，可以满足不同的实时要求。

5）CAN 通信格式采用短帧格式，每帧字节数最多为 8 个，可满足通常工业领域中控制命令、工作状态和测试数据的一般要求。同时，8 个字节也不会占用总线时间过长，从而保证了通信的实时性。

6）采用非破坏性总线仲裁技术。当 2 个节点同时向总线上发送数据时，优先级低的节点主动停止数据发送，而优先级高的节点可以不受影响继续传输数据，这大大地节省了总线仲裁冲突时间，在网络负载很重的情况下也不会出现网络瘫痪。

7）直接通信距离最大可达 10km（速率在 5Kb/s 以下），最高通信速率可达 1Mb/s（此时距离最长为 40m）。节点数可达 110 个，通信介质可以是双绞线、同轴电缆或光导纤维。

8）CAN 总线通信接口中集成了 CAN 协议的物理层和数据链路层功能，可完成对通信数据的成帧处理，包括位填充、数据块编码、循环冗余检验、优先级判别等项工作。

9）CAN 总线采用 CRC 检验并可提供相应的错误处理功能，保证了数据通信的可靠性。

2. 系统设计

下面以某电动汽车 CAN 总线控制网络为例进行分析，电动汽车数字控制系统主要由电机驱动控制系统、电池管理系统、动力装置的冷却系统、汽车电器、仪表显示、供电系统、信息通信系统等组成。电动汽车采用双 CAN 总线结构，电机驱动控制系统、电池管理系统和信息通信系统均采用高速 CAN 总线通信；动力装置的冷却系统、汽车电器、仪表显示、供电系统采用低速 CAN 总线系统；高、低速 CAN 总线系统之间采用网关进行交换，CAN 总线符合 CAN.20B 标准和 15011898 国际标准。通信介质采用普通屏蔽双绞线。

选择合适的 MCU 是 CAN 总线数字仪表控制系统设计成功的关键。它必须能适应各类复杂监控系统的要求，如实时性、低功耗、快速数据处理、集成数模外设功能、集成 CAN 总线接口，还应该集成充足的 Flash 或 RAM 供程序、数据存储，以简化电路，提高系统的可靠性。此外，它还要具有低成本和恶劣环境下的适应性。在综合比较了当前业界流行的几款 MCU，如 DSP2000 系列、ATM89 系列和 C8051F 系列之后，最终选择了 Cygnal 的 C8051F 这一系列高性能8位单片机。

C8051F系列单片机是完全集成的混合信号系统级芯片SOC，具有与MCS51完全兼容的指令内核。由于采用了流水线处理技术，不再区分时钟周期和机器周期，大大提高了指令执行效率，其处理速度不逊于许多16位单片机。在低功耗的同时，它还拥有着控制系统所需的丰富模拟、数字外设以及大量的外设功能接口，通过交叉开关表分配到64个I/O引脚，这一独创性设计使芯片集成度大大提高。此外，C8051F还采用了FlashROM技术，集成了JTAG，实现了真正的在线编程和片上调试。

3. 接口电路设计

系统中选用飞利浦公司的CAN总线收发器PCA82C250，PCA82C250是CAN控制器和物理层总线之间的接口，符合CAN国际标准15011898，它可以提供总线的差动发送能力和接收能力。用PCA82C250的目的是为了增大通信距离，提高系统的瞬间抗干扰能力，保护总线，降低射频干扰，实现热防护等。

PCA82C250允许的最高通信速度可达1Mb/s，节点数可达110个。它可以使系统具有较好的开放性和灵活性，即使该CAN总线在不要求所有节点及其应用层改变任何软件和硬件的情况下，可自由地增加或减少控制器节点。

C8051F040内集成了完全支持CAN2.0A和CAN2.0B的CAN控制器，独立的消息RAM可以处理32条消息对象，每个消息对象都可以进行发送和接收滤波，最高工作速率达到1Mb/s，能够完成CAN总线协议数据链路层和应用层的所有功能；其中CAN总线的竞争处理、CPU接口、同步、数据的一致性以及连续性保证，都由硬件来解决，CPU因此得以腾出大量的精力来处理其他的用户功能。上述这些特性，使C8051F040成为CAN总线节点微控制器的良好选择，因而系统不需要专门的CAN控制器。通信接口电路设计如图9-10所示，82C250是CAN控制器和物理总线间的接口，它是专用的CAN驱动芯片，提供对总线的差动发送和接收功能。为了增强CAN通信的抗干扰能力，在缓冲器和CAN驱动之间设计了光电隔离电路。采用的是高速光电隔离芯片6N137，输入与输出的供电电压也都采用5V。同时为了避免电源引起的干扰，CAN通信部分采用单独的DC/DC电源模块供电。

4. 软件设计

系统软件模块包括：控制策略模块、系统参数配置模块、运行监控及故障指示模块、CAN通信总线模块、数据采集模块、配置数据交换模块、报表打印模块、与其他软件的接口模块等。其中，控制策略模块和CAN总线通信模块是主要的功能模块。

由于控制器是多变量输入，为了适应控制对象结构和参数变化范围大、对象数学模型难于建立的特点，控制策略模块采用了模糊控制方法。模糊控制的基础是知识库，当各个节点的信息通过CAN总线输入到控制器后，经过模糊推理和模糊决策获得输出量，可使整车获得最佳运行状态，实现电动汽车仪表显示及优化控制。CAN总线通信软件主要包括节点初始化程序、报文发送程序、报文接收程序以及CAN总线出错处理程序等。在初始化C8051F040内部寄存器时，注意使各节点的速率必须保持一致，而且收发双方必须同步。报文的接收主要有中断和查询两种接收方式，为了提高通信的实时性，保证接收缓存器不会出现数据溢出现象，本节中的系统采用中断接收方式实现CAN的通信过程。

数据采集系统通过传感器、信号调理电路和采集卡，将表征电动汽车运行状况的物理量转化为数字量采集至各个CAN节点，在对数据位值转换、软件滤波和必要运算后，通过

CAN 总线将信息送往多能源控制器。CAN 节点控制模块需要采集的主要信号有：

1）动力装置的冷却系统：检测冷却液温度、油温、油压、起动故障、冷却液温度过高/低等；

2）电机驱动控制系统：检测电压、电流、转矩、功率、转速、电机状态、车速、电机故障、加速踏板位置、制动踏板位置、离合器状态、钥匙信号、档位等；

3）电池管理系统：检测 SOC、电池电压、电池电流、电池温度、电池充/放电、电池故障等。

现场总线控制系统以其高性能、高可靠性和高性价比，被越来越多地应用于车用电控单元和仪表系统之中。在电动汽车控制系统中采用 CAN 总线技术，不仅组网自由，扩展性强，实时性好，可靠性高，而且具有自诊断和监控能力，它是一种十分有效的通信方式。

第五节　电动汽车电气系统控制策略

1. 电动汽车对通信网络的需求

由于电动汽车储能设备容量有限，因此电动汽车在运行过程中对能源的管理十分严格。效率是衡量电动汽车系统性能的重要指标，国家 863 "十五" 电动汽车重大专项要求电机系统额定效率为 85%，控制器的额定效率达到 95%。电动汽车电子控制系统的动态信息必须具有实时性，各子系统需要将车辆的公共数据实时共享，如电机转速、车轮转换、加速踏板位置和制动踏板位置等；但不同控制单元的控制周期不同，数据转换速度、各控制命令优先级也不同，因此需要一种具有优先权竞争模式的数据交换网络，并且本身具有极高的通信速率。

此外，作为一种载人交通工具，电动汽车必须具有较好的舒适性，整车通信系统必须具有很强的容错能力和快速处理能力。

目前，电动汽车的发展得到了各国的高度重视，电动汽车成为未来汽车发展的主流方向。电动汽车内电气元件非常多，需要实时传输和共享的数据很多。如何提高电动汽车通信的实时性、可靠性和应急处理能力成为电动汽车通信的难点所在。

下面以某电动汽车控制系统为例进行分析。该系统采用 TMS320LF2407 型 DS 作为电动汽车通信系统的主处理器，利用 DSP 良好的快速处理能力提高数据处理速度，从而提高通信的实时性，利用 DSP 内嵌的 CAN 总线模块作为 CAN 的控制器，减少硬件电路的复杂性，从而提高通信的可靠性，通过软件设计紧急时刻屏蔽次要因素来提高电动汽车的应急处理能力。

2. 控制方案

电动汽车总成控制采用先进的模糊控制技术，采用的控制器也是 TMS320LF2407 型的 DSP，对采集到的制动信号、加速信号和反馈的转速信号进行模糊处理以得到期望的转速信号，并将得到的转速值通过 CAN 总线传送到电机的控制机构，对电机进行控制，满足驾驶人的驾驶意图，同时管理灯光系统和屏幕显示系统。屏幕显示系统实时显示电动汽车的运行状态。具体控制方案如图 9-12 所示。

3. 电动汽车 CAN 总线通信方案

电动汽车控制需要良好的通信协调性和运行可靠性。良好的通信系统是实现电动汽车可

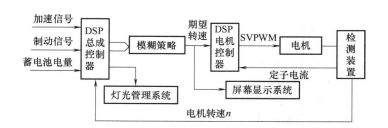

图 9-12　电动汽车控制系统结构框图

靠运行的关键。CAN 总线结构是一种有效支持分布式控制或实时控制的串行通信网络。图 9-13 是一种典型的电动汽车 CAN 总线结构示意图，包括整车动力部分的主电动机控制器、电池组管理系统、电动汽车屏幕显示系统等多个设备，这些子系统之间通过 CAN 进行数据通信和命令传输。每个节点设备都能够在脱离 CAN 总线的情况下独立完成自身系统的运行，从而满足车辆运行安全性的需要。同时 CAN 总线也不会因为某个设备的脱离而出现系统结构崩溃的现象。

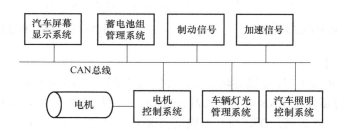

图 9-13　电动汽车 CAN 总线结构图

4. CAN 总线模块

CAN 总线模块是 DSP 的一个 16 位的外设，是一个完整的 CAN 控制器。除具有 CAN 总线的基本功能外，还有一些特有功能，如：对象有 6 个邮箱，其数据长度为 0~8 个字节，其中两个接收邮箱（0、1），两个发送邮箱（4、5），两个可配置为接收或发送邮箱（3、4）；自动回复远程请求功能；可编程的 CAN 总线唤醒功能；自测试模式功能等。对 CAN 总线的访问分为控制/状态寄存器的访问和邮箱的 RAM 访问。CAN 总线控制模块的内存空间分配如图 9-14 所示。

CAN 总线控制器发送的信息帧有两种，一种是发送数据帧，另一种是发送远程帧。发送邮箱有邮箱 4 和邮箱 5 以及被配置为发送方式的邮箱 2 和邮箱 3。发送数据帧时，在数据写到发送邮箱的数据区后，如果相应的发送请求位未成功，则数据帧被发送到 CAN 总线上。数据帧的数据区可以通过软件设置成 1~8 个字节。CAN 总线数据帧的格式如图 9-15 所示。

CAN 总线控制器的接收邮箱有邮箱 0 和邮箱 1 及被配置为接收方式的邮箱 2 和邮箱 3。CAN 总线控制器在接收信息时，首先要将接收信息的标志符与相应接收邮箱的标志符进行比较，只有标志符相同的信息才能被接收。CAN 总线控制器的接收寄存器使得接收邮箱可以忽略更多的位来接收信息。但是，如果当接收屏蔽使能位（AME）为 0 时，则局部接收屏蔽寄存器将失效。只有配置为发送方式的邮箱 2 和邮箱 3 才可以接收自动应答远程帧。当邮箱接收到远程帧后，接收节点将自动发送一个数据帧作为应答。

126 | 电动汽车电机控制与驱动技术

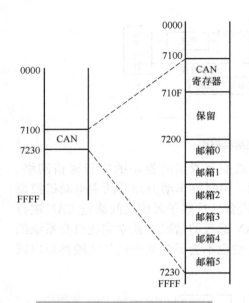

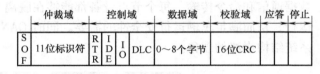

图 9-14　CAN 总线内存空间分配　　　　图 9-15　CAN 总线数据帧

5. 接口电路设计

由于 DSP 本身内带 CAN 总线模块，所以不需要专门的 CAN 总线控制器，DSP 本身不具有 CAN 收发器，需要外接 CAN 收发器 82C250，中间使用光电隔离器 6N137。如果距离很短，可以不使用光电隔离器。DSP 与光电隔离器和 CAN 收发器硬件连接如图 9-16 所示。

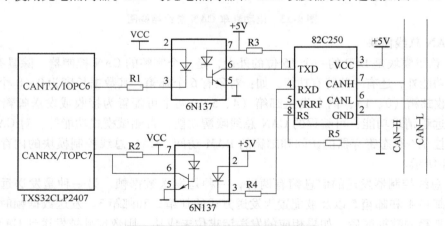

图 9-16　DSP 与 CAN 总线硬件连接

6. 电动汽车总成控制器 CAN 通信的软件实现

电动汽车总成控制器是电动汽车的心脏，它需要频繁地接收和发送数据对电动汽车进行实时控制和检测。发送信息采用查询方式，接收信息采用中断方式，通过设定不同事件的不同优先级来确定信息的接收和发送顺序，同时增加紧急事件处理程序来提高控制器处理紧急事件的能力，保证车辆和人身安全。紧急事件处理程序是当紧急事件发生时，如执行器件损坏、紧急制动和急转弯等，通过暂时屏蔽低优先级事件，如电池电量检测、LCD 显示系统等，使控制器有足够的时间处理紧急事件，以提高控制器的实时控制能力和应急处理能力。控制器软件流程如图 9-17 所示。

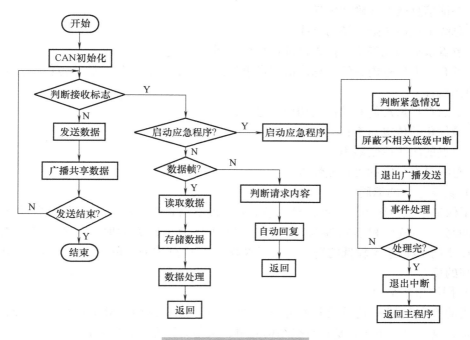

图 9-17 控制器软件流程图

目前，现场总线在自动化领域中快速发展，CAN 总线作为一种很有影响力的现场总线，采用了许多新的技术和设计，使 CAN 总线成为最有发展前景的现场总线之一。CAN 总线以其高实时性、高可靠性和高灵活性，在工业自动化控制中得到了越来越多的应用。DSP 控制器作为 CAN 总线的微处理器，利用 DSP 很强的数据处理能力和 CAN 总线传输速率高、可靠性高的特点，对电动汽车内复杂的通信系统提出解决方案。

第六节 电动汽车电气控制系统的应用

随着现代汽车工业和电子技术的飞速发展，汽车上的电子装置越来越多。一辆高档汽车的电气节点数已达上千个，如果采用传统的方法进行布线，连线的数量将非常惊人而且有极大的故障隐患。为了解决这一问题，各大汽车厂商从 20 世纪 70 年代开始了对车用网络的研究，并取得了很大的发展，形成了多种适合不同传输速率及特殊用途的网络协议，如：CAN 总线、LIN 总线、用于诊断的 KWP2000、用于 X-by-wire 的 TTP、多媒体应用的 MOST 协议等。其中 CAN（Controller Area Network，控制器局域网）是博世公司于 20 世纪 80 年代提出的。为解决现代汽车中众多的控制与测试仪器之间的数据交换而开发的一种串行数据通信协议，可以很好地解决上述的问题。现在世界上许多汽车公司如奔驰、宝马、大众等公司已采用 CAN 总线来实现汽车内部的数据通信。

我国对车用网络、总线、通信协议的研究起步比较晚，但近年来发展比较快，尤其在电动汽车项目中总线网络得到广泛的应用。

1. 汽车总线的技术特征

汽车总线传输必须确保以下 8 点：
1) 保证信息能够准确地传送；
2) 总线节点能够随时访问总线；
3) 节点根据预先确定的优先权进行总线访问；
4) 具有根据信息内容解决总线访问竞争的能力和竞争解决后获胜节点能够访问总线且继续传输信息；
5) 节点在尽量短的时间内成功访问总线；
6) 最优化的传输速率；
7) 节点的故障诊断能力；
8) 总线具有一定的可扩充性等。

（1）数字信号的编码

为了保证信息传输的可靠性，对数字信号正确编码非常重要。汽车局域网数据信号多采用脉宽调制（PWM）和不归零制（NRZ）。PWM 作为编码方案时，传输速率上界为 $3 \times 10^5 kb/s$，用于传输速率较低的场合。采用 NRZ 进行信息传输，可以达到 1Mb/s，用于传输速率较高的场合。

（2）网络拓扑结构

实用的汽车局域网是总线拓扑结构，如 CAN、SAEJ1850、ADVANCED PALMNET 等，其优点是：电缆短，布线容易；总线结构简单，又是无源元件，可靠性高；易于扩充，增加新节点只需在总线的某点将其接入，如需增加长度可通过中继器加入一个附加段。

（3）总线访问协议

汽车总线访问协议一般为争用协议，每个节点都能独立地决定信息帧的发送。如果同时有两个或两个以上的节点发送信息，就会出错，这就要求每个节点有能力判断冲突是否发生，发生冲突时按某个规律等待随机时间间隔后重发，以避免再发生冲突。网络协议所使用的防冲突监听措施多为载波监听多路访问，如 CAN、SAEJ1850、ADVANCED PALMNET 等都采用的是"载波监听多路访问/冲突检测＋无损仲裁"。

2. CAN 总线的特点

CAN 总线通信协议是在考虑工业现场环境的背景下制订的，它采用了国际标准化组织（ISO）制订的开放系统互连 ISO-OSI 模型中的三层，即物理层、数据链路层和应用层。CAN 总线规范已被国际标准化组织制订为国际标准 ISO 11898，并被公认为最有前途的现场总线之一，已经广泛地应用于工业领域，得到 摩托罗拉、飞利浦、英特尔、西门子等著名半导体器件生产厂家的支持，进而迅速推出了各种集成 CAN 协议的产品。与一般的总线相比，CAN 总线具有可靠、灵活、实时性强等优点。

CAN 总线采用多主结构，网络上任一节点可在任意时刻向其他节点发送信息，通信方式灵活。网络上的节点根据对总线访问优先级的不同（取决于报文标识符），最快可在 $134\mu s$ 内得到响应。

采用非破坏性总线仲裁技术，可以大大节省总线冲突仲裁时间，网络即使在拥挤的情况下也不会瘫痪。

1) CAN 协议废除了站地址编码，而是对通信数据进行编码，这可使不同的节点同时接收到相同的数据，可以方便地实现点对点、一点对多点及全局广播等方式传送接收数据，容易构成冗余结构，提高系统的可靠性和系统的灵活性。

2）CAN 采用 NRZ 编码，直接通信距离最远可达 10km（速率 5kb/s），通信速率最高可达 1Mb/s（此时通信距离最长为 40m）。

3）采用短帧结构，传输时间短，受干扰概率低。CAN 的每帧信息都有 CRC 校验及其他检错措施，数据出错率极低。

4）通信介质可为双绞线、同轴电缆或光纤，选择灵活。

5）CAN 节点在发生严重错误的情况下具有自动关闭输出功能，以使总线上其他节点的操作不受影响。

3. 电动车辆使用参数

主要定义电动车辆动力系统所使用的参数，欲了解更详尽情况，请查阅 SAE J1939/71 标准。

（1）参数规定

数据可能是状态值或测量值，每一种参数数据类型在网络中都能够被识别。状态值具体说明某一状态参数的当前状态，或作为传输节点采取动作产生结果。该动作是统计当地或网络数值或状态信息的结果。测量值数据传输由各节点观测的各个已定义参数的当前具体值。

表 9-7 定义了传输信号的有效范围，表 9-8 定义了离散型参数指示值的范围，表 9-9 定义了控制模式指示值的范围。处于"错误指示符"域里的值向电控模块说明由于传感器、子系统或电控模块出现错误当前该数值不可用。

处于"不可用"域的值向电控模块说明传输的报文中包含的参数是电控模块不可用或不支持的。处于"非请求"域内的参数提供了说明设备传送命令报文和鉴别接收数据但没有响应的设备参数。

如果某一元件故障阻止了参数有效数据的传输，表 9-7 和表 9-8 中定义的错误指示符将会代替参数数据。但是，如果计量所得的数据产生有效的数值但超过参数定义的范围，错误指示符将不被使用。这样的数据将以所定义的最大或最小的参数值传送。表 9-10 中给出了电动汽车动力系统各节点能够产生的信号内容。

表 9-7 传输信号范围分配

域 名	1 字节	2 字节	4 字节	ASCII 码
有效信号	0~250 00~FA （16 进制）	0~64255 0000~FAFF （16 进制）	0~4211081215 00000000~FAFFFFFF （16 进制）	1~254 01~FE （16 进制）
参数特定指示符	251 FB （16 进制）	64256~64511 FB00~FBFF （16 进制）	4211081216~4227858431 FBxxxxxx （16 进制）	无
为将来的指示符保留的字节范围	252~253 FC~FD （16 进制）	64512~65023 FC00~FDFF （16 进制）	4227858432~4261412863 FC000000~FDFFFFFF （16 进制）	无

(续)

域　名	1 字节	2 字节	4 字节	ASCII 码
错误指示符	254 FE（16 进制）	65024～65279 Fexx（16 进制）	4261412864～4278190079 Fexxxxxx（16 进制）	00（16 进制）
不可用或非请求	255 FF（16 进制）	65280～65535 FFxx（16 进制）	4278190080～4294967294 FFxxxxxx（16 进制）	255 FF（16 进制）

表 9-8　离散型参数的传输值

域　名	传　输　值
禁止（关闭、被动等）	00
启用（打开、激活等）	01
错误指示符	10
不可用或未安装	11

表 9-9　控制命令（状态）的传输值

域　名	传　输　值
关闭（禁用）某一功能的命令	00
打开（激活）某一功能的命令	01
保留	10
不动作	11

表 9-10　推荐的 SLOT 定义

参　数	定标（分辨率）	限制（范围）	补　偿	参数大小
角度/方向	10^{-7} 度/位 1/128 度/位 1/128 度/位 1 度/位	$-211°\sim211.108122°$ $-200°\sim301°$ $0°\sim502°$ $-125°\sim125°$	-210 -200 0 -125	32 位 16 位 16 位 8 位
距离	0.125km/位 0.125m/位	$0\sim526385151.9$km $-2500\sim2500$m	0 -2500	32 位 16 位
燃油经济性	每位 1/512km/L	$0\sim125.5$km/L	0	16 位
计数	1/位	$0\sim255$	0	8 位
电流	1A/位 0.5A/位 1A/位	$-32000\sim32255$A $0\sim3212.75$A $-125\sim125$A	-32127 0 -125	16 位 16 位 8 位
电压	0.02V/位 1V/位	$0\sim1285.10$V $0\sim64255$V	0 0	16 位 16 位
流量	每位 0.05L/h	$0\sim3212.75$L/h	0	16 位
力	5N/位	$0\sim321275$N	0	16 位
调速器增益	每位 1/128%/(r/min)	$0\sim50.2\%/(r/min)$	0	8 位

第九章 电动汽车控制系统　131

（续）

参　数	定标（分辨率）	限制（范围）	补　偿	参数大小
质量（荷重）	0.5kg/位	0~32127.5kg	0	16位
	2kg/位	0~128510kg	0	16位
百分比（位置、水平等）	0.4%/位	0~100%	0	8位
	1%/位	-125%~125%	-125	8位
功率	0.5kW/位	0~32127.5kW	0	16位
压力	4kPa/位	0~1000kPa	0	8位
	0.5kPa/位	0~12.5kPa	0	8位
	16kPa/位	0~4000kPa	0	8位
	0.5kPa/位	0~32127.5kPa	0	16位
	1/256MPa/位	0~251MPa	0	16位
	1/128kPa/位	-250~251.99kPa	-250	16位
	2kPa/位	0~500kPa	0	8位
	0.5kPa/位	0~125kPa	0	8位
比率	0.1/位	0~25.0	0	8位
	0.001/位	0~64.255	0	16位
	1/位	0~250	0	8位
转速	1000r/位	0~4211081215000r	0	32位
温度	1℃/位	-40~210℃	-40	8位
	0.03125℃/位	-273~1735℃	-273	16位
时间	0.25s/位	0~62.5s	0	8位
	1s/位	0~64255s	0	16位
	1min/位	0~250min	0	8位
	1h/位	0~250min	0	8位
	0.05h/位	0~210554060.75h	0	32位
	0.25天/位	0~62.5天	0	8位
	1月/位	0~250月	0	8位
	1年/位	1985~2235年	1985	8位
转矩	1N·m/位	-32000~32255N·m	-32000	16位
	1N·m/位	0~64255N·m	0	16位
速度（线速度）	1/256km/h/位（对于高位字节为1km/h/位）	0~250.996km	0	16位
		-250~251.992km	-250	16位
	1/128km/h/位	0~250km	0	8位
	1km/h/位			
速度（旋转速度）	0.25r/min/位	0~16063.75r/min	0	16位
	0.125r/min/位（对于高位字节为32r/min/位）	0~8031.875r/min	0	16位
	4r/min/位	0~257020r/min	0	16位
	0.5r/min/位	0~32127.5r/min	0	16位
	10r/min/位	0~2500r/min	0	8位
容积	0.5L/位	0~2105540608L	0	32位

(2) 主要 ECU 输出参数

本处详细说明了电动车辆动力系统通信网络中参数的定义。定义包括数据长度、数据类型、分辨率、范围和标识符。节点在内部设置接收的参数的"有效位"并按照默认值工作直至接收到有效数据。传输数据时，未定义的字节按"255（FF16）"传输，未定义的位按照"1"传输。

本部分列出的电动车辆主要节点包括：整车控制器、发动机、变速器、ABS、燃料电池发动机、氢供应系统、电机、ISG、动力蓄电池、超级电容、DC/DC。在实际应用中，可以自行增加节点并定义参数，但使用本协议定义的节点时应遵从本协议的参数规定，见表 9-11。

表 9-11 电动汽车动力系统各 ECU 输出信号表

信 号	信号类型	刷新率	分辨率	数据长度	数据范围	偏移量	DA
整车控制器状态	状态值	100ms		2bits	工作/未工作		广播
车辆运行模式	状态值	10ms		4bits	普通/动力/雪地/高速		广播
目标节气门开度	测量值	10ms	0.4%/bit	1byte	0%~100%	0	广播
发动机起动控制	状态值	10ms		2bits	起动/未起动		广播
发动机目标转速	测量值	激活后 10ms	0.125(r/mim)/bit	2bytes	0~8031.875r/min	0	发动机
发动机目标转矩百分比	测量值	激活后 10ms	1%/bit	1byte	-125%~125%	-125%	发动机
控制燃料电池开关	状态值	50ms		2bits	打开/关闭		广播
燃料电池工况状态	状态值	50ms		2bits	正常/不正常		广播
DC/DC 编号	状态值	50ms					广播
控制 DC/DC 开关	状态值	50ms		2bits	打开/关闭		广播
DC/DC 电流方向	状态之	50ms		2bits	正向/反向		广播
DC/DC 的目标电流	测量值	50ms	1A/bit	2bytes	-32000~32255A	-32000	广播
DC/DC 的目标电压	测量值	50ms	1V/bit	2bytes	0~64255V	0	广播
ISG 工作状态控制	状态值	20ms		2bits	不工作/工作		广播
ISG 工作模式控制	状态值	20ms		4bits	起动/发电/空转		广播
ISG 目标功率	测量值	20ms	0.5kW/bit	1byte	0~127.5kW	0	广播
ISG 目标转矩	测量值	20ms	1N·m	2bytes	-32000~32255N·m	-32000	广播
电池上电信号	状态值	100ms		2bits	未上电/上电		广播
电池工况控制	状态值	100ms		2bits	供电/充电		广播
电池充电模式控制	状态值	触发			急充/缓充/均充		广播
电机状态控制	状态值	10ms		2bits	起动/停止		广播
要求电机运转模式	状态值	10ms		4bits	电动/发电/调速		广播
电机上电允许	状态值	10ms		2bits	禁止/允许		广播
电机目标发电电流	测量值	10ms	1A/bit	2bytes	-32000~32255A	-32000	广播

（续）

信　号	信号类型	刷新率	分辨率	数据长度	数据范围	偏移量	DA
电机目标转矩	测量值	10ms	1N·m	2bytes	-32000~32255N·m	-32000	广播
电机目标转速	测量值	10ms	0.25(r/min)/bit	2bytes	0~16063.75r/min	0	广播
上次超级电容状态	状态值	50ms		4bits	放电/充电/不充不放		广播
超级电容目标电流	测量值	50ms	1A/bit	2bytes	-32000~32255A	-32000	广播
超级电容目标电压	测量值	50ms	1V/bit	2bytes	0~64255V	0	广播
整车控制器对继电器的控制				1byte	0~250		广播
点火开关位置				4bits	0~16		广播
空调开关				2bits	关闭/开启		广播
充电开关				2bits	停止/充电		广播
主继电器工作				2bits	不上电/上电		广播
DC/DC继电器工作				2bits	不上电/上电		广播
空调继电器工作				2bits	不上电/上电		广播
助力转向继电器工作				2bits	不上电/上电		广播
加速踏板状态				2bits	回零/非零		广播
制动回馈指令				2bits	不使用/使用		广播
认定制动踏板位置			0.4%/bit	1byte	0%~100%	0	广播
整车控制器类型	事件触发			1byte			广播
整车控制器序列	事件触发			1byte			广播
整车控制器生产厂家	事件触发			2bytes			广播
整车控制器生产日期	事件触发			3bytes			广播
整车控制器控制设备源地址				1byte	0~250		广播
加速踏板低怠速开关	测量值	50ms		2bits			广播
加速踏板强制降档开关	测量值	50ms		2bits			广播
加速踏板位置	测量值	50ms	0.4%/bit	1byte	0%~100%	0	广播
道路速度限制状态	状态值	50ms		2bits	激活/未激活		广播
当前转速负荷百分比	状态值	50ms	1%/bit	1byte	0%~100%	0	广播
远程加速踏板位置	测量值	50ms	0.4%/bit	1byte	0%~100%	0	广播
发动机转速	测量值	随转速变化	0.125(r/min)/bit	2bytes	0~8031.875r/min	0	广播

（续）

信　号	信号类型	刷新率	分辨率	数据长度	数据范围	偏移量	DA
实际的发动机转矩百分比	测量值	随转速变化	1%/bit	1byte	-125%~125%	-125%	广播
发动机转矩模式	状态值	随转速变化		4bits			广播
驾驶人需要的发动机转矩（百分比）	测量值	随转速变化	1%/bit	1byte	-125%~125%	-125%	广播
发动机控制的控制设备源地址	状态值	随转速变化		1byte	0~250		广播
换档禁止请求	状态值	50ms		2bits	允许/禁止		变速器
动力传动分离请求	状态值	50ms		2bits	允许/禁止		变速器
变矩器闭锁禁止请求	状态值	50ms		2bits	允许/禁止		变速器
被请求的档位	状态值	50ms	1/bit	1byte	-125~125	-125	变速器
被请求的离合器滑磨百分比	状态值	50ms	0.4%/bit	1byte	0%~100%		变速器
后轴2差速锁分离请求	状态值	50ms		2bits	接合/分离		变速器
后轴1差速锁分离请求	状态值	50ms		2bits			变速器
前轴2差速锁分离请求	状态值	50ms		2bits			变速器
前轴1差速锁分离请求	状态值	50ms		2bits			变速器
中后部差速锁分离请求	状态值	50ms		2bits			变速器
中前部差速锁分离请求	状态值	50ms		2bits			变速器
中部差速锁分离请求	状态值	50ms		2bits			变速器
双速车桥开关	测量值	100ms		2bits	低速/高速		广播
巡航控制暂停开关	测量值	100ms		2bits	关闭/打开		广播
轮基车速	测量值	100ms	1/256(km/h)/bit	2bytes	0~250.996km/h	0km/h	广播
巡航控制系统有效	测量值	100ms		2bits	关闭/打开		广播
巡航控制系统使能开关	测量值	100ms		2bits	禁止/允许		广播
制动开关	测量值	100ms		2bits	松开/踩下		广播
离合器开关	测量值	100ms		2bits	松开/踩下		广播

(续)

信号	信号类型	刷新率	分辨率	数据长度	数据范围	偏移量	DA
巡航控制设置开关	测量值	100ms		2bits	禁止/允许		广播
巡航控制（减速）滑行开关	测量值	100ms		2bits	禁止/允许		广播
巡航控制恢复开关	测量值	100ms		2bits	禁止/允许		广播
巡航控制加速开关	测量值	100ms		2bits	禁止/允许		广播
巡航控制设定速度	测量值	100ms	1(km/h)/bit	1字节	0~250km/h	0km/h	广播
PTO系统状态	状态	100ms		5位			广播
巡航控制系统状态	状态	100ms		3bits			广播
发动机测试方式开关	测量值	100ms		2bits	关闭/打开		广播
调低急速开关	测量值	100ms		2bits	关闭/打开		广播
调高急速开关	测量值	100ms		2bits	关闭/打开		广播
发动机紧急停止开关	测量值	100ms		2bits	关闭/打开		广播
选定档位	状态值	100ms	1/bit	1byte	-125~125	-125	广播
当前档位	测量值	100ms	1/bit	1byte	-125~125	-125	广播
实时传动比	测量值	100ms	0.001/bit	2bytes	0~64.255	0	广播
变速器请求范围	状态值	100ms		2bytes	0~250	0	广播
当前变速器范围	状态值	100ms		2bytes	0~250	0	广播
变速器类型	状态值	10ms		2bits	AMT/AT		广播
正在换档	测量值	10ms		2bits	非/正在换档		广播
变矩器闭锁激活/离合器状态	状态值	10ms		2bits	关闭/激活		广播
传动系统接合	测量值	10ms		2bits	切断/结合		广播
允许发动机瞬时超速	测量值	10ms		2bits	禁止/允许		广播
禁止强制升档	状态值	10ms		2bits	允许/禁止		广播
离合器滑磨百分比	测量值	10ms	0.4%/bit	1byte	0%~100%	0	广播
输入轴转速	测量值	10ms	0.125(r/min)/bit	2bytes	0~8031.875r/min	0	广播
输出轴转速	状态值	10ms	0.125(r/min)/bit	2bytes	0~8031.875r/min	0	广播
变速器控制的控制设备源地址	状态值	10ms		1byte	0~250		广播
过载控制模式	状态值	激活后10ms		2bits	禁用/转矩/转速		发动机
过载控制模式优先权	状态值	激活后10ms		2bits	最高/高/中/低		发动机
请求转速控制状态	状态值	激活后10ms		2bits	稳态/瞬态最优化		发动机
请求的转速/转速限制	状态值	激活后10ms	0.125r/min/bit	2bytes	0~8031.875r/min	0	发动机
请求的转矩/转矩限制	状态值	激活后10ms	1%/bit	1byte	-125%~125%	-125%	发动机
驻车制动装置	测量值	1s		2bits	关闭/激活		广播

（续）

信　　号	信号类型	刷新率	分辨率	数据长度	数据范围	偏移量	DA
应用制动压力	测量值	1s	4kPa/bit	1byte	0~1000kPa	0	广播
初级制动压力	测量值	1s	4kPa/bit	1byte	0~1000kPa	0	广播
次级制动压力	测量值	1s	4kPa/bit	1byte	0~1000kPa	0	广播
EBS制动开关	测量值	100ms		2bits	未踩下/踩下		广播
ABS激活	状态值	100ms		2bits	未激活/激活		广播
ASR制动控制激活	状态值	100ms		2bits	未激活/激活		广播
ASR发动机控制激活	状态值	100ms		2bits	未激活/激活		广播
牵引力控制过载开关	测量值	100ms		2bits	关闭/打开		广播
ASR山路防滑开关	测量值	100ms		2bits	关闭/开启		广播
ASR越野开关	测量值	100ms		2bits	关闭/激活		广播
ABS越野开关	测量值	100ms		2bits	关闭/激活		广播
远程加速踏板开关	测量值	100ms		2bits	关闭/激活		广播
加速踏板互锁开关	测量值	100ms		2bits	关闭/开启		广播
发动机减速器选择	测量值	100ms	0.4%/bit	1byte	0%~100%		广播
辅助关闭发动机开关	测量值	100ms		2bits	关闭/开启		广播
发动机降负荷开关	测量值	100ms		2bits	关闭/开启		广播
制动踏板位置	测量值	100ms	0.4%/bit	1byte	0%~100%	0	广播
ABS/EBS黄色告警状态	测量值	100ms		2bits	关闭/开启		广播
EBS红色告警状态	测量值	100ms		2bits	关闭/开启		广播
ABS完全运行	测量值	100ms		2bits	部分/完全		广播
制动控制的控制设备源地址	状态值	100ms		1byte	0~250		广播
前轴速度	测量值	100ms	1/256(km/h)/bit	2bytes	0~251km/h		广播
相对速度；前轴，左轮	测量值	100ms	1/16(km/h)/bit	1byte	-7.8125~7.8125km/h		广播
相对速度；前轴，右轮	测量值	100ms	1/16(km/h)/bit	1byte	-7.8125~7.8125km/h		广播
相对速度；后轴#1，左轮	测量值	100ms	1/16(km/h)/bit	1byte	-7.8125~7.8125km/h		广播
相对速度；后轴#1，右轮	测量值	100ms	1/16(km/h)/bit	1byte	-7.8125~7.8125km/h		广播
相对速度；后轴#2，左轮	测量值	100ms	1/16(km/h)/bit	1byte	-7.8125~7.8125km/h		广播
相对速度；后轴#2，右轮	测量值	100ms	1/16(km/h)/bit	1byte	-7.8125~7.8125km/h		广播
制动压力；前轴，左轮	测量值	100ms	5kPa/bit	1byte	0~1250kPa	0	广播

（续）

信　　号	信号类型	刷　新　率	分　辨　率	数据长度	数　据　范　围	偏移量	DA
制动压力；前轴，右轮	测量值	100ms	5kPa/bit	1byte	0~1250kPa	0	广播
制动压力；后轴#1，左轮	测量值	100ms	5kPa/bit	1byte	0~1250kPa	0	广播
制动压力；后轴#1，右轮	测量值	100ms	5kPa/bit	1byte	0~1250kPa	0	广播
制动压力；后轴#2，左轮	测量值	100ms	5kPa/bit	1byte	0~1250kPa	0	广播
制动压力；后轴#2，右轮	测量值	100ms	5kPa/bit	1byte	0~1250kPa	0	广播
制动压力；后轴#3，左轮	测量值	100ms	5kPa/bit	1byte	0~1250kPa	0	广播
制动压力；后轴#3，右轮	测量值	100ms	5kPa/bit	1byte	0~1250kPa	0	广播
制动衬面残余量；前轴，左轮	测量值	100ms	0.4%/bit	1byte	0%~100%	0	广播
制动衬面残余量；前轴，右轮	测量值	100ms	0.4%/bit	1byte	0%~100%	0	广播
制动衬面残余量；后轴#1，左轮	测量值	100ms	0.4%/bit	1byte	0%~100%	0	广播
制动衬面残余量；后轴#1，右轮	测量值	100ms	0.4%/bit	1byte	0%~100%	0	广播
制动衬面残余量；后轴#2，左轮	测量值	100ms	0.4%/bit	1byte	0%~100%	0	广播
制动衬面残余量；后轴#2，右轮	测量值	100ms	0.4%/bit	1byte	0%~100%	0	广播
制动衬面残余量；后轴#3，左轮	测量值	100ms	0.4%/bit	1byte	0%~100%	0	广播
制动衬面残余量；后轴#3，右轮	测量值	100ms	0.4%/bit	1byte	0%~100%	0	广播
燃料电池状态	状态值	50ms		4bits	0000~1111		广播
燃料电池输出电压	测量值	50ms	1V/bit	2bytes	0~64255V	0	广播
燃料电池输出电流	测量值	50ms	0.5A/bit	2bytes	0~3212.75A	-32000	广播
电堆温度	测量值	50ms	1℃/bit	1byte	-40~210℃	-40℃	广播
燃料电池ECU活动标志	测量值	50ms		1byte	0~250		广播

(续)

信　号	信号类型	刷新率	分辨率	数据长度	数据范围	偏移量	DA
电堆入口氢气压力	测量值	50ms	4kPa/bit	1byte	0~1000kPa	0	广播
电堆入口空气压力	测量值	50ms	4kPa/bit	1byte	0~1000kPa	0	广播
1#堆最低单电压电压	测量值	50ms	0.01V/bit	1byte	0~2.5V	0	广播
1#堆平均电压	测量值	50ms	0.01V/bit	1byte	0~2.5V	0	广播
2#堆最低单电压电压	测量值	50ms	0.01V/bit	1byte	0~2.5V	0	广播
2#堆平均电压	测量值	50ms	0.01V/bit	1byte	0~2.5V	0	广播
氢气罐序号	状态值		1/bit	4bits	0~15	0	广播
氢气系统状态	测量值		4kPa/bit	1byte	0~1000kPa	0	广播
氢气罐温度	测量值		1℃/bit	1byte	-40~210℃	-40℃	广播
氢气罐压力	测量值		4kPa/bit	2bytes	0~2000MPa	0	广播
氢气系统活动标志	测量值			1byte	0~250		广播
电机上强电/断电请求	状态值	10ms		2bits	未请求/请求		广播
电机实际转矩	测量值	10ms	1N·m	2bytes	-32000~32255N·m	-3200	广播
电机实际转速	测量值	10ms	0.25(r/min)/bit	2bytes	0~16063.75r/min	0	广播
电机电流	测量值	10ms	1A/bit	2bytes	-32000~32255A	-32000	广播
电机电压	测量值	10ms	1V/bit	2bytes	0~64255V	0	广播
电机工作状态	状态值	10ms		2bits	停止/起动		广播
电机运转模式	状态值	10ms		4bits	电动/发电/调速		广播
电机风扇状态	状态值	1s		2bits	未开启/开启		广播
电机温度	测量值	1s	1℃/bit	1byte	-40~210℃	-40℃	广播
电机控制器温度	测量值	1s	1℃/bit	1byte	-40~210℃	-40℃	广播
当前电机效率		事件触发	0.4%/bit	1byte	0%~100%	0	广播
电机最佳效率		事件触发	0.4%/bit	1byte	0%~100%	0	广播
电机类型		事件触发		1byte			广播
电机序列号		事件触发		1byte			广播
生产厂家		事件触发		2bytes			广播
生产日期		事件触发		3bytes			广播
电机控制设备源地址				1byte	0~250		广播
ISG当前工作状态	状态值	50ms		2bits	不工作/工作		广播
ISG当前工作模式	状态值	50ms		4bits	起动/发电/空转		广播
ISG发电功率	测量值	50ms	0.5kW/bit	1byte	0~127.5kW	0	广播

第九章 电动汽车控制系统

（续）

信　号	信号类型	刷新率	分辨率	数据长度	数据范围	偏移量	DA
ISG 实际转矩	测量值	50ms	1N·m	2bytes	-32000 到 32255N·m	-32000	广播
ISG 实际转速	测量值	50ms	0.25(r/min)/bit	2bytes	0~16063.75r/min	0	广播
电池工作状态	状态值	50ms		4bits	充电/放电/不充不放		广播
电池上强电/断电状态	状态值	50ms		2bits	断电/上强电		广播
电池上电信号	状态值	50ms		2bits	未上电/上电		广播
蓄电池总电压	测量值	50ms	1V/bit	2bytes	0~64255V	0	广播
蓄电池充放电电流	测量值	50ms	1A/bit	2bytes	-32000~32255A	-32000	广播
蓄电池 SOC 值	测量值	50ms	0.4%/bit	1byte	0%~100%	0	广播
单体电池编号	状态值	100ms		1byte	0~250		广播
单体电池电压	测量值	100ms	0.02V/bit	2bytes	0~1285.10V		广播
单体电池 SOC 值	测量值	100ms	0.4%/bit	1byte	0%~100%		广播
电池充电请求信号	状态值	500ms		2bits	不请求/请求		广播
蓄电池放电截止电压	测量值	500ms	1V/bit	2bytes	0~64255V	0	广播
蓄电池允许最大放电电流	测量值	500ms	1A/bit	2bytes	-32000~32255A	-32000	广播
蓄电池允许最大充电电流	测量值	500ms	1A/bit	2bytes	-32000~32255A	-32000	广播
电池充电模式信号	状态值	500ms		3bits	急/缓/均		广播
电池充电状态信号	状态值	500ms		3bits	允许/开始/完成/回馈		广播
蓄电池模块平均温度	测量值	500ms	1℃/bit	2bytes	-40~210℃	-40℃	广播
蓄电池最高温度	测量值	500ms	1℃/bit	2bytes	-40~210℃	-40℃	广播
最高温度模块 ID	测量值	500ms			0~250	0	广播
蓄电池最低温度	测量值	500ms	1℃/bit	2bytes	-40~210℃	-40℃	广播
最低温度模块 ID		500ms			0~250	0	广播
电池温度报警	状态值	500ms		2bits	正常/报警/停止		广播
模块电压极差报警	状态值	500ms			正常/报警/停止		广播
电池模块最高电压	计算值	500ms	0.02V/bit	2bytes	0~1285.10V		广播
最高电压模块 ID				1byte	0~250		广播
电池模块最低电压			0.02V/bit	2bytes	0~1285.10V		广播
最低电压模块 ID				1byte	0~250		广播

(续)

信　　号	信号类型	刷　新　率	分　辨　率	数据长度	数　据　范　围	偏移量	DA
电池 ECU 类型	状态值	事件触发		1byte			广播
电池 ECU 序号	状态值	事件触发		1byte			广播
电池 ECU 生产厂家	状态值	事件触发		2bytes			广播
电池 ECU 生产日期		事件触发		3bytes			广播
充电机类型	状态值	事件触发		1byte			广播
充电机序号	状态值	事件触发		1byte			广播
充电机生产厂家	状态值	事件触发		2bytes			广播
充电机生产日期		事件触发		3bytes			广播
电池组类型	状态值	事件触发		1byte			广播
电池组序号	状态值	事件触发		1byte			广播
电池组生产厂家	状态值	事件触发		2bytes			广播
电池组生产日期		事件触发		3bytes			广播
电池控制设备源地址				1byte	0 ~ 250		广播
DC/DC 状态	状态值	50ms		2bits	未工作/工作		广播
DC/DC 电流方向	状态值	50ms		2bits	正向/反向		广播
DC/DC 输出电流	测量值	50ms	1A/bit	2bytes	-32000 ~ 32255A	-32000	广播
DC/DC 输出电压	测量值	50ms	1V/bit	2bytes	0 ~ 64255V	0	广播
DC/DC 温度	测量值	50ms	1℃/bit	1byte	-40 ~ 210℃	-40	广播
DC/DC 活动标志	测量值	50ms		1byte			广播
双向 DC/DC 状态标志	状态值	50ms		2bits	未工作/工作/故障		广播
DC/DC 电流方向	状态值	50ms		2bits	正向/反向		广播
双向 DC/DC 输出电流	测量值	50ms	1A/bit	2bytes	-32000 ~ 32255A	-32000	广播
双向 DC/DC 输出端电压	测量值	50ms	1V/bit	1byte	200 ~ 450V	200	广播
双向 DC/DC 输出端电压	测量值	50ms	1V/bit	1byte	200 ~ 450V	200	广播
DC/DC 温度	测量值	50ms	1℃/bit	1byte	-40 ~ 210℃	-40	广播
DC/DC 活动标志	测量值	50ms	1/bit	1byte	0 ~ 250	0	广播
DC/DC 类型	状态值	事件触发		1byte			广播
DC/DC 序号	状态值	事件触发		1byte			广播
DC/DC 生产厂家	状态值	事件触发		2bytes			广播
DC/DC 生产日期	状态值	事件触发		3bytes			广播
DC/DC 控制设备源地址		事件触发		1byte	0 ~ 250		广播

(续)

信 号	信号类型	刷新率	分 辨 率	数据长度	数据范围	偏移量	DA
超级电容输出电压	测量值	50ms	1V/bit	2bytes	0~64255V		广播
超级电容输出电流	测量值	50ms	1A/bit	2bytes	-32000~32255A	-32000	广播
超级电容温度	测量值	50ms	1℃/bit	1byte	-40~210℃	-40℃	广播
超级电容状态	状态值	50ms		4bits	充电/放电/不充不放		广播
超级电容容量	测量值	事件触发	1F/bit	1byte	0~250μF		广播
超级电容类型	状态值	事件触发		1byte			广播
超级电容序号	状态值	事件触发		1byte			广播
超级电容生产厂家	状态值	事件触发		2bytes			广播
超级电容生产日期	状态值	事件触发		3bytes			广播
超级电容控制设备源地址		事件触发		1byte	0~250		广播

4. 电动汽车控制系统之整车控制系统研究

电动汽车控制系统的应用是当今汽车行业高新技术发展的必然趋势,电动汽车控制系统的四个主要控制单元为电动汽车整车控制系统、电机控制系统、充电机控制系统和电池管理控制系统。电动汽车整车控制系统由整车控制器、通信系统、零部件控制器以及驾驶人操纵系统构成,其主要功能是根据驾驶人的操作和当前的整车和零部件工作状况,在保证安全和动力性的前提下,选择尽可能优化的工作模式和能量分配比例,以达到最佳的燃料经济性和排放标准。

(1) 电动汽车整车控制系统及功能分析

1) 控制对象:电动汽车驱动系统包括几种不同的储能元件(燃料电池、内燃机、其他热机、动力电池、超级电容),在实际工作过程中包括了化学能、电能和机械能之间的转化,电动汽车动力系统能流图如图9-18所示。

2) 电动汽车整车控制系统结构:电动汽车动力系统的部件都有自己的控制器,为分布式分层控制提供了基础。分布式分层控制可以实现控制系统的拓扑分离和功能分离。拓扑分离使得各个子系统控制系统分布在不同的位置上,从而减少了电磁干扰,功能分离使各个子系统部件拥有相对独立的功能,从而可以减少子系统之间相互影响并提高了容错能力。

3) 整车控制系统对车辆性能的影响主要有3个方面:

① 动力性和经济性;

② 安全性;

③ 驾驶舒适性及整车的协调控制。

电动汽车整车控制系统如图9-19所示。

(2) 电动汽车整车控制器

电动汽车整车控制器(Vehicle Control Unit,VCU)是电动汽车整车控制系统的核心部件,它负责采集电机控制系统信号、加速踏板信号、制动踏板信号及其他部件信号,根据驾驶人的驾驶意图综合分析并作出相应判断,监控整车各单元的工作(包括驱动仪表显示单元)。

142 | 电动汽车电机控制与驱动技术

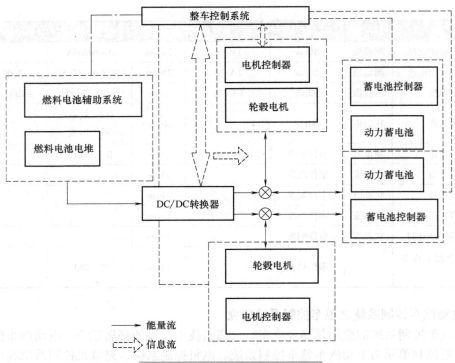

图 9-18 电动汽车动力系统能流图

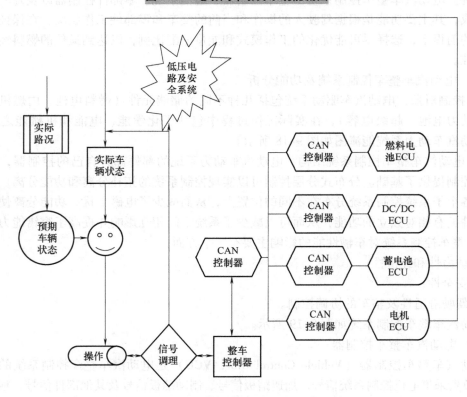

图 9-19 电动汽车整车控制系统图

1) 整车控制器功能：整车控制器是控制系统的核心，承担了数据交换、安全管理和能量分配的任务。根据重要程度和实现次序，其功能划分如下：

①数据交互管理层；②安全故障管理层；③驾驶人意图层；④能量流管理层。

2) 整车控制器的开发：现在 ECU 的开发多采用 V 模型开发流程，如图 9-20 所示。

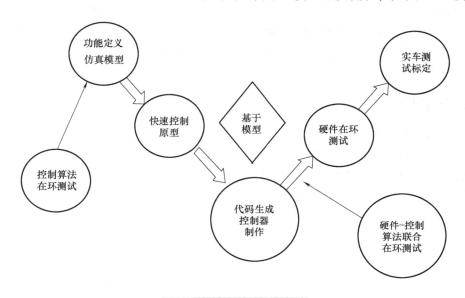

图 9-20　V 模型开发流程图

第一步，功能定义和离线仿真；

第二步，快速控制器原型和硬件开发；

第三步，目标代码生成；

第四步，硬件在环仿真；

第五步，调试和标定。

电动汽车控制系统是非常复杂的系统，还需要与基于 CAN 总线和串行通信总线的轮式车辆驱动系统、电动汽车通信系统和电池监控系统相结合，实现对车辆运行状态的检测、控制以及故障排除。近几年，国内电动汽车控制系统研制已经有了很大的进步，随着电机及驱动系统的发展，电动汽车控制系统趋于智能化和数字化。变结构控制、模糊控制、神经网络、自适应控制、专家控制、遗传算法等非线性智能控制技术，都将单独或集成应用于电动汽车的电机控制系统中。

复习思考题

一、填空题

1. 电动汽车计算机控制系统是基于使用_____的硬件和软件，以及 CAN 通信网络系统等，来实现对汽车各个_____的控制。微处理器的功能包括：信息的传送、分析、处理以及_____的分布和修改、能量的传递和调控、执行器的_____响应、各个总成和器件的实时执行状态、传感器反馈的_____等功能。

2. 电动汽车控制需要良好的_____性和运行可靠性。良好的通信系统是实现电动汽车可靠运行的关键，_____结构是一种有效支持分布式控制或实时控制的_____网络。典型的电动汽车 CAN 总线结构包括整车动力部分的主电动机控制器、电池组管理系统、电动汽车屏幕显示系统等多个设备，这些子系统之间通过 CAN 进行数据通信和_____传输。每个节点设备都能够在脱离 CAN 总线的情况下_____完成自身系统的运行，从而满足车辆运行_____的需要。同时，CAN 总线也不会因为某个设备的脱离而出现系统结构崩溃的现象。

二、问答题

1. 电动汽车控制类型有几种？
2. 电动汽车的结构和工作原理是什么？
3. 电动汽车的控制策略是什么？是如何控制的？
4. 电动汽车总线 CAN 通信网络有何特点？

第十章 电动汽车再生制动控制技术

教学目标与要求

- 了解电动汽车再生控制系统类型
- 掌握电动汽车再生控制的结构和工作原理
- 掌握电动汽车变频调速技术
- 掌握电动汽车再生制动控制技术

汽车行业的发展面临着能源危机和环境污染两大问题。作为新能源汽车研发方向之一的电动汽车，由于具有能源利用效率高、近乎零排放等优点，成为汽车行业研究、设计和生产的热点。尽管各种类型的电动汽车如雨后春笋般涌现，但是电动汽车发展也面临续驶里程短、电池充电时间长、储能装置能量存储不足等技术障碍。制动能量再生技术在电动汽车上的应用，对提高电动汽车能量利用率、增加电动汽车的续驶里程有着重要意义。

第一节 电动汽车再生制动控制系统概述

电动汽车再生制动的基本原理是：通过具有可逆作用的电动机/发电机来实现电动汽车动能和电能的转化。在汽车减速或制动时，可逆电机以发电机形式工作，汽车行驶的动能带动发电机将汽车动能转化为电能并储存在储能器（蓄电池或超级电容器）中；在汽车起动或加速时，可逆电机以电动机形式工作，将储存在储能器中的电能转化为机械能给汽车。这对于改善汽车的能量利用效率，延长电动汽车的行驶距离是至关重要的。国外有关研究表明，在存在较频繁的制动与起动的城市工况运行条件下，有效地回收制动能量，电动汽车大约可降低15%的能量消耗，可使电动汽车的行驶距离延长10%~30%。

因此，对电动汽车上的制动能量进行回收的意义如下：

1）在当前电动汽车蓄电池储能技术没有重大突破的条件下，回收电动汽车制动能量可以提高电动汽车的能量利用率，增加电动汽车的行驶距离；

2）机械摩擦制动与电制动相结合，可以减少机械摩擦制动器的磨损，延长其使用寿命，节约生产成本；

3）分担传统制动器的部分制动强度，减少了汽车在繁重工作（例如，下长坡时制动器就要较长时间连续地进行较大强度的制动）条件下制动时产生的热量，降低了制动器的温度，提高了制动系统抗热衰退的能力，提高了汽车的安全性和可靠性。

汽车电储能再生制动是提高汽车能量综合利用率，减少汽车废气排放，降低汽车使用成本的有效途径，尤其是配合纯电动汽车更有优势。要充分回收与利用制动能量，就要把制动能量回收与利用结合起来考虑。合理配置能量转换装置、能量储存技术和控制策略，在保证车辆安全性能的条件下达到再生制动功能与效率的优化。随着电机技术、能量储存技术及控制技术的发展，再生制动技术将成为现代汽车的常规配置。

通过再生制动能量回收的方法，可以有效地提高电动汽车能量利用率。制动能量回收系统能够将汽车制动时的动能通过传动系统和电机转化为蓄电池的电能存储，然后将其利用到牵引驱动中。同时产生的电机制动力矩通过传动系统对驱动轮起到制动作用，避免了能量变为摩擦热能的消耗，提高了电动汽车能量的使用效率。

通过控制电动汽车的电机和电池等动力元件，将汽车制动过程中的机械能进行回收利用是电动汽车的基本功能，也是一项关键技术。在再生制动过程中，电机工作在发电机模式下产生制动力矩，将机械能转化为电能并储存在动力电池中，用于驱动电机。

根据电机制动力的作用位置，再生制动系统可以分为前轴式、后轴式和双轴式。根据机械制动力是否可调，再生制动系统又可以分为并联式和串联式，并联再生制动系统的机械制动力不可调，串联再生制动系统的机械制动力可调。根据储能元件不同，再生制动系统又可以分为飞轮储能式、液压储能式和电化学储能式。

电动汽车的制动过程一般是电机制动和机械制动同时起作用的复合制动过程，再生制动系统的控制即对电机制动力矩和机械制动力矩大小分配的控制，最大限度地回收制动能量是再生制动控制的目标，能量回收受到很多条件和参数的影响，在制订控制策略的过程中，需要考虑这些约束条件。

电动汽车的制动系统包括液压制动系统和电机制动系统两部分。对于前轮驱动的电动汽车，前轮的制动过程一般包含液压制动和电机再生制动两部分，而后轮一般仅通过液压制动系统来制动。

电动汽车在制动过程中，整车动能通过车轮传递到电机，从带动电机旋转，此时电机工作在发电状态，向储能装置（蓄电池或超级电容）充电，将制动能量转化为电能储存在储能装置中，实现了能量的再生利用。同时，电机产生的阻力矩作用于车轮，产生制动力矩，从而起到减速制动的作用，如图10-1所示。

电动汽车再生制动系统主要由能量存储装置、可逆电机和馈能电路（电机控制器）组成。

图10-1 制动能量再生系统能量转化

电动汽车制动能量再生系统主要包括2部分：电机再生制动部分和传统液压摩擦制动部分。再生制动虽然可以回收制动能量并向车轮提供部分制动力，但是电机再生制动效果受电机特性、电池、车速等诸多条件的限制，在紧急制动和高强度制动时不能独立完成制动要求，为了保证整车制动的安全性，在采用再生制动的同时，还要采用传统的液压摩擦制动作为辅助。

从国内外研究现状可看出，汽车制动能量回收系统研究主要集中在回收制动能量方法、回收制动能量的效率、驱动电机与功率转换器的控制技术、再生制动控制策略、机电复合制动的协调等方面。目前急需解决的制动能量回收系统关键技术问题主要有4个方面：制动稳定性问题、制动能量回收的充分性问题、制动踏板平稳性问题、复合制动协调兼容问题。

可回收制动能量是电动汽车最重要的特性之一,但是电动汽车对制动能量的回收要受诸多因素的制约。电动汽车制动能量回收的约束条件主要包括以下5个方面:

1) 行驶工况。行驶工况不同,汽车的制动频率不一样,从而可回收的制动能量多少不同。

2) 蓄电池。蓄电池的充电效率要受到蓄电池的SOC值、蓄电池温度以及充电电流的限制。蓄电池SOC值很高或者温度过高时都无法回收制动能量。充电电流过大会使蓄电池温度快速升高,也不能回收制动能量。

3) 电机因素。电机提供的制动转矩越大,能够回收的制动能量越多。

电机的再生制动转矩受到发电功率和转速的制约,当制动强度过大时,电机不能满足制动要求。

4) 控制策略。为了保证在制动安全的条件下实现能量充分回收,需要合理地设计再生制动与机械制动的分配关系。

5) 驱动形式。再生制动系统只能回收驱动轮上的制动能量。

为了尽可能多地回收制动能量,应综合考虑制动能量回收的约束条件,合理地配置回收制动能量的方法、驱动电机及控制策略,以提高制动能量的回收效率。

一般来说,电动汽车的制动模式可分为紧急制动、正常制动和下长坡制动等3类。

1) 紧急制动。紧急制动对应于制动加速度大于$2m/s^2$的过程。从制动安全性考虑,紧急制动应以机械摩擦制动为主,电制动同时发挥作用。但由于紧急制动出现的频率较低,并且过程持续较短,能够回收利用的能量较少。

2) 正常制动。正常制动对应于汽车的正常行驶工况,可分为减速过程和停止过程。电制动负责减速过程,同时再生制动能量;停止过程由机械摩擦制动完成。两种制动的切换点由电机发电特性确定,掌握好准确的切换点,就可以回收更多的制动能量。

3) 下长坡制动。汽车长下坡制动一般发生在盘山公路下缓坡时,制动力要求不大,可完全由电制动提供,因此也可以回收利用这部分能量,但考虑到电动汽车一般极少在盘山公路上行驶,因此这部分回收能量较少。

由以上分析可知,若想尽可能提高电动汽车的能量利用率,需在制动过程中尽可能地让电机再生制动力发挥作用,尤其是在正常制动过程里。在制动过程中,由于前轴载荷增加而后轴载荷减少,故采用前驱动方式可以增大整车制动能量的回收潜力。

制动能量回收的2个基本原则:一是确保整车行驶安全,尽量使整车制动过程符合传统驾驶习惯;二是最大限度地进行制动能量回收(整车动能转化为电能存储起来)。

制动能量回收会受到蓄电池组的荷电状态(Stage-of-Charge,SOC)、车速、电机发电能力、地面附着能力等条件制约;因此,如何协调控制电机再生制动力和摩擦制动力之间,以及整车前、后轮制动力之间的比例关系,是制动能量回收系统的关键。

1. 再生制动力的分配原则

电机再生制动力通常由驱动电机(可当发电机用)提供,其最大制动力与车速、电机特性有关。

再生制动力的大小一般由电池功率决定(每小时的能量回收能力)。在电池功率恒定的条件下,电机制动力的大小取决于电机能够提供的转矩大小,电机转矩越大,再生制动力越大。由电机输出特性可知,电机转速大于额定转速时,电机转速与输出转矩成反比关系。因此,在制动初始阶段由摩擦制动提供剩余的制动力,随着车速的降低,电机再生制动力逐渐增大,摩擦制动力也随之减小。

对于前轮驱动电动汽车,只能通过前轮电机制动回收部分整车制动能量,而后轮始终为摩擦制动。当制动力需求较大时,因电机容量较小,前轮制动力由电机再生制动和摩擦制动共同产生。也就是说,若前轮制动力矩需求为 T_b,当前电机转速下的最大电机制动力矩为 T_{mmax},再生制动力分配有以下 2 种情况:

1)若 $T_{mmax} > T_b$,则前轮制动力矩的需求全部由电机再生制动提供,此时前轮处于纯电机再生制动模式;

2)若 $T_{mmax} < T_b$,则前轮制动力矩的需求由电机再生制动和摩擦制动共同产生,此时前轮处于复合制动模式。其中,摩擦制动力矩(T_{mech})为前轮制动力矩和电机最大制动力矩的差值,即:$T_{mech} = T_b - T_{mmax}$,即并行制动控制策略。

汽车制动过程中,有时会出现跑偏、后轴侧滑和前轮失去转向能力而使整车不能保持其转向稳定性的现象。根据制动过程,分析在不同地面附着系数 φ 值路面上的制动过程,可以得到图 10-2。图中的 β 曲线是实际制动过程中前后轮制动力分配曲线,I 曲线是由计算得出的理想的前后轮制动力分配曲线。

f 线组:后轮没有抱死,在各种 φ 值路面上前轮抱死时的前、后地面制动力关系曲线。

$$F_{xb2} = ((L - \varphi h_0)/\varphi h_0)F_{xb1} - Gb/h_0 \quad (10\text{-}1)$$

$$F_{xb1} = \varphi F_{z1} = \varphi/L(Gb + F_{xb}h_0) \quad (10\text{-}2)$$

r 线组:前轮没有抱死,在各种 φ 值路面上后轮抱死时的前、后地面制动力关系曲线。

$$F_{xb2} = \varphi F_{z2} = \varphi/L(Ga + F_{xb}h_0) \quad (10\text{-}3)$$

$$F_{xb2} = (Ga - \varphi h_0 F_{xb1})/(L + \varphi h_0) \quad (10\text{-}4)$$

式中,F_{xb1} 是前轮制动力;F_{xb2} 是后轮制动力;F_{xb} 是前后轮所产生的制动力之和;F_{z1}、F_{z2} 前、后轮所受的法向反力;φ 是地面附着系数;L 是轴距;h_0 是质心高度;a 是质心距前轴距离;b 是质心距后轴距离。

可以由 f 线组和 r 线组做出 I 曲线,如图 10-2 所示。当 β 曲线在 I 曲线的下方时,前轮会先于后轮发生抱死,车辆丧失转向能力;反之,当 β 曲线在 I 曲线的上方时,后轮会先抱死,容易发生后轴侧滑使汽车失去转向稳定性。

为保证汽车的制动稳定性和安全性,使具有能量回收功能的制动系统在制动感觉上近似于传统汽车,并减少制动时因前轮抱死而失去转向能力的危险,因此前、后轮制动力的控制策略应保证 β 曲线总在 I 曲线的下方,且 β 曲线越靠近 I 曲线越好;为保证回收更多的能量,应尽可能将制动力分配给前轮,因此,在设计过程中尽量使前轮先抱死拖滑。对于前置前驱汽车,制动回收力矩施加在前驱动轮上,符合设计要求。

2. 系统的控制策略

以保持汽车的转向稳定性和能量回收最大化为前提,开发了一种新的制动能量回收系统,其

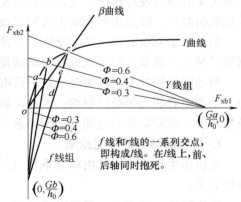

图 10-2 不同地面附着系数下的 f 线组和 r 线组

结构如图 10-3 所示。此系统采用并行系统，即不改变原有机械制动系统制动力的条件下，由整车电机提供一定的制动力矩于前驱动轮上，在不影响制动过程的条件下完成制动能量回收。

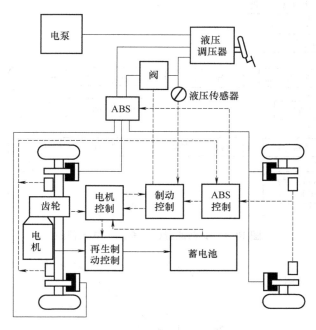

图 10-3　制动能量回收系统结构图

为了确保向前轮施加额外制动力矩的整车安全，在开始进行能量回收前需要首先对整车状态进行判定。此时需综合考虑整车上 ABS（防抱死制动系统）工作状态、电机转速、高压动力电池状态、驱动电机状态以及随时出现的故障状态等。在各个状态满足要求的情况下，开始进入到再生制动功能状态中。

电动汽车制动时，通过制动踏板的行程来计算电机制动力矩。首先，制动能量回收系统根据制动踏板下行的幅度、速度及加速度判断驾驶人的制动意图；然后根据车速、路面状况以及制动力需求，来决定前、后轮制动力之间的比例；最后，根据电机的力矩特性，决定电机再生制动力的范围，确定再生制动力和摩擦制动力之间的比例与大小。在满足驾驶人制动需求和车轮不抱死的情况下，在驱动轮上尽量增大由电机提供的再生制动力，如图 10-4 所示。

当地面同步附着系数和前后轮制动力分配系数确定以后，只有当地面附着系数等于其同步附着系数时前后轮才能同时抱死拖滑。此时，前后轮制动力沿 β 同步上升，如图 10-5 所示。当地面附着系数小于同步附着系数时，前后轮制动力首先沿着 β 线上升，到达 β 线和 f 线的交点 a 后，此时由于前轮已经趋于抱死拖滑的状态，ABS 开始动作，使其沿着 f 线上升，尽量增加后轮的制动力而增加很少的前轮制动力，到达 k 点时前轮后轮同时抱死拖滑。

在前轮制动力为达到 a 点横坐标时，前轮处于自由转动转态，此时为保证前轮不抱死拖滑，驱动电机施加在前轮的制动力（矩）数值不能大于 a 点横坐标值同此时瞬时的前轮制动力之差，如图 10-5 所示，在此地面附着系数条件下，能够回收的制动能量为图 10-5 中的阴影区域。

150 | 电动汽车电机控制与驱动技术

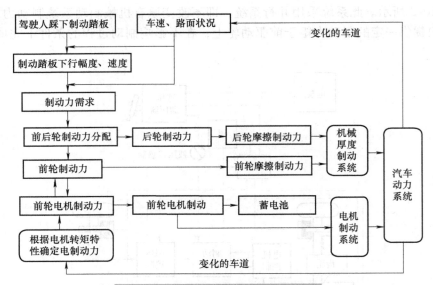

图 10-4 制动能量回收系统控制流程图

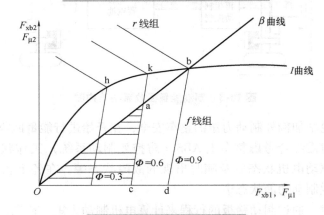

图 10-5 制动能量回收区域图

计算时采用地面附着系数为同步附着系数。

由于汽车行驶时地面的附着系数瞬时变化,整车无法瞬时判定此系数。故拟采用 ABS 的工作状态来进行制动力矩的判定、计算。当 ABS 有动作时,将计算得到的制动力矩取半,下一个软件运行周期中,如果 ABS 仍然动作,那么将上个周期取半的力矩再次取半。如果 ABS 连续起作用 x 次,那么,可以认定再进行再生制动已经危害到整车的制动安全,将停止此功能以确保整车的制动安全。

第二节 电动汽车再生制动系统的结构

1. 再生制动系统建模

为了开发再生制动策略,在 Matlab/Simulink 环境下建立再生制动系统型,建立模型时作出如下假设:

1）忽略电机和制动器的系统滞后和执行误差，电机系统的响应速度足够快，能实时响应指令；

2）制动过程中，车轮纯滚动，不会出现滑动的情况。通过再生制动回收的能量越多越好，但再生制动力矩的大小受到诸多因素的制约。因此，为保证可靠的制动效能，电动汽车必须保留传统的机械摩擦制动系统，并与再生制动组成混合制动结构。这种混合制动系统可以按照两种制动系统起作用的方式分为串联和并联两种类型。

2. 车辆动力学模型

车辆动力学模型依据汽车行驶方程式建立，模型的功能是根据驱动力（或制动力）与行驶阻力的平衡关系求解车速，规定电机力矩为正值时表示驱动力矩，为负值时表示制动力矩。

汽车的行驶阻力包括滚动阻力、空气阻力、坡度阻力和加速阻力。

1）滚动阻力 F_f

$$F_f = Gf\cos\alpha \tag{10-5}$$

式中，G 是汽车总重量（N）；f 是滚动阻力系数；α 是道路坡度值（°）。

滚动阻力系数与路面的种类、行驶车速以及轮胎的构造、材料和气压等有关，一般通过实验拟合得到，行驶车速对滚动阻力系数有很大影响，在良好路面上行驶的汽车的滚动阻力系数可用下式估算。

$$f_f(u) = f_0 + f_1\left(\frac{v}{100}\right) + f_2\left(\frac{v}{100}\right)^4 \tag{10-6}$$

式中，v_a 是汽车行驶车速（m/s）；f_0、f_1 和 f_2 是常数，通过实验拟合得到。

2）空气阻力 F_w

$$F_w = \frac{1}{2}C_D A\rho v^2 \tag{10-7}$$

式中，C_D 是空气阻力系数；ρ 是空气密度（kg/m³）；A 是迎风面积（m²）；v 是相对速度（m/s），在无风时即为汽车的行驶速度。

3）坡度阻力 F_i

$$F_i = G\sin\alpha \tag{10-8}$$

4）加速阻力 F_j

$$F_j = \delta m \frac{dv}{dt} = M\frac{dv}{dt} \tag{10-9}$$

式中，m 是汽车总质量（kg）；δ 是汽车旋转质量换算系数，且 $\delta > 1$，将旋转质量的惯性力偶转化为平移质量的惯性力；M 是汽车等效总质量（kg）。

由以上分析，电动汽车行驶方程式为

$$F_m + F_b = F_f + F_w + F_i + F_j \tag{10-10}$$

式中，F_m 为正值时表示驱动力，为负值时表示制动力；F_b 是机械制动力（N·m）。

将式（10-5）、式（10-6）、式（10-7）、式（10-8）和式（10-9）代入式（10-10），并假设汽车行驶在水平路面且无风的工况下，可得到

$$F_m + F_b = mgf_f(v) + \frac{1}{2} \cdot C_D A\rho v^2 + M\frac{dv}{dt} \tag{10-11}$$

$F_f(\mu_a)$ 用二次多项式近似，式（10-11）可写为

$$F_m + F_b = \alpha + \beta v + \gamma v^2 + M \frac{dv}{dt} \quad (10\text{-}12)$$

电动汽车在滑行工况下，机械制动力 F_b 为 0，式（10-12）可进一步简化为

$$F_m = \alpha + \beta v + \gamma v^2 + M \frac{dv}{dt} \quad (10\text{-}13)$$

3. 传动系统模型

本节研究的电动汽车电机输出轴与减速器之间为刚性连接。动力矩与电机输出力矩 T_m 之间满足

$$T = i_0 T_m$$

$$\omega_w = \frac{n}{i_0} \quad (10\text{-}14)$$

式中，T 是驱动轴上的输出力矩（N·m）；i_0 是减速比；T_m 是电机输出力矩（N·m）。

电机转速与车辆角速度之间满足

$$\omega_w = \frac{n}{i_0} \quad (10\text{-}15)$$

式中，ω_w 是车辆角速度（r/min）；n 是电机转速（r/min）。

4. 电机系统模型

电机是电动汽车的重要组成部分之一。电机的输出特性是电机和电机控制器的综合特性，因此在建模过程中把电机及其控制器作为一个整体进行考虑。

电机系统建模有机理建模和试验建模两种方法，这里不考虑电机控制问题，采用试验建模方法，分析电机系统外特性。电机系统特性包括力矩外特性、功率外特性及效率特性。力矩外特性即电机力矩随电机转速的变化情况，功率外特性即为电机功率随电机转速变化情况。本节研究的电动汽车采用永磁同步电机，外特性曲线如图 10-6 和图 10-7 所示。

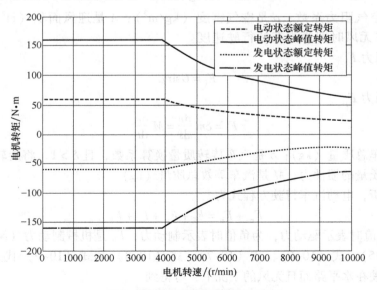

图 10-6 电机转矩外特性曲线

电机的最大转速为 10000r/min，基速为 3880r/min。电机转速在基速以下时，电机输出

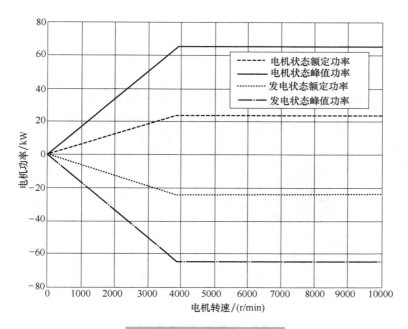

图 10-7 电机功率外特性曲线

恒力矩，功率随着转速的增大而线性增大；当电机转速达到基速以上时，电机输出功率不变，输出力矩随着转速的增大而减小。从图 10-6 中还可以看出，电机可以实现两象限运行，即除了输出正转矩外，在转速方向不变的情况下，还能输出负转矩，而且理论上能做到两象限特性的对称，这对制动能量回收具有重要意义。

根据以上分析，电机作为发电机运行时，转矩与电机转速满足如下关系

$$T_m = \begin{cases} T_c & n \leqslant 3880 \\ \dfrac{P_c}{9550n} & n > 3880 \end{cases} \tag{10-16}$$

式中，T_m 是电机转矩（N·m）；T_c 是常值转矩（N·m），表示额定转矩或峰值转矩；n 是电机转速（r/min）；P_c 是与 T_c 对应的常值功率（kW），表示额定功率或峰值功率。

电机系统的效率特性相当于发动机的万有特性，反映系统工作效率。图 10-8 为所研究的电动汽车用电机系统的效率三维图。

电机效率与电机转矩及转速有关，即

$$\eta_m = f_e(n, T_m) \tag{10-17}$$

式中，η_m 是电机系统效率，与电机转速及转矩的关系可以通过试验数据拟合得到。

5. 电池模型

这里研究的电动汽车采用磷酸铁锂电池作为动力电池。锂离子电池的充电过程是一个复杂的电化学变化过程，同电机系统的建模相同，本节重点分析电池充电时的外特性，即端口电压、输入电流以及发热功率。

电池充电过程可简化为如图 10-9 所示的等效电路，根据基尔霍夫定律得到

$$U_{bat} = E_{bat} + I_c R_{bat} \tag{10-18}$$

式中，U_{bat} 是电池开路电压（V）；E_{bat} 是电池电动势（V）；I_c 是充电电流（A）；R_{bat} 是电池

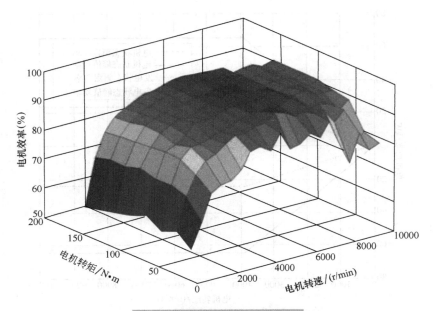

图 10-8　电机系统的效率三维图

等效内阻（Ω）。电池内阻与电池荷电状态（SOC，Stage-of- Charge）、电池温度 T_{bat} 及充电电流 I_c 有关，即

$$R_{bat} = f(SOC, T_{bat}, I_c) \tag{10-19}$$

根据功率平衡得到

$$P_c = I_c U_{bat} = I_c E_{bat} + I_c^2 R_{bat} \tag{10-20}$$

式中，P_c 是电池充电功率（kW）。

由式（10-20）得到关于充电电流 I_c 的一元二次方程

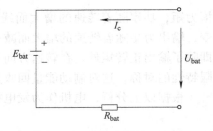

图 10-9　电池充电过程等效电路

$$I_c E_{bat} + I_c^2 R_{bat} - P_c = 0 \tag{10-21}$$

由一元二次方程的求根公式，电池的实际吸收能量的功率为

$$P_{bat} = I_c E_{bat} = \frac{\sqrt{E_{bat}^2 + 4 P_c R_{bat}} - E_{bat}}{2 R_{bat}} E_{bat} \tag{10-22}$$

式中，P_{bat} 是电池吸收能量的功率（kW）。

6. 再生制动的限制条件

（1）制动法规的约束

制动过程中，汽车前后轴制动力应满足相关安全法规的要求，我国对乘用车制动力分配的标准为 GB 12676—1999《汽车制动系统结构、性能和试验方法》。该标准规定，制动强度满足 $0.15 \leq z \leq 0.8$，前轴利用附着系数曲线应在后轴利用附着系数曲线的上方，且 $z \geq 0.1 + 0.85(\varphi - 0.2)$。当 $0.3 \leq z \leq 0.5$ 时，若后轴利用附着系数曲线不超过由公式 $\varphi = z + 0.5$ 所决定的直线，则允许后轴利用附着系数曲线位于前轴附着利用曲线之上。$z \leq -0.15$ 时没有限制，可以仅通过前轮进行制动，如图 10-10 所示。

研究的电动汽车为前轮驱动，电机制动力作用在汽车前轴。电动汽车前后轴制动力分配系数

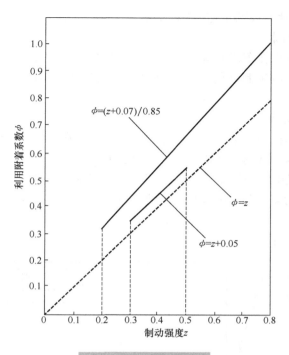

图 10-10　ECE 法规曲线

$$\beta = \frac{F_{\mu 1} + F_m}{F_{\mu 2}} \tag{10-23}$$

式中，F_m 是电机制动力（N）。

由式（10-23）可知，在制动过程中，由于再生制动力的参与使得电动汽车的制动力分配系数比液压制动力分配系数大。为了保障电动汽车制动的稳定性以及安全性，制动力分配同传统车一样要满足相关法规的规定，即再生制动力的大小应该满足一定的范围，使电动汽车的制动力分配系数在合理的范围内，得到再生制动力矩的约束条件

$$\beta_{\min} T_b - T_{\mu 1} \leqslant T_{\text{reg-max}} \leqslant \beta_{\max} T_b - T_{\mu 1} \tag{10-24}$$

式中，$\beta_{\min}$ 是制动力分配系数的下限；$\beta_{\max}$ 是制动力分配系数的上限；T_b 是总的制动力矩（Nm），可通过制动踏板开度或主缸压力来解析。

（2）电机特性的约束

制动过程中，电机定子与驱动轴之间是刚性连接，当车轮不出现打滑或抱死时，车速和电机转速为比例关系。当车速较高，电机转速大于基速时，电机处于恒功率区，最大再生制动力随着转速降低而增加，但最大再生制动功率基本保持恒定。当电机转速小于基速时，进入恒转矩区，电机最大制动力不随转速变化。因此，制动过程中，再生制动力矩与车速有关，期望的再生制动力矩不应超过电机当前状态下能提供的最大力矩。

由式（10-16），电机功率、力矩和车速的关系为

$$T_{\text{reg-max}} = \begin{cases} T_{\max} & v \leqslant v_b \\ \dfrac{P_{\max}}{k \cdot v} & v > v_b \end{cases} \tag{10-25}$$

式中，$T_{\text{reg-max}}$ 是制动过程中电机提供的最大再生制动力矩（N·m）；$T_{\max}$ 是电机最大力矩

(N·m)；v_b 是电机基速对应的车速（km/h）；P_{max} 是电机最大功率（kW）。

7. 制动舒适性的约束

制动舒适性主要体现在车辆的减速度上。电动汽车的制动过程有电机制动的参与，电机制动在电机模式切换、电机制动的加入与退出、电机制动力矩的大小三方面会影响车辆减速度。

(1) 电机模式的切换

发电机模式和电动机模式下，定子电流方向相反，若在定子电流较大的情况下切换电机模式，将引起电机转速的波动，造成冲击，严重影响制动舒适性。一组测试结果如图10-11所示，在11s左右电机由电动机模式切换为发电机模式，而此时电机力矩（定子电流）仍较大，强制切换造成轮速振荡，引起车辆减速度也产生较大的波动，影响制动舒适性。

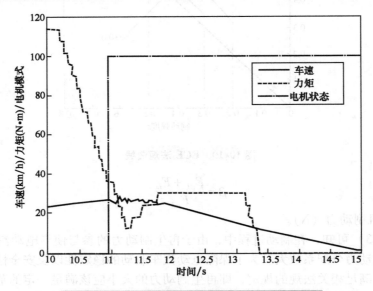

图10-11 再生制动过程中电机的力矩及转速曲线

(2) 电机制动的加入与退出

电动汽车在制动过程中，电机制动附加在机械制动上实现对汽车的制动。电机制动的加入及退出可能会引起制动力矩的突变，从而造成减速度突变，影响制动舒适性。

(3) 电机制动力矩的大小

根据式（10-26），汽车减速度

$$a = \frac{F_m + F_b - (\alpha + \beta v + \gamma v^2)}{M} \tag{10-26}$$

因此，电机再生力矩的大小将直接影响汽车减速度的大小。由于加入了电机和动力电池组，改装后的电动汽车一般比原车质量大，因此减速度比原来小，表现为制动距离变长，制动盘磨损及发热比原来严重。通过控制电机制动力矩可使改装后的电动汽车的制动性能与原车相似，这就要求再生制动力矩在合理的范围内。若再生制动力矩过小，制动仍可能不足；若再生制动力矩过大，可能违背驾驶人的制动意图，使汽车提前停止，与原车的制动性能相差较大，且减速度过大也会影响制动舒适性。

8. 电动汽车的再生制动策略研究

电动汽车与传统汽车显著的区别之一就是具有再生制动功能，可将制动过程中车辆的部分机械能进行回收，存储在储能装置中并加以利用。电动汽车的再生制动系统有不同的实现方案，对应的控制策略也不同。在分析控制策略之前，首要任务是对实现方案进行分析。

一般来说，再生制动系统的控制目标主要为最低的系统成本、最佳的制动性能、最大的能量回收效率。控制方法可以分为两大类，一是利用效率优化方法提高电机系统的效率，二是从电动汽车的制动力分配入手，合理分配再生制动的比例。效率优化控制策略的投入成本相对较高且应用较少。目前，实用的再生制动控制策略基本上都是基于制动力分配的。典型的再生制动策略有：理想制动力分配策略、最佳能量回收策略和并行能量回收策略。

一般可将能量回收的工况分为2种：一种是滑行工况；另一种是制动工况。前者没有机械制动的参与，仅靠电机对车辆进行制动；后者当驾驶人踩下制动踏板时，电机制动与机械制动共同对汽车进行制动。两种工况对应的控制策略不同，约束条件也不相同。在滑行工况下，基于滚动优化和局部优化的思想开发能量回收策略；在制动工况下，根据再生制动系统的实现方案，采用并行能量回收策略。

（1）再生制动系统方案

根据液压制动力矩是否可控，可将电动汽车的液压制动力矩和电机再生制动力矩的分配方式分为液压制动力矩调节方式和电机力矩调节方式两种。前者通过调节液压制动力矩和电机制动力矩来满足整车制动需求，优先保证电机制动力矩达到最大值；后者液压制动力不做调整，在满足整车需求的范围内调节电机再生制动力矩。

根据以上分析，有如下3种制动能量回收方案：串联复合制动策略、并联复合制动策略及空行程制动策略。串联复合制动策略要求机械制动力矩可控，通过合理分配机械制动力矩和电机再生制动力矩的大小，以能量回收效率及制动的平顺性为控制目标。串联复合制动策略的控制策略较复杂，且需要改变传统车的制动系统结构，但能保证较高的能量回收效率。并联复合制动策略的液压制动过程不可控，电机再生制动可控，只需对电机制动力矩进行控制，控制参数少，易实现，在城市工况下能回收相当可观的制动能量，因而适合在实际电动车开发中采用。空行程制动策略中能量回收仅在空行程内起作用，此时ABS还未开始对液压制动力矩进行调节，空行程结束（制动信号有效）时能量回收开始退出，这种策略一般需要延长空行程的长度，以增加回收的能量，空行程制动策略的控制策略简单，易于实现，避免了电机制动对ABS控制的干扰，但回收的能量有限，且可能会改变驾驶人的驾驶习惯，在驾驶人没有制动意图的时候进行制动。

（2）典型的再生制动策略

有理想制动力分配策略、最佳能量回收策略及并行能量回收策略三种。

理想制动力分配策略的控制目标是使车辆按照理想制动力分配曲线分配前后轴的制动力，在此前提下尽可能多地回收制动能量。其控制思想是通过控制机械制动力和电机制动力，使汽车前后制动力分配系数按照即 I 曲线进行分配，如图10-12所示。理想制动力分配控制策略的优点是能充分利用地面附着条件，保证制动的稳定性，且能量回收率较高；缺点是控制系统较复杂，但通过与ABS防抱死控制技术整合，该策略可以走向实用。

最佳能量回收策略的控制目标为优先使用再生制动进行制动，使汽车获得最高的能量回收效率，同时保证一定的制动稳定性。其控制思想为当驱动轴电机再生制动力能满足制动需

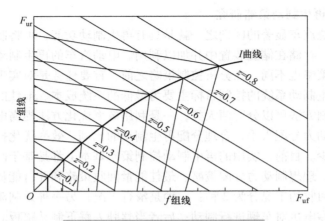

图 10-12 理想制动力分配策略示意图

求时,仅通过再生制动力进行制动,否则通过机械制动力矩提供额外的制动力,同时为防止后轴先于前轴抱死,前后轴制动力分配曲线应在 I 曲线下方。最佳制动能量回收控制策略可以最大程度地回收制动能量,但控制系统复杂,需要同时对电机再生制动力和机械制动力进行精确控制,制动稳定性较差,当路面附着条件变化时,可能发生单个车轮先抱死的情况。

并行能量回收策略如图 10-13 所示。根据制动减速度需求将制动过程分为 3 个部分。

1)当 $z \leqslant 0.1$ 时,如图 10-13 中 OA 段,仅通过再生制动可满足制动需求,此时机械制动不起作用,电机制动单独提供制动力;

2)当 $0.1 < z \leqslant 0.7$ 时,如图 10-13 中 ABC 段,仅通过再生制动不足以满足制动需求,此时电机制动和机械制动同时起作用,AB 段对应电机制动力矩逐渐增大,BC 段对应电机制动力矩逐渐减小;

3)当 $z > 0.7$ 时,如图 10-13 中 CD 段,认为此时是紧急制动,为避免电机力矩对 ABS 造成

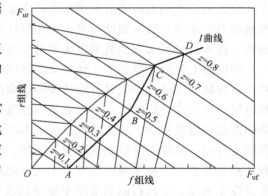

图 10-13 并行能量回收策略示意图

干扰,此时禁止再生制动。并行再生制动控制策略只需对电机制动力进行控制,控制参数少,控制系统易实现,可靠性较高,再生制动失效后,机械制动仍能提供安全有效的制动,在制动频繁的城市工况下能量回收效率高,因而技术可行,适合现阶段开发电动汽车时采用。

(3)制动能量回收策略

滑行能量回收的过程中,无制动踏板信号。一旦驾驶人踩下制动踏板,满足制动能量回收的条件时,则进行制动能量回收。此时,制动能量回收应满足以下要求:

① 满足车辆的制动性能要求,尽量与常规汽车的制动踏板感觉相同;

② 在保证制动安全性的基础上,尽可能多地回收制动能量;

③ 再生制动不应干扰 ABS 而影响制动安全性。

(4)制动意图解析

汽车制动力需求由驾驶人踩制动踏板的行程反映,也可由制动主缸的压力反映。在一定

范围内，汽车制动力与制动踏板行程成正比，如图 10-14 所示，制动力需求与制动踏板行程一一对应。

当汽车质量一定时，制动踏板的形成也可解释为驾驶人对车辆减速度的需求，行程越大，驾驶人对制动减速度的需求越大，如图 10-15 所示，制动减速度与制动踏板行程的关系曲线可通过实际标定得到。再生制动的要求是在加入再生制动功能后，制动系统在施加与传统汽车相同制动力的情况下，车辆的减速度尽量与传统汽车一致。电动汽车用电机系统取代传统汽车的发动机系统，再加上车载动力电池，一般质量比传统汽车大，因此可通过控制再生制动力矩来补偿减速度的差值，使二者的制动感觉相同。

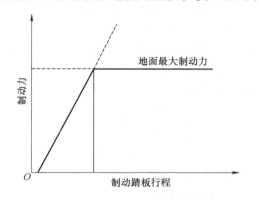

图 10-14 汽车制动力与制动踏板行程的关系示意图

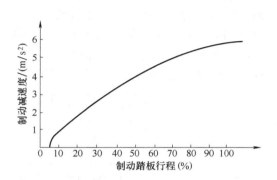

图 10-15 驾驶人制动意图解析曲线

根据制动踏板行程的变化率，将制动请求分为正常制动和紧急制动两类。正常制动时，驾驶人希望通过制动使车辆减速，此时可以进行能量回收；紧急制动时，驾驶人希望车辆迅速停止，此时机械制动力较大，ABS 将对制动过程进行控制，为防止再生制动干扰 ABS，应禁止再生制动。

（5）制动能量回收策略

这里研究的电动汽车由传统汽车改造而成，机械制动力在制动过程中不可控，且制动踏板没有进行改造，无制动踏板行程传感器，因此这里采用并行能量回收策略，控制算法如图 10-16 所示，对电机电压、电流及电池的充电电压和电流等关键参数进行标定。

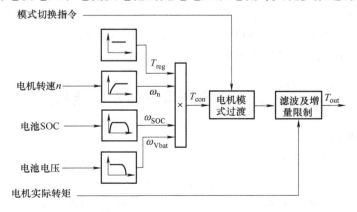

图 10-16 制动能量回收策略

T_{reg} 为期望的再生制动力矩,与滑行能量回收策略相同,建立一维表制动踏板开度与再生制动力矩的一维表,通过差值查表的方式实现。与滑行能量回收策略相同,制动能量回收也应考虑电机转速、电池 SOC 值、电池母线电压等的影响及电机模式切换的过渡,并通过滤波和增量限制后输出制动力矩。

9. 控制策略的实现

随着汽车工业高速发展,传统的手工编程方式已越来越不能满足产品开发对开发周期可靠性的要求。目前,众多国外著名厂商如奥迪、AVL、宝马、博世、Ricardo Engineering、西门子和福特等普遍采用基于模型的 V 型开发模式方案。如图 10-17 所示,V 型开发模式包含了控制模型的离线设计和仿真技术,控制系统快速原型和硬件在环仿真技术等,这些技术在近几年来成为汽车电子控制系统研究和开发的主流技术,使整个汽车电控系统的研发过程有序而高效。V 型开发模式流程采用自动代码生成技术实现算法的代码,保证了代码的可靠性,且节省了代码开发及维护的成本。这里在 Matlab/Simulink 环境下搭建算法模型,基于 ve-DYNA 对算法进行仿真,并采用 Targetlink 生成算法代码。

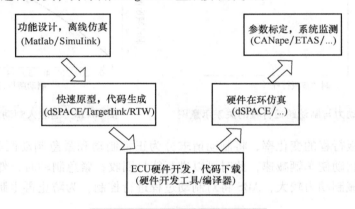

图 10-17　V 型开发模式流程简图

Targetlink 是 dSPACE 公司开发的代码自动生成软件,能在很短的时间内完成从 Matlab/Simulink/Stateflow 控制模型到产品代码的生成。生成的代码可靠性高,可读性好,可产生定点运算代码,并生成相应的代码描述文件,可适应多种微处理器和编译器,并针对不同的编译器对代码进行优化。另外,Targetlink 在代码生成的各个阶段提供了全面细致的仿真以及测试功能,包括模型在环仿真、软件在环仿真、处理器在环仿真及代码覆盖率测试,保证用户可以随时随地对控制软件的性能和开发进展进行监控。

第三节　电动汽车变频调速技术

1. 变频器的组成

由交流异步电机的转速表达式 $n = 60f_1(1-s)/P$ 可知,如果均匀地改变定子供电频率 f,则可平滑地改变异步电机的同步转速 n_0,这样就可以对电机进行调速。变频调速具有调速范围很大、调速无级平滑、负载性质能根据需要加以控制及节省能量等优点。

但是,由于变频调速所用的电源较为复杂,特别是原先采用的 G-M 系统(可以无级调速的直流发电机—电动机系统）体积庞大、效率低、成本高而未能实际应用。目前，由电力电子器件所组成的变频装置技术已经成熟，性能亦已完善，成本得以降低，因此由变频器控制的变频调速系统获得日益广泛的应用，这种调速方式在国外先进的电动车辆上已有应用。

图 10-18 所示为交流电机变频调速的主电路和调速特性。对异步电机而言，当电源频率 f 变化时，如果电源电压 U 不变，将会引起磁通量 ϕ 变化。当 f 小于额定值时，ϕ 就会大于额定值。由于电机在设计制造时 ϕ 的额定值已在磁化曲线的饱和段附近，所以 ϕ 增大就会引起大的励磁电流。为使 ϕ 保持恒定，必须在频率 f 变化的同时改变电源电压 U，即满足 $U/f = E/f =$ 常数如图 10-18 所示。

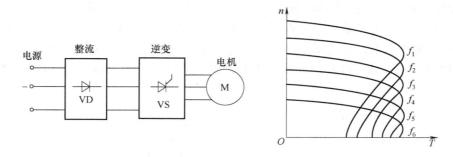

图 10-18　变频调速的主电路原理和调速特性

变频器分为两类。一类为交—交变频器（又称直接变频器），它把固定频率和电压的交流电源直接转换成电压可调的交流电源。交—交变频器输出的交流电源的最高频率不会超过电网频率的 1/20 ~ 1/3，此装置所用的元件数量很多，其优点是使电机以低速直接拖动生产机械，可省去庞大的齿轮减速器。另一类为交—直—交变频器（又称间接变频器）。它先把交流电源整流成直流，再由逆变器转换成频率和电压可调的交流电源。这种变频器实际上是由整流电路、滤波电路和逆变电路三部分组成，如图 10-19 所示。随着电力电子器件技术的发展，新型的电力器件如功率晶体管、功率场效应晶体管、绝缘栅双极晶体管等正逐步取代晶闸管。图 10-19 所示为功率晶体管控制的交流脉宽调制（SPWM）的变频器电路。

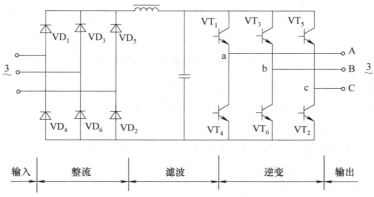

图 10-19　通用型变频器的电路

因为逆变器由交流异步电机的定子绕组作为负载存在无功功率储存的问题，所以在交—直—交变频系统中必须设置储能元件。根据无功能量处理方式的不同，变频器可分为电压源型（VSI）和电流源型（CSI）两种。电压源型变频器是在直流一侧并联大电容，使直流回路呈低阻抗，强制输出交流电压呈矩形波；电流源型变频器在直流一侧串联有大电感缓冲无功能量，使直流回路呈高阻抗，强制输出交流电流呈矩形波。

电动车辆中的蓄电池为直流电源，当电动车辆采用交流电机驱动并采用变频器调速控制时，不需要整流和滤波环节，只需要逆变器和相应的控制环节即可。

2. 变频器的基本原理

在逆变器中采用大功率电子器件（如 GTR、IGBT）做主元件主回路的电路，如图 10-20a 所示；由微机 CPU 控制的基极驱动回路产生基极驱动信号，如图 10-20b 所示；使主元件顺序轮流导通，在 A、B、C（输出）端得到矩形波构成的近似正弦波，如图 10-20c、d 所示，加到电动机的三相绕组上，其电流为三相近似正弦的交流波。输出的交流电频率取决于主元件基极驱动信号（矩形脉冲波）的频率。主电路中的二极管 $VD_1 \sim VD_6$ 构成制动再生能量的反馈回路。

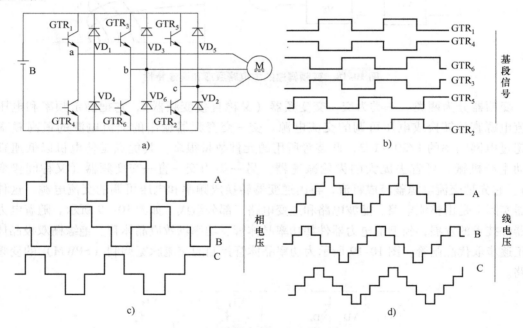

图 10-20 变频器的基本工作原理

变频器输出电压和频率的控制一般采用脉冲宽度调制（PWM）的逆变方式。通过改变可调电机的转速，频率改变时电机的内部阻抗也会变化。这样，单独改变频率将会造成弱励磁引起的转矩不足和过励磁引起的磁饱和等现象，致使电机的功率因数、效率下降。因此，在改变变频器输出频率的同时应控制其输出电压，以保持磁通不变，即进行 U/f 控制。变频器的 U-f 特性可在变频器中预先设定，如图 10-21 所示。

由变频器供电的异步电机的机械特性如图 10-22a 所示。它由许多不同电压和不同频率的异步电机的特性构成。

进行 U/f 控制的电机特性如图 10-22b 所示。当 f 为常数时，机械特性较"硬"，与并励直流电机的特性相同，有利于车辆加速；当 U 为常数时，机械特性较"软"与串励直流电机的特性相同，适合于车辆中高速时负载。

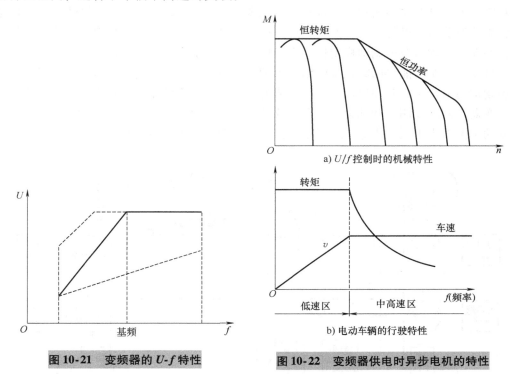

图 10-21　变频器的 $U\text{-}f$ 特性

图 10-22　变频器供电时异步电机的特性

第四节　电动汽车再生制动控制技术结构与工作原理

1. 电动汽车再生制动控制技术结构

电动汽车制动能量回收系统主要由两部分组成（电机再生制动部分和传统液压摩擦制动部分），所以该制动系统可以视为机电复合制动系统。

虽然再生制动可以回收制动能量并向车轮提供部分制动力，但是它无法使车轮完全停止转动，制动效果受到电机、电池和车速等诸多条件的限制，在紧急制动和高强度制动条件下不能独立完成制动要求。为了保证汽车的制动安全性，在采用电机再生制动的同时，必须使用传统的液压摩擦制动作为辅助，从而达到既保证了汽车的制动安全性，又回收可观的能量的目的。

电力驱动及控制系统是电动汽车的核心，也是区别于内燃机汽车的最大不同点。电力驱动及控制系统由驱动电机、电源和电机的调速控制装置等组成。在电动汽车上，再生制动是利用电机的电动机/发电机可逆性原理来实现的。在电动汽车需要减速或者滑行时，可以利用驱动电机的控制电路实现电机的发电运行，使减速制动时的能量转换成对蓄电池充电的电流，从而得到再生利用。由于摩擦制动一般采用液压形式，所以机电复合制动系统也可以称为再生—液压混合制动系统。从保证制动安全和提高能量利用率的角度来考虑，再生—液压混合制动系统是最适合电动汽车的综合制动系统。

在制动过程中,制动控制器根据制动踏板的角度(实际为制动主缸压力),判断整车的制动强度,确定相应的摩擦制动和再生制动的分配关系。前后轴的摩擦制动分配关系由液压系统对前后轮的分配关系实现;制动控制器根据制动强度和电池的 SOC 值确定,可以输出制动转矩并对前后轴进行分配,然后通过电机控制器控制电机进行再生制动。在整个制动过程中,要保证电动汽车的制动稳定性、平稳性,并尽可能多地回收制动能量,延长汽车行驶里程。电动汽车制动能量回收系统的结构原理如图 10-23 所示。电动汽车的制动过程是在液压摩擦制动与电机再生制动协调作用时完成的。再生制动系统主要是由轮毂电机、电机控制器、逆变器、制动控制器和动力电池等主要部件组成。汽车进行制动时,制动控制器根据不同的制动工况发出不同的指令,通过电机控制器控制轮毂电机进行再生制动。

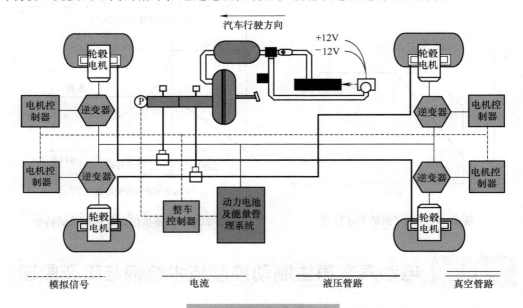

图 10-23　制动能量回收系统

2. 电动汽车再生制动控制的工作原理

电动汽车的再生制动是在原制动系统的基础上添加的,通过对两种制动力的重新匹配实现制动功能。电动汽车制动时需要解决 2 个主要问题:一是如何在再生制动和机械摩擦(液压)制动之间分配所需的总制动力,以回收尽可能多的动能;二是如何在前后轮轴上分配总制动力,以达到稳定的制动效果。

通常,再生制动只对驱动轴有效。为回收尽可能多的能量,必须控制牵引电机产生特定的制动力,同时,应控制机械制动系统满足由驾驶人给出的制动力命令。

目前主要有 3 种不同的制动能量再生控制策略:理想制动力分配控制策略;最佳制动能量回收控制策略;并联制动能量回收控制策略。

(1)理想制动力分配控制策略

理想制动力分配控制策略原理如图 10-24 所示。根据制动踏板位置传感器或制动管道回路压力获得汽车的制动减速度,当制动减速度小于 $0.15g$,制动力全部由前轮再生制动力提供,后轮上不施加制动力。当制动减速度大于 $0.15g$ 时,施加在前后轮上的制动力将依据理想的制动力分布曲线进行分配，如图 10-24 中粗实线所示。其中，作用在前轮上的制动力可分为两部分：再生制动力和机械摩擦制动力。当前轮所需要的制动力小于电机所能产生的最大制动力时，则前轮制动力全部由再生制动力提供；当前轮所需要的制动力大于电机所能产生的最大制动力时，电机将会产生最大的制动力矩，同时，剩余的制动力将由机械制动系统予以补足。

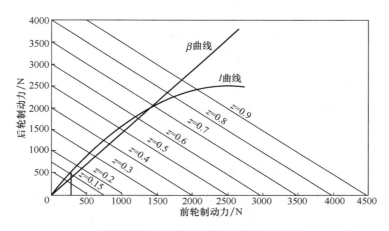

图 10-24　理想制动力分配控制策略

理想制动力分配控制策略的优点是能充分利用地面附着条件，制动距离最短，制动时汽车转向稳定性好，同时能够回收较多的制动能量；缺点是需要精确检测前、后轴法向载荷，以及作为一个智能化程度较高的控制器，控制系统较复杂。目前即使最先进的传统汽车都未能实现前后轮制动力严格按照 I 曲线分配，更何况又增加了额外的电机制动力，使协调控制的难度更大。随着传感技术及 ABS 控制技术的不断发展，未来该策略可能会得到实际应用。

（2）最佳制动能量回收控制策略

最佳能量回收控制策略侧重于最大程度回收制动能量。其前后轮制动力分配方法如图 10-25 所示。其控制思想为：

1) 当车辆制动强度小于路面附着系数时，在满足 $F_{xbf} + F_{xbr} = G_z$ 和 ECE 制动法规以及车轮不抱死的情况下，前后轮制动力可以在一定范围变化，在这种情况下，应尽可能多地利用前轮制动力。假设路面附着系数 $\varphi = 0.8$，而汽车制动强度 $z = 0.6$，则图 10-25 中黑实线 AB 为前后轮制动力的可变化区域。如果电机能提供的制动力的值在 AB 区间，则前轮制动力全部由电机再生制动制动力提供，后轮的机械摩擦制动力则可根据线段 AB 计算得出。如果电机再生制动力的值小于 A 对应的前轮制动力的值，则前后轮制动力分配值落在 A 点，电机提供最大制动力，不足部分由前轮液压制动力补足。

2) 如果制动强度远远小于路面附着系数，再生制动力提供整车制动所需的全部制动力，机械制动系统不起作用。

3) 当 $z = \varphi$ 时，前后轮制动力分配点落在 I 曲线上，附着系数 φ 很大时，再生制动力达到最大值，剩余部分由机械制动系统提供。附着系数 φ 较小时，只用再生制动力制动。

最优能量回收控制策略在理论上可以最大限度地回收制动能量，但是它同时需要对再生

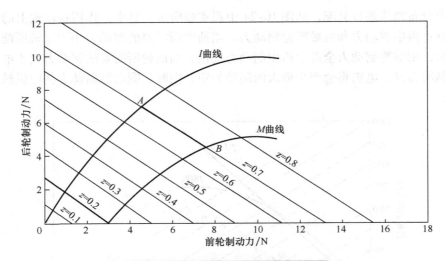

图 10-25 最佳制动能量回收控制策略

制动力和机械制动力进行精确控制，控制系统复杂，制动稳定性差，实现它需要高智能化控制器，技术难度大，制造成本高，因而本策略无实际应用价值，只存在理论研究价值。

（3）并联再生制动控制策略

并联制动系统也包括电机再生制动系统和机械摩擦制动系统，其制动力分配如图 10-26 所示。与传统汽车制动力一样，其机械摩擦制动力按一定比例分配，同时在驱动轮上施加再生制动力，当制动强度 $z<0.1$ 时，制动力全部由再生制动力提供，随着制动强度的增大，再生制动力也逐步增加，当制动强度 $z>0.7$ 时，这时属于紧急制动，再生制动逐渐减小为零，前后轮制动力分配按切线分配，以缩短制动距离，提高制动安全性。

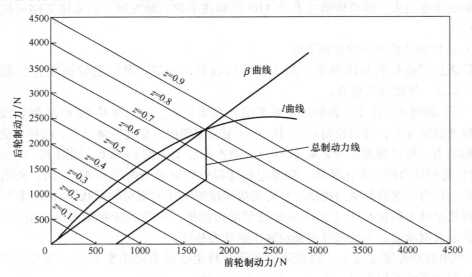

图 10-26 并联再生制动控制策略

与前两种控制策略的相比，尽管并联再生策略回收的制动能量相对要小，但是该方法不需要控制机械制动力的大小，仅需要控制电机再生制动力大小，结构简单可靠，制造成本低,当再生制动失效时,仍可安全制动,制动安全性好。

在制动过程中,整车的惯性能量可以传递到电机,从而带动电机转动,此时,电动机转化为发电机,向动力电池充电,将制动能量转化为电能,储存在动力电池中,实现了能量的再生利用。同时,电机产生的制动力矩还可以作用于车轮,对车轮施加制动力,从而达到使车辆减速的效果。

3. 电动汽车制动模式与能量回收的约束条件

对电动汽车进行制动能量回收是目前条件下提高能量利用率,增加汽车行驶里程的有效手段。但是从汽车的安全性角度考虑,需要传统的机械摩擦制动作为补充,保证整车的制动性能良好。也就是说,电动汽车的整车制动是机械制动与电机再生制动协同工作的过程。

(1) 制动模式

根据电动汽车的行驶特点,将制动或减速可分为以下 5 种工况:

1)紧急制动,此时制动减速度往往大于 $3m/s^2$,某些情况下,甚至能达到 $8m/s^2$。为了保证制动安全性,此时以传统的机械摩擦制动为主,再生制动为辅,这种紧急制动过程非常短,能够回收的动能比较少。

2)中度制动,即一般制动,指制动减速度小于 $3m/s^2$,且大于滑行减速。此工况可以分为减速过程与停车过程两部分,再生制动系统负责减速过程,机械制动完成停车过程。

3)汽车下坡时的制动,此时制动力很小,能量回收系统负责全制动过程。

4)滑行减速,是指汽车切断动力后依靠惯性滑行的减速模式,其制动减速度就是滑行减速度,该过程中消耗的能量无法回收利用。

5)缓慢减速过程,是指汽车以小于滑行减速度的减速度缓慢减速的运行情况,此时仍然需要动力装置输出少量的动力,该过程中消耗的能量也无法回收利用。

汽车制动或减速时,只有在 2)、3)、4)三种工况下可以较多地回收整车的能量。

因此,为了提高制动过程中电动汽车的能量回收利用率,在制动过程中应尽可能地让电机再生制动力发挥作用,在保证汽车制动安全性的条件下,尽量回收所有除空气阻力和滚动阻力以外的能量。若采用四轮驱动的形式,与采用单轴驱动的车辆相比,将大大提高能量回收的潜力。

(2) 制动能量回收的约束条件

在制动过程中,希望能够通过再生制动的形式最大限度地回收制动能量,但是在实际的制动过程中,可回收的制动能量的多少受多个因素的制约。

1)驱动轮限制。只有驱动轮上由能量回收系统负责的那一部分制动能量可以进行回收。采用四车轮同时驱动,可以较好地实现制动能量的回收。

2)受电池状态 SOC 值的限制。若制动时蓄电池的 SOC 值很高,为保护蓄电池并延长电池使用寿命,不得进行制动能量回收。

3)受到电池充电功率的限制。当回收功率超过电池当时最大充电功率时,电池不能回收制动能量。

4)电机发电能力的限制。电机再生制动产生的最大制动转矩不可能超过当时转速和功率下电机的发电能力。当制动强度大时,电机再生制动往往不能满足制动要求。

5)受地面附着能力的限制。需合理地分配整车前、后轮制动力,以保证整车的制动稳定性。因此,如何协调控制电机再生制动力和摩擦制动力之间,整车前、后轮制动力之间的比例关系，是制动能量回收系统的关键，也是能量回收控制策略的主要内容。

(3) 制动能量回收的实现过程

1) 在制动开始时，能量管理系统将动力电池 SOC 值发送给制动控制器，当 SOC>0.8 时，取消能量回收；当 0.7<SOC<0.8 时，制动能量回收受到电池允许的最大充电电流制约；当 SOC<0.7 时，制动能量回收不受电池允许的最大充电电流制约。

2) 制动控制器接收由压力变送器传送的主缸压力信号，并计算出需求的电机再生制动强度上限。

3) 制动控制器根据电动机转速计算电机实际能够提供的制动强度。

4) 比较电机再生制动强度上限和电机实际能够提供的制动强度，并将结果作为电信号发送给电机控制器。

5) 此时的电机工作在发电机状态下，可以提供电压恒定的电流，再通过逆变器限制电机产生的最高电压和对电压进行升压，以便满足电流输出要求，向动力电池组充电。

6) 为了保护电池，能量管理系统需要随时检测电池温度，当温度过高则停止制动能量回收。

第五节　电动汽车再生制动控制技术的应用

电动汽车的制动系统包括液压制动系统和电机制动系统两部分。对于前轮驱动的电动汽车，前轮的制动过程一般包含液压制动和电机再生制动两部分，而后轮一般仅通过液压制动系统来制动。

再生制动由整车控制器控制，液压制动由制动控制器控制。液压制动系统在常规的制动系统上增加了踏板行程传感器、压力传感器和电磁阀，且具有 ABS 调节功能。行程模拟器用于模拟踏板行程，吸收多余的制动压力，在确保制动安全的前提下尽可能采用再生制动，提高能量回收效率。调节器与制动踏板行程传感器协同动作，防止制动踏板在制动过程中产生振动。

1. 串联制动

串联制动的特点是当再生制动力达到最大值时，机械摩擦制动系统才参与工作，以满足车辆的制动需求。串联制动需要与车辆的 ABS 集成控制，它能够对单个车轮的液压制动力进行单独调整，并可以保证使用再生制动与路面附着所容许的最大极限。很显然，由于充分利用了再生制动力，因此串联制动将获得最大的能量回收率。但是，串联制动结构复杂、成本高，需要集成控制，串联制动系统制动力分配图如图 10-27 所示。

串联制动系统的控制过程：根据驾驶人的制动命令，考虑到为保持车辆的稳定制动而要求的前后轴制动力平衡，制动控制器分别计算需要由电

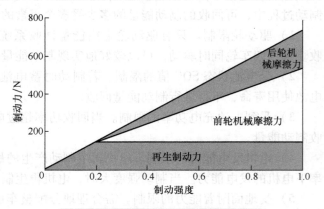

图 10-27　串联制动系统制动力分配图

机和液压制动系统提供的制动力,并给液压制动系统和电机控制器发出的指令。电机能够提供的制动转矩是电机转速的函数,该转矩反馈回制动控制器。如果没有达到需求转矩,则需要由液压制动系统予以弥补。由此可见,在串联制动系统中,通过电机制动和液压制动之间的协调控制,可以最大化地利用电机的制动转矩,其能量回收率高。串联制动系统控制原理如图10-28所示。

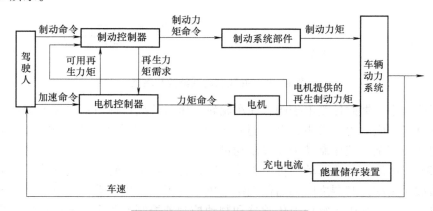

图10-28 串联制动系统控制原理

2. 并联制动

与串联制动不同,并联制动是按一个固定的比例再生制动力和机械摩擦制动力。由于没有充分发挥再生制动力的作用,因此其回收的能量没有串联制动的高。但并联制动对传统机械制动系统的改动少,结构简单,只需要增加一些控制功能即可,成本较低。并联制动系统制动力分配原理如图10-29所示。

并联制动系统的控制原理:根据驾驶人的操作,电机控制器确定需要加在液压制动基础上的电机制动转矩,其大小由液压主缸压力确定。同样,电机制动转矩是电机转速的函数。因此,能够加在液压制动上的电机制动力要根据汽车的静态制动力分配关系、电机转矩特性、驾驶人的感觉和轮胎

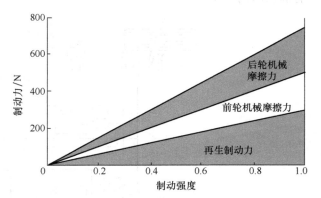

图10-29 并联制动系统制动力分配原理

与路面附着极限综合确定。由于缺乏主动的制动控制功能,在电机制动和液压制动系统之间不能进行协调控制,因此,并联制动系统对电动机制动转矩的使用不充分,能量回收率低。并联制动系统控制原理如图10-30所示。

在制动过程中,整车控制器和液压制动控制器进行交互,控制电机制动力矩和液压制动转矩的分配。在制动开始时,液压制动控制器根据主缸压力解析当前驾驶人的制动意图,计算出总制动力矩的大小并发送给整车控制器,整车控制器计算当前所能提供的再生制动力矩的大小,并发送给液压制动控制器。液压制动控制器根据再生制动力矩的大小,计算目标液

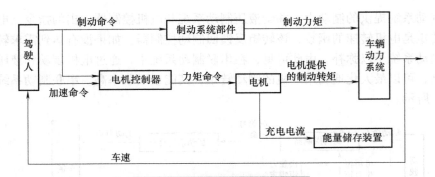

图 10-30 并联制动系统控制原理

压制动力矩的大小，据此控制电磁阀，使车轮轮缸压力达到目标值；整车控制器通过电机控制器控制电机以相应的力矩发电，并通过逆变器给动力电池充电。当 ABS 起作用时，不再进行再生制动，完全由液压制动来完成制动过程。

图 10-31 所示为一后轮驱动的再生制动控制系统。两个后轮上分别安装了一个电机，整车控制器通过与制动控制器之间的通信控制电机是否提供再生制动。摩擦制动系统中采用了压力分配单元总成，它由主缸压力传感器和制动控制器控制的两个电磁执行器组成。制动控制器利用从电机控制器、主缸压力传感器和制动踏板传感器得到的信号来控制这些电磁阀。对于这种后轮驱动的电动汽车，要想提高再生制动能量，必须加大对后轮的制动力，这就有可能导致减速时车辆的稳定性恶化。尤其是在空载工况下，车辆后轮达到附着极限的制动力只有满载时的一半。

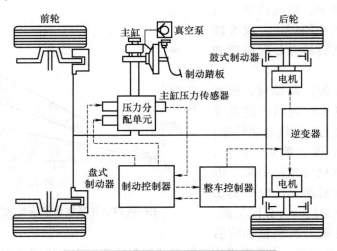

图 10-31 后轮驱动的再生制动控制系统

一种用于混合动力电动汽车的新型再生制动系统如图 10-32 所示，它能同时从前后轮回收制动能量。该系统采用了独特设计的变速器，它连接着发动机和电动机/发电机，这样可以用前轮驱动电动机/发电机，所以这种四轮再生制动系统，不仅可以在城市工况下提高燃油经济性，而且可以优化前后轮制动力分配、提高制动稳定性。

本田 Eco-Vehicle 电动汽车采用了后轮驱动，摩擦制动系统采用了压力控制阀总成，它是由主缸压力传感器和制动控制器控制的两个电磁执行器组成，能够很好地控制摩擦制动，

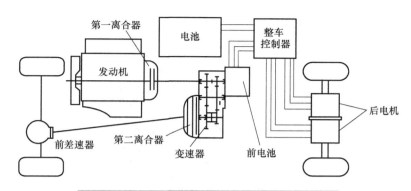

图 10-32　混合动力电动汽车的新型再生制动系统

如果再生制动力发生变化，同一制动踏板上的总体制动力保持恒定。在保证有足够再生制动的前提下，图 10-33 给出了前后轮的电机制动和摩擦制动的关系。

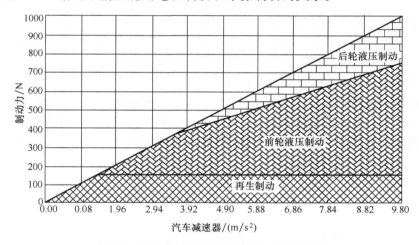

图 10-33　前后轮的电机制动和摩擦制动的关系

图 10-33 表明在减速度小于 1.47m/s^2 时，只是由电机制动提供制动。也就是说在减速度小于 1.47m/s^2 时，电机制动能够提供足够的制动力，摩擦制动为零。在实际驾驶过程中，减速度通常小于 1.47m/s^2，因此，可以获得较好的能量回收效果。

Eco—Vehicle 的再生制动应用于后轮，因此，为了保持前后轮的制动平衡，在减速度大于 $1.47\text{m/s}^2(0.15g)$ 时，对前轮施加摩擦制动，此时保持再生制动恒定。减速度继续增大，再生制动已不能满足后轮制动要求，需向后轮施加摩擦制动。

图 10-34 为本田 EV PLUS 制动系统的制动力分配示意图。该车为前轮驱动，采用了电机制动优先的再生制动控制策略。为获得相对制动踏板行程的线性制动强度，在制动过程中，根据再生制动力，通过补偿阀对主缸产生的摩擦制动力进行限制。该再生制动系统通过利用等效的再生制动力代替驱动轮上的摩擦制动力，在没有影响制动感觉的前提下，增加了再生制动力。

图 10-35 为丰田混合动力系统的再生制动系统的示意图。摩擦制动和再生制动分别由两个 ECU 进行控制，即整车控制系统 ECU 控制再生制动，制动 ECU 控制着摩擦制动。制动

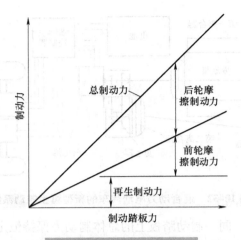

图 10-34　制动力分配示意图

ECU 根据主缸压力计算所需的制动力矩，并将该力矩部分或全部作为再生制动力矩传到整车控制系统 ECU。然后，执行再生制动，同时将再生制动力矩值传给制动 ECU 与所需制动力矩作比较，从而得出目标摩擦制动力即轮缸的压力。

丰田混合动力系统采用的再生制动控制策略，如图 10-36 所示。制动包括仿发动机再生制动和强制再生制动两个过程。一个过程应用于加速踏板回收时，另一个过程应用于制动踏板作用时。前者称为仿发动机再生制动，后者称为强制再生制动。采用仿发动机再生制动过程时，再生制动强度取决于加速踏板回收的程度和车速的大小；采用强制再生制动，在制动强度较低时，优先采用再生制动，在制动强度增加到再生制动的极限时，采用复合再生制动。

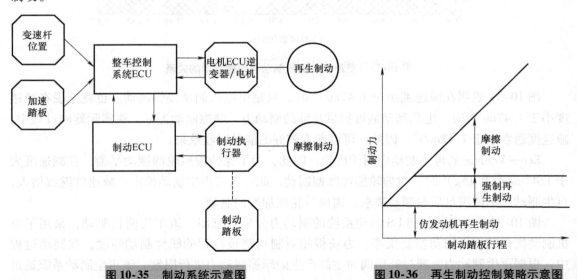

图 10-35　制动系统示意图　　　　图 10-36　再生制动控制策略示意图

通过两个 ECU 之间的信息交互完成再生制动过程，能够很好地控制制动力的分配，既没有损害制动的感觉，也没有影响 ABS 的功能。

虽然各种车型在再生制动力控制机构的设置上不尽相同，但是都不同程度地使用了制动控制 ECU，ECU 控制摩擦制动力和电机制动力，既保证了制动效能及其恒定性，又能最大程度地回收能量。

复习思考题

一、填空题

1. 电动汽车再生制动的基本原理是：通过具有_____的电动机/发电机来实现电动汽车动能和电能的转化。在汽车减速或制动时，可逆电机以_____形式工作，汽车行驶时的动能带动发电机将_____转化为电能并储存在_____（蓄电池或超级电容器）中；在汽车起动或加速时，可逆电机以电动机形式工作，将储存在储能器中的电能转化为机械能。

2. 电动汽车的组成包括_____及控制系统、驱动力传动等机械系统以及完成既定任务的工作装置等。电力驱动及控制系统是电动汽车的核心，也是区别于内燃机汽车的最大不同点。电力驱动及控制系统由驱动电机、电源和电机的_____装置等组成。在电动汽车上，再生制动是利用电机的电动机/发电机_____原理来实现的。在电动汽车需要减速或者滑行时，可以利用驱动电机的_____实现电动机的发电运行，使减速制动时的能量转换成对_____充电的电流，从而得到再生利用。

二、问答题

1. 电动汽车再生控制系统有几种类型？
2. 电动汽车再生控制的结构和工作原理是什么？
3. 电动汽车变频调速技术是什么？
4. 电动汽车再生控制技术是什么？

第十一章 电动汽车电机控制和驱动系统的测试

学习目标

- 掌握驱动电机系统的环境适应性试验
- 了解电机控制和驱动系统试验仪器设备
- 掌握电机控制和驱动系统试验方法

随着科学技术的发展,与传统的电机测试技术相比,新型的测试技术与计算机的结合更加紧密,有效地利用了计算机强大的处理能力,同时结合电子技术与控制理论,使电机的测试越来越高效与精准。

电动汽车从开发到整车成型直至进入市场,每个环节都离不开电动汽车的测试与评价。目前国内外测试电动汽车性能的方法主要包括3类:道路测试、计算机仿真测试和室内平台测试。

道路测试通过在实际道路上进行实车测试来评价汽车的性能,该方法最直观准确,但可控性较差、投入大、时间长;计算机仿真测试利用软件获取电动汽车的性能参数,成本低、实用、灵活,但缺乏真实感和实时性;室内平台测试综合了道路测试与计算机仿真测试的优势,能对电动汽车各个关键部件进行测试、评价,可为电动汽车研发提供大量的详细测试数据。在电动汽车研发初期,整车道路测试很难发挥其应有的作用而在室内平台上完成电动汽车驱动系统的性能测试、动力系统匹配、控制策略开发,可以实现整车道路工况试验的模拟,能为电动汽车各项研发工作提供强有力的技术支持。

第一节 电动汽车驱动电机系统的环境适应性试验

电动汽车以电能为能源,由驱动电机驱动运行,在行驶的过程中不产生新的污染,绿色环保,受到人们的关注以及政府的支持,近年来发展迅速,将成为现代公交系统的发展趋势。随着电动汽车技术的迅速发展,人们在追求整车性能的同时,对电动汽车的环境适应性能力的要求也越来越高。驱动电机系统(电机及控制器)作为电动汽车的核心系统之一,其环境适应性能力直接关系到电动汽车的安全运行性能。

针对电动汽车驱动电机系统的特定环境,对驱动电机系统进行环境适应性设计,并探讨电动汽车驱动电机系统环境适应性能力的验证方法和措施,以期在设计驱动电机系统时,提高其环境适应性能力,从而提高电动汽车的安全性和可靠性。

1. 气候环境试验

(1) 低温试验

将电机及控制器放置于 -40℃的低温试验箱中足够长时间以达到稳定温度后,测量试验箱内电机定子绕组对机壳的冷态绝缘电阻不得低于20MΩ；控制器信号端子与外壳、控制器动力端子与外壳、控制器信号端子与控制器动力端子之间的冷态绝缘电阻不得低于1MΩ。恢复到室温后，电机应能正常起动。

（2）高温试验

高温试验包括高温贮存试验和高温工作试验。

1）高温贮存试验。将电机及控制器放置于85℃的高温试验箱中足够长时间以达到稳定温度后，测量箱内控制器信号端子与外壳、控制器动力端子与外壳、控制器信号端子与控制器动力端子之间的热态绝缘电阻不得低于1MΩ。电机定子绕组对机壳的热态绝缘电阻应不低于下列公式的计算值，但最低为0.38MΩ。

$$R = \frac{U_N}{1000 + \frac{P}{100}} \tag{11-1}$$

式中，R 是电机定子绕组对机壳的绝缘电阻（MΩ）；U_N 是直流回路电压的最大值（V）；P 是电机的额定功率（kW）。

绝缘电阻测量值满足要求后，将电机及控制器从试验箱中取出，进行持续1min的耐电压试验，应无击穿现象。电机绕组对机壳的耐电压值见表11-1；控制器各带电电路对地（外壳）和彼此无电连接的电路之间的耐电压值见表11-2。

表11-1 电机绕组对机壳的耐电压值

项号	电机或部件	试验电压（有效值）
1	额定输出小于1kW且额定电压低于100V电机的电枢绕组	500V+2倍额定电压
2	额定输出不小于1kW或额定电压不低于100V的电机的电枢绕组	1000V+2倍额定电压，最低为1500V
3	电机的励磁绕组	1000V+2倍最高额定励磁电压，最低为1500V

表11-2 控制器的耐电压值　　　　　　　　　　　（单位：V）

额定电压	试验电压（有效值）
≤60	500
60~125	1000
125~250	1500
250~500	2000
>500	1000+2倍额定电压

耐电压试验合格后，将驱动电机恢复到室温，复测电机的额定功率，应符合技术文件的要求。整个试验过程中，电机轴承室内的油脂不允许有外溢。

2）高温试验。将电机及控制器放置于表11-3或产品技术文件中规定的最高工作温度下的高温试验箱中足够长时间以达到稳定温度后，测量箱内控制器信号端子与外壳、控制器动力端子与外壳、控制器信号端子与控制器动力端子之间的热态绝缘电阻不得低于1MΩ；电机定子绕组对机壳的热态绝缘电阻应不低于式（11-1）的计算值，但最低为0.38MΩ。

表 11-3 驱动电机系统的上限工作温度

产品的安装部位	上限工作温度/℃
装在发动机上的产品	120；105；90
装在发动机舱盖下或受日光照射的产品	85；70
装在其他部位的产品	65；55

绝缘电阻测量值满足要求后，将电机及控制器从试验箱中取出，分别按表 11-1 和表 11-2 规定的电机和控制器的耐电压值进行绝缘介电强度试验，试验持续时间 1min，应无击穿现象。耐电压试验合格后，将驱动电机恢复到室温，复测电机的额定功率，应符合技术文件的要求。

（3）盐雾试验

根据 GB/T 2423.17—2008，电动汽车驱动电机系统的盐雾试验方法为：

将电机及控制器放置于（35±2）℃的盐雾腐蚀试验箱中，采用浓度为（5±1）%（质量分数）、pH 酸碱度为 6.5~7.2 的盐溶液进行喷淋试验，试验周期为 48h 或产品技术文件规定的试验周期。试验后，电机及控制器恢复 1~2h 后，应能正常工作。

（4）湿热试验

根据 GB/T 2423.3—2006，电动汽车驱动电机系统的湿热试验方法为：

在同结构、同工艺、同材料的系列产品中随机抽取 1~2 台电机及控制器进行恒定湿热试验。

试验温度为（40±2）℃，相对湿度为 90%~95%，试验时间为 48h。试验后，电机及控制器应无影响正常工作的锈蚀现象及明显的外表质量损坏。

在恒定湿热试验的最后 2h 内，在湿热相同条件下测量电机定子绕组对机壳的绝缘电阻，应不低于 20MΩ，控制器的绝缘电阻应不低于 1MΩ。

试验完成后，在试验箱内分别按表 11-1 和表 11-2 规定的电机和控制器的耐压限值进行耐电压试验，历时 1min，应无击穿。随后取出电机及控制器，冷却到室温后，复测电机额定功率，应符合技术文件的要求，控制器中各带电电路之间及带电零部件与导电零部件或接地零部件之间的电气间隙和爬电距离应符合表 11-4 的规定。

表 11-4 所列为电气间隙和爬电距离的最小限值。

表 11-4 电气间隙和爬电距离的最小限值

额定电压/V		额定电流≤63A		额定电流>63A	
交流	直流	电气间隙/mm	爬电距离/mm	电气间隙/mm	爬电距离/mm
≤60	≤5	2	3	3	4
60~250	75~300	3	4	5	8
250~380	300~450	4	6	6	10
380~500	450~600	6	10	8	12
500~660	600~700	6	12	8	14
660~750	700~800	10	14	10	20
750~1140	800~1200	14	20	14	28

注：1. 表中所列电压和电流为交流方均根值或直流值。
  2. 作为装置组成部件的电器元件及单元，其电气间隙和爬电距离应符合相应标准的规定。

2. 电磁兼容试验

驱动电机系统的电磁兼容包括电磁辐射发射和电磁辐射抗干扰性。电磁辐射发射的测量参考 GB 18655—2010 第 13 章，具体限值参考 GB 18655—2010 第 14 章表 10 和表 11 中的规定。电磁辐射抗干扰性的测量参考 GB/T 17619，该标准规定了 4 种测试方法及其相对应的抗干扰性电平限值。

3. 耐振动试验

根据电机及控制器的实际安装部位，参照 ISO16750—3，选取相应的试验方法和要求进行试验。

试验后，电机及控制器应无零部件脱落、严重变形、断裂等损坏现象。

4. 电动汽车对电机驱动系统性能的要求

电动汽车对电机驱动系统的特性要求主要取决于 3 个方面：驾驶人对电动汽车驾驶性的要求、车辆的性能约束以及车载能源系统的性能。加速性能、最大车速、爬坡能力、刹车性能以及续航里程等性能构成车辆驾驶性能；车辆本身性能约束则主要取决于车型、车重及其载重量等；能源系统的性能与蓄电池、燃料电池、电容器及各种混合型能源等车载动力源有关。因此，电机驱动部分的性能确定及整体匹配，应该在系统平面上进行优化调整。作为常用交通工具，汽车行驶过程中需要进行频繁的起动、加速、减速、停车等；低速或爬坡时需要高转矩，在高速行驶时需要低转矩；其转速范围必须能够满足汽车从零到最大行驶速度的需要（即要求电动机具有高的比功率和功率密度）等。由此可见，电机作为电动汽车驱动系统的核心部件，其性能、效率、重量等都将对电动汽车的性能产生直接影响，因而电机各主要性能参数的确定必须与电动汽车的性能要求相匹配。

作为电动汽车用电机应具备以下基本性能：

1）高电压，高转速。在可容许的范围内，尽量采用高电压，这样可以减小电机的尺寸和导线等装备的外形尺寸，特别是可以降低逆变器的成本。电动汽车的驱动电机转速一般可以达到 8000r/min，高转速的电机体积小、质量较小，装载在车辆上有利于降低整车的装备质量。

2）质量小，体积小。电机可以通过采用轻金属材料外壳等方式降低电机自身重量，各种控制装置和冷却装置的材料等也可采用轻质材料。驱动电机被要求要有较高的比功率（电动机单位质量的输出功率）和在较宽的转速和转矩范围内的较高效率，以收到降低自身重量，延长续航里程的效果。

3）具有较大的起动转矩和大范围的调速性能，满足起动、加速、行驶、减速、制动等操作所需的功率与转矩要求。此外，电机还应具有自动调速功能，这样可以最大限度地减轻驾驶人的操纵强度，提高驾驶的舒适性，并且能实现仿燃油汽车加速踏板的模拟控制；还要具备 4~5 倍的过载能力，以满足短时加速行驶与最大爬坡度的要求。

4）高可控性、稳态精度和动态性能，可实现多部电机协调运行，且在运行中保证了电机高效率、低能耗输出。工作可靠性强，耐高温高湿，由于电动汽车上的驱动电机安装空间狭小、散热情况差，电机长时间工作在高温以及大幅、高频的频繁振动的条件下，所以必须保证电机运转可靠。此外，电机结构必须尽可能地简单，可实现大批量的生产，运行中的维修使用方便，且价格低廉。

到目前为止，已经应用于电动汽车上或有应用前景的是直流电机、交流异步电机、永磁同步电机和开关磁阻电机等，它们的主要性能见表 11-5。

表 11-5　现代电动汽车电机主要性能比较

项　目	直 流 电 机	交流异步电机	永磁同步电机	开关磁阻电机
功率密度	低	中	高	较高
力矩转速能力	一般	好	好	好
过载能力（%）	200 左右	300～500	300 左右	300～500
峰值效率（%）	85～89	94～95	95～97	90 左右
负荷效率（%）	80～87	90～92	77～85	78～86
功率因素（%）	—	82～85	90～93	60～65
恒功率区	—	1∶5	1∶2.25	1∶3
转速范围/(r/min)	4000～6000	12000～20000	4000～10000	可达 15000
可靠性	一般	优良	好	好
结构坚固性	差	好	一般	优良
外形尺寸	大	中	小	小
电机质量	重	中	轻	轻
控制操作性能	最好	好	好	好

目前，交流异步电机、永磁同步电机和开关磁阻电机及其控制装置的总成本还处在一个较高的价位上，随着技术的日益更新，有朝一日形成产业化批量生产后，这些电机及其控制器总的价格会迅速下降，电动汽车的整车成本将大幅降低，进一步推动电动汽车的普及使用。

第二节　电动汽车电机控制和驱动系统试验仪器设备

电机测试是通过技术手段采集电机的各项工作参数并且通过分析和处理来得到电机的各种特性和性能参数，其中最常见的是测试电机的机械特性和热稳定性等。电机测试需要采集的参量可分为电参量和非电参量两大类。

1. 国内外的电机自动测试装置

从功能上主要可以分为 3 类：

（1）参数测量装置

参数测量装置的主要功能是测量电机的各项固有参数，可以分为静态参数和动态参数两种，比如反向电动势、温升和绕组的冷热态电阻等。

（2）性能测试装置

性能测试装置的主要功能是通过对相关参数的采集来分析电机的运行特性。这些特性包括空载特性、负载特性、机械特性及动态特性。通过对这些特性的分析，可以得出电机在运行过程中性能的优劣。

(3) 单项测试装置

此类装置主要用于功率测试和磁性测试。在功率测试方面，日本横河公司生产的功率分析仪可以同时检测多路的电流电压信号并且通过仪器内部计算得出三相电路的功率和功率因数等参量。国内也有相当多的公司生产此类测试仪器。

2. 自动测试技术的发展现状

第一代自动测试系统大多是专用系统，它针对某一特定任务设计，多用于工作量大并且重复、高精度、高可靠性的复杂测试，它的优点是可以提高测试速度或者在不适合人实地测量的环境进行测量，缺点是通信接口并不统一，设计者需要自行解决仪器与仪器以及仪器与计算机之间的通信问题，当需要为系统扩充外部设备时会遇到较大的困难，可复用性差，当任务目标改变时系统很难通用，这会导致被测对象报废后专用的自动测试系统也随之报废，造成极大的浪费。

第二代自动测试系统仍是目前使用范围最广泛的系统。它最大的特点是使用了标准化的通用接口总线，设备以挂接的形式接入总线，如同搭积木一般组成系统。系统中的各种设备例如可编程控制器、程控开关、计算机等均配备标准化的接口电路，用统一的母线连接起来。比较有代表性的总线有 CAN 总线、GPIB 总线等。这种系统无论从组建还是使用完毕后的拆解都比较方便，可扩展性和可移植性都比较强，相对第一代而言，有了长足的进步，因而得到了广泛的应用。但是这类系统还是有它的不足之处：总线传输速率不够高（低于 1MB/s），这限制了整个系统的数据吞吐量和实时性。

3. 虚拟仪器技术

(1) 虚拟仪器的基本概念

虚拟仪器（Virtual Instrument，VI）是现代计算机技术和仪器技术深层次结合的产物，是当今计算机辅助测试领域的一项重要技术。虚拟仪器是计算机硬件资源、仪器与测控系统硬件资源和虚拟仪器软件资源三者的有效结合。虚拟仪器的主体是计算机，在计算机上位机平台上用软件来模拟实际仪器的操作界面，通过上位机程序的控制进行信号的采集、调理、分析和处理，并将处理后的结果显示在上位机界面上或者保存在存储介质中。虚拟仪器同样可以实现高精度的测量，并且与传统仪器相比，它的扩展性更强，系统也更为简单。使用这种用软件编写的虚拟仪器和用真实的电子仪器一样方便。虚拟仪器的基本思想是利用计算机来管理仪器，组织仪器系统，进而逐步代替仪器完成某些功能，最终达到取代传统电子仪器的目的。它实际上是软件和硬件及虚拟和现实相结合的产物，将计算机作为一个通用的联系平台，通过对计算机技术的应用，对原有的传统仪器的功能进行扩展。在虚拟仪器系统中，硬件电路解决信号的连接通路，设备与设备及设备与计算机之间的数据传输，真正起决定性作用的还是软件。使用者可以通过修改该软件的功能模块，实现改变系统的功能配置和规模更改。

(2) 虚拟仪器的系统构成

从整体结构来看，虚拟仪器可分为软件和硬件两大模块。其中，硬件平台包括计算机和外部测量仪器，外部测量仪器相当于计算机的外围扩展电路。虚拟仪器系统的基本框图如图 11-1 所示。

虚拟仪器的硬件主体是计算机，通常是个人计算机，在特殊工况下也会选择工控机。计算机以其强大的计算能力和极高的性价比在工业控制场合中已经得到了广泛的应用。随着计

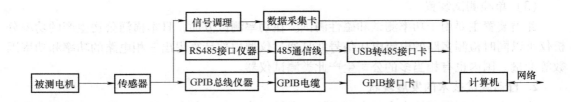

图 11-1　虚拟仪器系统框图

算机相关技术的高速发展，虚拟仪器技术的应用将会越来越广泛。虚拟仪器以计算机为依托，在上位机软件中设计友好的人机界面，并通过上位机来控制仪器完成数据信号的采集、调理、分析、显示和存储。根据摩尔定律，计算机的性价比将不断提高，因此从经济角度考虑，虚拟仪器也必将成为广大用户的选择。

对于一个测试系统而言，一旦硬件平台建立就很难再做修改，因为更改往往伴随着人力和物力的消耗。在一个虚拟仪器系统中，可以通过软件来实现不同功能的配置，所以软件才是虚拟仪器的核心。在同样的硬件条件下，通过对软件的编写可以构造出完全不同的测试仪器，这样系统的通用性就得以增强。目前，虚拟仪器软件的编写有两种主流的方法：一种是面向对象的编程语言，如微软公司的 Visual C++；另一种是图形化的编程语言，如 NI 公司的 LabVIEW 等。对于一般的用户而言，面向对象的程序语言相对来讲难以快速掌握，而图形化编程语言更容易入门，这为快速开发产品提供了保障。LabVIEW 是美国 NI（National Instruments）公司开发的图形化软件开发环境。该开发环境把工业测量和控制与计算机完美结合在一起，其图形化的界面使得编程就像操作仪器或绘制电路一样直观、易于理解，所以即使是计算机编程能力强的初学者，也可以根据任务要求很快设计出自己的程序和界面。

(3) 虚拟仪器的优点

与传统仪器相比，虚拟仪器具有明显的优势，主要表现在以下 6 个方面：

1) 虚拟仪器的核心是软件，在同样的硬件条件下通过对软件的不同配置，可以构成功能不同的测试仪器；而传统仪器的功能是固定的，定义无法修改。

2) 虚拟仪器功能可以由用户自己来定义，用这些仪器去实现怎样的功能，完全由用户自己说了算；而传统仪器只充当基本硬件平台的角色，其功能由生产厂家定义。

3) 虚拟仪器拥有计算机作为协作的通信平台，可以方便地通过计算机与内部总线和其他的仪器设备进行通信，系统具有很好的扩展性，而传统仪器间的通信是很难实现的。

4) 虚拟仪器依托计算机，拥有丰富的图形界面，可以设计出友好的人机界面，并且实现自动记录；而传统仪器的数据大多还是需要人工读取、手工记录。

5) 虚拟仪器的数据可供编辑、存储、输出；而传统仪器的数据大多无法编辑。

6) 虚拟仪器基于计算机，省去了很多不必要的硬件，价格低，可重复利用，技术更新快，可扩展性和通用性都很强；而传统仪器更注重专业性，所以导致价格高、技术更新慢、维护费用高等缺点。虚拟仪器的发展代表着工业自动检测系统正在从注重硬件的传统仪器系统向更偏重于软件的新型仪器系统转变。以软件为核心的仪器系统充分利用 PC 的计算、显示和互联网等诸多强大功能。基于虚拟仪器技术，可以快速组建测试、测量和控制系统，做到了真正的用户自定义而不再受传统仪器厂家定义功能的限制，对于提高工程设计效率有很高的意义。

(4) 主要测试项目

1) 绕组电阻测量。用来校验绕组的实际电阻是否符合设计要求；在电机性能测试中分析效率时，用此电阻来计算绕组的铜耗；在电机温升实验时，此电阻值作为电机绕组的冷态电阻，当测试完毕后测量电机绕组运行后的热态电阻，两者的差值可以用来确定绕组的平均温度；另外，这一电阻值还可以用来判断电机的绕组连接是否正常，接触性是否良好等。

2) 温升试验。电机某部分温度与冷却介质温度之差即为该部分的温升。电机温升通常是指在额定负载下绕组的温升。电机中绝缘材料的寿命与运行温度有密切的关系，为保证电机安全、合理的使用，需要监测电机绕组、铁心等其他部分的温度。对于电动汽车而言，电机寿命决定了汽车的使用年限，所以该项测试具有很高的经济价值。

3) 反向电动势。从理论上来说，电机的反向电动势应该是正弦波，但是由于电机在设计与制造工艺的限制，电机的反向电动势常常含有奇次谐波，为了及时发现电机可能存在的问题，需要对电机反向电动势的波形进行谐波分析。

4) 堵转试验。堵转试验的目的在于测得额定电压以及额定频率时电机的堵转定子电流和堵转转矩，这是考核电机性能的两个重要指标。通过对堵转电流的大小和三相平衡情况的分析，能反映出电机定、转子绕组磁路合理性和一些质量问题，为改进设计和工艺提供相关实测数据。

5) 负载试验。负载试验可以良好地模拟电动汽车在各种路况行驶中电机的运行状况，对于改善变频器控制策略，提高能源利用率有指导意义。

(5) LabVIEW 虚拟仪器

LabVIEW 为虚拟仪器设计者提供了一个便捷、轻松的设计环境，利用它，设计者可以像搭积木一样轻松组建一个测量系统和设计自己的显示界面，而无需进行任何繁琐的计算机文本代码的编写。LabVIEW 与 Visual C ++ 、Visual Basic 相同，定义了数据模型、结构类型和模块调用语法规则等编程语言的基本要素，并且带有丰富的库函数和子程序库。LabVIEW 特有的 NI-VISA（Virtual Instrument Software Architecture）是美国 NI 公司开发的一种用来与各种仪器总线进行通信的高级应用编程接口。VISA 总线 I/O 软件是一个综合软件包，不受平台、总线和环境的限制，可用来实现 USB 总线、GPIB 总线、串口、VXI 总线、PXI 总线等的通信。LabVIEW 还提供了调用库函数节点（CLN），使用户可以使用由 C 或者 C ++ 编译的程序模块。

LabVIEW 编程语言优点很多，结合本电机测试系统，它有以下 4 个优势：

1) 测试测量：NI 公司开发 LabVIEW 主要的应用领域就是测试测量，所以它在测试测量领域有着先天的优势。NI 公司自身致力于工业测量仪器的开发，必然会提供该仪器的 LabVIEW 驱动，而且主流厂商想要应用 NI 公司开发的硬件设备就必须向 NI 公司提供 LabVIEW 的支持，也相当于为产品做了推广。所以，使用 LabVIEW 作为虚拟仪器软件的开发环境，可以方便快捷地控制相关的硬件设备。同时，LabVIEW 自带的一些测试测量领域常用函数库如信号调理功能中的 FFT 等也为软件开发带来便利。

2) 控制：对于一个完整工业测试系统而言，控制与测试相辅相成、不可或缺。而 Lab-

VIEW 是面向工业需求而设计的，它拥有专门用于控制领域的模块——DSC。同时，LabVIEW 的通用通信接口 VISA 可以完成串口、GPIB、以太网以及 PCI 总线等通信，这可通过上位机软件控制相关仪器提供了极大的便利。

3）仿真：LabVIEW 包含了多种多样的数学运算函数，特别适合进行模拟、仿真、原型设计等工作。在真正投入实际设计之前，可以先在 LabVIEW 开发平台上利用模拟仿真来找出系统的漏洞，提前预知可能发生的问题并采取防范措施。

4）快速开发：综合上述情况可以看出，利用 LabVIEW 开发虚拟仪器软件拥有其他软件不可比拟的优势，而且其图形化的编程方式比面向对象的编程方式更容易入门，所以当需要快速开发一个试验平台并满足试验需求时，应该优先考虑使用 LabVIEW。

第二代自动测试系统与以往的系统相比虽然有了长足的进步，但是还是没有脱离人工测试模式，自动化水平不高，系统中仍然使用传统的测试设备。由于新的接口技术的发展，以虚拟仪器为核心的第三代自动测试系统将逐渐成为测试技术的主流。

第三节　电动汽车电机控制和驱动系统试验方法

电机技术和电池技术已成为电动汽车研究领域的两大核心技术，二者的发展情况直接影响到电动汽车产业的普及与发展。当前电机产业迅猛发展，驱动电机产品质量良莠不齐，而电机性能将直接关系到装配后的整车性能。本节主要对电动汽车动力驱动系统进行探讨，特别是针对驱动电机的部分，其中涉及电机性能试验以及整车性能模拟试验，在严格按照国家现行标准的前提下，结合国内外的相关标准对其进行试验，其方案可为今后的类似试验提供借鉴和参考。

电动汽车电机控制和驱动系统试验要完成试验方案的拟定、试验设备的选配、试验台的搭建以及最后的试验数据处理和分析等工作。在驱动电机试验台架上搭建整车性能模拟试验台，完成对电动试验车的整车性能模拟试验，其中包括最高行驶速度试验、爬坡性能试验和加速性能试验等。试验设计中需要完成试验方案的拟定、试验数据的采集和处理、分析等工作。其目的在于完成对整车动力总成部分的试验，确保电动试验车满足实车动力性能试验要求，并拟定出比较完备的电动汽车动力系统试验台试验和整车性能试验台模拟试验的方案。

1. 整个电机测试系统总体架构

整个电机测试系统由测试参量测试部分、电机控制部分以及机械连接装置组成。其中，参量测试部分由转矩传感器、数据采集卡、温度采集卡、功率分析仪、低电阻分析仪、台式万用表以及流量计等构成，实现了对电机性能评价所需要的各项参数的测试与分析。电机控制部分由驱动侧变频器 FRN90GX、逆变器 RHC90-2C 和负载侧变频器 FRN160VG7S-4Z、逆变器 RHC160-4C 组成。驱动侧 220V 输入电源经过逆变器整流以后，输出 350V 直流电供给变频器，变频器对输出的电压频率、幅值进行调节以达到控制驱动电机的目的。负载侧的变频器和逆变器组成了一个能量回馈单元，回收制动产生的电能回馈到电网，达到节能目的的同时也实现了对负载电机负载量的精准控制。数据采集卡、温度采集卡通过 USB 总线与上位机通信，变频器与上位机通过 485 总线通信，低电阻分析仪、流量计通过 232 总线与上位机通信，功率分析仪以及台式万用表则通过 GPIB 总线与上位机通信。

(1) 数据采集卡

数据采集卡的作用是将传感器采集到的模拟信号经过转换之后，编程计算机可以识别与处理的数字信号，例如本系统中流量计输出 4~20mA 的标准电流信号，经过调理电路的处理后转换为 0.5V 的模拟电压量输出，经由数据采集卡的 AD 转换以后最终通过 USB 总线传递给上位机程序，用于相关的计算和显示。

由于测试系统还要考虑安全方面的因素，上位机程序需要能够控制变频器的供电回路的通断以及低电阻测试仪、台式万用表检测探头的通断。以上功能通过中间继电器实现，这就需要外部提供一个数字信号以控制这些继电器，并且设置了柜门开关信号、变频器报警信号等开关量的读取，这些参量经过调理电路的转换之后最终将变成 0V 与 5V 的数字量。综上所述，在数据采集卡的选择过程中，需要兼顾 AD 功能与 IO 功能。电机测试系统硬件架构图，如图 11-2 所示。

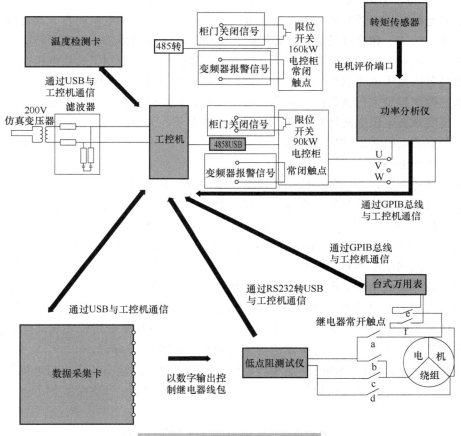

图 11-2 电机测试系统硬件架构图

(2) 转矩传感器

在测试系统中，需要测量驱动电机和负载电机的转速和转矩，这两个参数是计算电机输出功率的重要参数。本系统选用了冉控科技公司的法兰转矩传感器 RK064B 作为转矩以及转速检测装置。它可以检测 –1000N·m 到 1000N·m 之间的转矩，并将之线性转换成 –10～10V 的模拟电压量输出。同时，内置的光电编码模块可以根据电机的转速输出脉冲信号，如图 11-2 所示，转矩传感器安置在驱动电机（右侧）与负载电机（左侧）的齿轮减速器之间，这种安装方式使得转矩和转速的测量都更为精准。

(3) 电机驱动器

电机驱动器由变流器和变频器组成，由于电动汽车应用中需要将驱动电机的供电改换为电池，需要利用 100 节 3.3V 的锂电池作为电源供电。100 节锂电池串联总电压约为 330V，与 220V 交流电经过整流之后的电压相近，所以选择了富士电机公司的 220V 系列变频器 FRN90G11S-2DQ 以及变流器 RHC90-2C 与之配合。负载侧电机在正常运行时工作在发电状态，需要向电网回馈电能，其电压等级应该为 380V，所以选择了富士公司 380V 系列 FRN160VG7S-4Z 变频器以及 RHC160-4C 变流器。

在测试系统中，变频器对三相交流异步电机的控制方式均为矢量控制。对于直流电机而言，励磁绕组和电枢绕组是分开的，并且直流电机的励磁磁场和电枢磁场正交，因此，可以通过单独对电枢磁场的控制来实现对直流电机的控制。对于异步电机而言，其运行过程中的电压、电流、转速、频率以及磁通互相影响，电机的定子电流由励磁电流和转矩电流叠加而成。这也就造成异步电机在控制方面比直流电机要复杂得多，限制了交流电机在工业方面的应用。通过分解定子电流获得转矩电流和励磁电流两个分量，实现电机转矩与磁链的解耦。这样一来，控制异步电机就如同控制直流电机一样，只要分别控制转矩电流分量和磁链电流分量，就能实现对电机电磁转矩与转矩电流分量的调节。矢量控制理论的提出，使异步电机可以获得与直流电机相近的优越性能。

(4) 功率分析仪

在本测试系统中，功率分析仪用于检测电机运行时驱动侧变频器的输出电压、电流信号以及电机的转速、转矩等参数，通过对这些参数的计算，可以得出变频器的直流—交流转换效率以及电机的效率。综合考虑本系统中需要测试的参数以及精度，选择了横河公司的 WT1800 型功率分析仪作为本系统的功率分析仪器。它具有 5MHz 的带宽和 2MS/s 的高速采样，确保以更高的精度测量更快的信号。横河功率分析仪具有 6 路电流、电压信号检测端口，为对变频器的效率评价提供了足够多的测试接口。将转矩传感器输出的转速信号和转矩信号直接与功率分析仪的电机性能评价端口相连，功率分析仪可以通过内部计算得出转差率、电机效率等重要参数。最终，上位机通过 GPIB 总线与功率分析仪实现通信，完成对所需要的各项参数的读取。功率分析仪信号采集示意图如图 11-3 所示。

可以根据转矩传感器提供的转速和转矩信号计算出电机的输出功率，与电机的输入功率也就是变频器的输出功率进行比较，即可得出电机运行的效率。计算公式如下：

$$电机效率 = \frac{P_m}{P_{\Sigma A}} = \frac{\frac{2\pi Tn}{60}}{P_{\Sigma A}} = \frac{2\pi Tn}{60 P_{\Sigma A}} \times 100\% \tag{11-2}$$

式中，P_m 是电机的输出功率（W）；T 是转矩（N·m）；n 是转速（r/min）；$P_{\Sigma A}$ 是电机的输入功率（kW）。

$$转差率 = \frac{同步转速 - 实际转速}{同步转速} \times 100\% \tag{11-3}$$

第十一章 电动汽车电机控制和驱动系统的测试

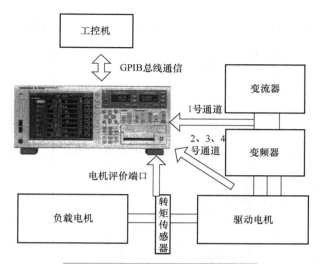

图 11-3 功率分析仪信号采集示意图

$$同步转速 = \frac{60f}{电机极对数} \tag{11-4}$$

(5) 能量回馈单元

在加载状态下,驱动电机驱动负载电机,使其工作在发电状态,并且通过变流器 RHC160-4C 将电能回馈至电网,如图 11-4 所示。为了保证变流器能正常工作,需要先对其完成充电。在充电完成前,73A 与 73C 之间是断开的,这时变流器通过充电电阻 R_0 充电,当充电完毕后,73A 与 73C 之间导通,接触器 73 的线包得电,73 的常开触点闭合,充电电阻 R_0 被短路。此时变频器电机正转使 FX 才有效,按下运行准备按钮后 MC 接触器得电,其常开触点闭合,RUN 接触器的线包同时也得电,这时,变流器的运行使开关打开。30A、30B、30C 这三个端子是报警输出,正常运行情况下,30B 与 30C 是导通的,一旦逆变器发生错误报警,30A 与 30C 导通,30B 与 30C 与变频器 FRN160VG7S-4Z 的数字端 X9 相连,当逆变器和变频器中任意一个报错时,都能使系统停止运行,保证了安全性。

图 11-4 中,各附件符号所对应附件为,L_f:滤波电抗器,R_f:滤波电阻器,C_f:滤波电容器,L_r:升压电抗器,F:交流熔断器,R_0:充电电阻器,73/MC:电磁接触器,QF/QF1:断路器。

(6) 温度采集卡

在本测试系统的测试过程中,需要采集电机绕组温度、水冷系统出水和进水温度等;选择了研华公司生产的 USB4718 温度采集卡作为本系统的温度采集模块,该温度采集卡具有 8 路热电偶输入,同时支持 J、K、T、E、R、S 和 B 分度号的热电偶,它采用差分信号输入,使信号更为准确,该卡还具有隔离数字输入输出功能,耐电压达到 2000V,为今后的功能扩展提供了空间,通过对卡内跳线器的调整,可以将每个模拟量输入口 A1 分别设置成电压输入模式或者电流输入模式,电流输入模式支持 0~20mA 与 4~20mA 的工业标准电流信号输入,这使温度采集卡开始采集其他外部设备的电参量成为可能。USB4718 温度采集卡如图 11-5 所示。温度采集卡与上位机的通信通过 USB 总线实现,同时 USB 也为温度采集卡供电。

186　电动汽车电机控制与驱动技术

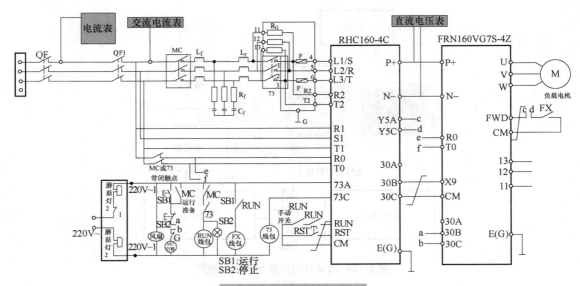

图 11-4　能量回馈单元框图

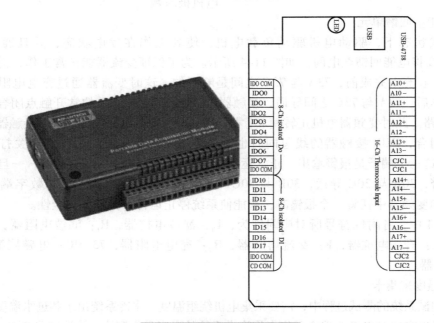

图 11-5　USB4718 温度采集卡

2. 测试平台功能

以上所有设备与仪器共同构成了电机测试系统的硬件平台，这些仪器设备共同协作完成系统需要的各项参数的采集与计算。硬件平台实现的功能可以分为控制与测量两部分。

控制部分的功能包括：

1）通过变频器的输入面板来设置电机运行参数，以调整变频器的输出来控制电机的运行状态。

2）通过数据采集卡的数字输出端 DI 来控制多路继电器，从而控制台式万用表、低电阻测试仪的采集功能是否启用。另外，测试平台还为程序预留了通过继电器来控制整个系统电源通断的安全保护功能。

测量部分的功能包括：

1）在电机运行过程中，功率分析仪获取实时的电压、电流、功率、功率因数、转矩和转速等参数，并且将这些参数整合计算以后得到电机的相应性能指标。

2）电机运行过程中的变频器面板可以显示电机的实时工作参数，如电流、功率、转矩和转速等，并与功率分析仪采集到的数据相比较，用于平衡误差。同时，在变频器报错时，通过变频器面板可以读取错误码，分析错误原因。

3）温度采集卡负责采集电机工作时的绕组温度以及冷却系统的温度，用于计算电机在工作时单位时间内的发热量。流量计采集冷却系统实时和累计的流量，用于与温度采集卡得到的信号相配合计算冷却系统的散热量。

3. 软件整体设计需求分析

整个上位机软件的功能可以分为控制和测量两部分。

控制部分的功能包括：

1）通过 485 总线与变频器通信，通过调整变频器的输出来控制电机的运行状态。

2）通过数据采集卡的数字输出端 DI 来控制继电器，从而控制台式万用表、低电阻测试仪的采集口的接入与否，同时，一些继电器还起着安全保护的功能，必要时通过程序切断变频器的电源来使系统停止运行。

测量部分的功能包括：

1）通过 GPIB 总线与功率分析仪通信，获取实时的电压、电流、功率、功率、因数、转矩、转速等参数，并且将之计算后显示于上位机界面。

2）通过 485 总线与变频器通信，读取电机运行过程中的变频器输出的电流、功率、转矩等参数，与功率分析仪采集到的数据相比较，用于平衡误差。同时，在变频器报错时，读取变频器的报错信号，记录错误代码。

3）通过 USB 总线与温度采集卡通信，读取温度采集卡每一路的温度信号。流量计的模拟信号也接入了温度采集卡的模拟信号输入端，所以同时需要读入流量信号。

4）将试验过程中采集到的数据保存下来，为数据的分析和相应特性曲线的绘制提供支持，如图 11-6 所示。

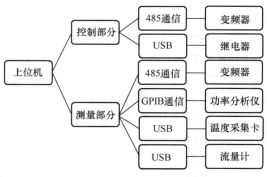

图 11-6　软件功能框图

4. 系统各总线通信实现

由上述内容可知，本测试系统中上位机软件与设备的通信总线主要有三种：485 总线、GPIB 总线与 USB 总线，以下将分别介绍各个总线的通信原理与通信实现。

（1）485 总线通信

RS-485 接口采用二线制的差分传输方式，也就是说信号的电压是两根线之间的电压差。

在信号传输过程中，两根线之间的电压是大小相等、符号相反，这种结构的一大优点就是抗干扰性强。两根信号线的电流相等、方向相反，当出现噪声电压的时候两线之间就可以互相抵消，这大大地削弱了噪声对信号的影响。作为信号线，避免不了远距离的传输，而远距离传输常常伴随着电压的下降，并且在远距离传输过程中接地点的电平也会有变化。如果采用单点传输的方式，随着信号的衰减，会造成信号的误读，而差分电路则完全避免了上述情况的影响。

RS-485 的最大传输速率可以达到 10Mb/s，最多可以驱动 32 个负载，完全符合本系统的通信要求。上位机需要与驱动电机和负载电机的变频器通过 485 通信，以控制电机并查询其状态。FRN 系列变频器为通用型变频器，支持本体的 485 通信、DeviceNet 扩展卡通信、CANOPEN 扩展卡通信等多种通信方式。由于测试系统中，从向变频器发送的数据以及从变频器查询得到的数据并不多，而变频器的 485 通信速度最高可以设置为 192kb/s，符合通信的要求，所以选择变频器本体自带的 485 通信方式。FRN 系列的变频器有两套 485 总线通信端口：

1）与操作面板相连的 RJ-45 端口，即通用的网线接口。

2）FRN90G11S-2DQ 变频器端子排上的 DX+、DX- 端 El，FRN160VG7S-4Z 变频器的 RJ-11 端口，即普通电话线端口。在对测试系统的调试中，面板的控制和上位机软件的操作配合，更易于快速配置一些参数，为了同时保留面板和上位机的 485 通信功能，选择了 2 号 485 端口作为软件的通信端口。

在发送或接收消息时，采用轮询/选择方式。变频器通常处在等待来自计算机等主机设备的选择（写入请求）或轮询（读出请求）的状态。

变频器在待机状态下，接收到由主机发向己方站的请求帧并判断为正常接收时，对请求进行处理后返回 ACK 应答帧（轮询情况下，为应答和数据）。在判断为不能正常接收的时候，返回 NAK 应答帧。广播（所有站全选择）的时候不返回应答。把站号（站地址）设定为 99 的帧，作为广播在所有的变频器中被处理。使用广播时，可以对所有变频器同时发出运转指令和频率指令。

(2) GPIB 总线

GPIB 是通用接口总线（General Purpose Interface Bus）的缩写，是国际通用的仪器接口标准。很多厂家都为自己的仪器配备了 GPIB 端口，如安捷伦公司的示波器、日本横河公司的功率分析仪等，大多数打印机也是通过 GPIB 总线与计算机相连。

对于功率分析仪而言，在 GPIB 通信过程中，它同时扮演讲者和听者的角色，而工控机则担任本系统的控制者。

GPIB 标准接口系统的有以下 4 项基本特性：

1）所有设备均用 GPIB 线缆挂接在一条总线上，仪器和仪器间是串联结构。在一个 GPIB 系统中，最多允许挂接 15 台设备，并且 GPIB 线缆的总长度不得超过 20m。

2）数据通过 8 条数据线并行传输，每次传送 8 位即 1 个字节，数据的最大传输速度超过 1Mbit/s。

3）总线上传输的消息以低电平表示正逻辑"1"，以高电平表示负逻辑"0"。

4）当采用单字节表示地址时，系统可以拥有 31 个讲地址和 31 个听地址；如果采用双字节来表示地址，则可以有多达 961 个讲地址和 961 个听地址。

GPIB 线缆共有 24 芯，其中 16 条为信号线，其余 8 条为地线及屏蔽线。GPIB 线缆的每一端都有一对背靠背的公母插头，这使得仪器和仪器可以通过若干根 GPIB 线缆串联起来。

16 条信号线按功能可分为 3 类：

1）8 条双向数据总线作用：传递仪器消息和大部分接口消息，包括数据、命令和地址。这条总线同时传输地址信息和数据信息，因此必须用其余两组信号线来区分数据总线上信息的类型。

2）3 条数据挂钩联络线作用：控制数据总线的时序，以保证数据总线能正确、有节奏地传输信息，这种传输技术称为三线挂钩技术。

3）5 条接口管理控制线作用：控制 GPIB 总线接口的状态。

(3) USB 总线

在该系统中，设备与计算机的通信连接，最终是通过 USB 总线实现的，包括 GPIB 转 USB 板卡、GPIB-USB-HS、485 转 USB 转换卡以及数据采集卡和温度采集卡，都是直接通过 USB 总线与计算机实现通信的。

USB 是一种通用串行总线（Universal Serial Bus），在它出现之前，计算机需要更换设备时往往需要关闭电源，连接好之后还要在硬件上分配资源，然后重新起动计算机，设备才能工作。而 USB 有一种极佳的特性就是即插即用（Plug and Play），这一特性使计算机变得更易使用，对于本系统而言，外部设备的通信连接也可以随时更改，增强了系统的可扩展性。

目前，主流计算机都至少配置了 4 个 USB2.0 端口，有的甚至已经配备了 USB3.0 端口。USB2.0 在高速模式下的理论传输速度可以达到 480Mbit/s，而 USB3.0 可以达到 5Gbit/s 的传输速度。对于本系统而言，通过 USB 连接计算机的设备有鼠标、键盘、功率分析仪、数据采集卡、温度采集卡、驱动侧变频器 485 通信端、负载侧变频器 485 通信端，也就是说计算机需要至少提供 7 个 USB 端口，这在一般的计算机上是无法实现的。通过一种 USB 设备，USB 集线器可以轻松实现对 USB 端口的扩展，它可以将一个 USB 口扩展至 4 个或者更多。虽然扩展接口的时候并未扩展带宽，所以扩展的接口是共享一个 USB 主控器的，但是 USB 总线本身的高速传输性能，为本系统的设备提供了传输速度的保障。

(4) NI-VISA

前面提到了上位机软件需要与设备实现的通信方式主要有 485 通信、GPIB 通信和 USB 通信，如果需要独立编写不同总线的通信驱动似乎显得十分复杂。此时，使用 LabVIEW 编程就能体现出其优势。LabVIEW 中使用自带的标准输入/输出应用程序接口（Virtual Instrument Software Architecture，VISA）完成仪器的控制，VISA 使用相同的函数和类似的方法控制各类不同的仪器，包括 GPIB、串口、USB、网络、PXI 和 VXI 等仪器，差别只在于参数的配置不同。

串口通信函数位于"仪器 I/O→串口"函数子选板，如图 11-7 所示，其中大部分是 VISA 通用函数，也可以在"数据通信→协议→串口"函数子选板中找到。

(5) 程序设计

通过分析测试系统的需求，将程序的界面划分为 3 个：

1）系统参数设置界面，用于初始化整个系统的参数，需要独立于常规参数测试界面以及自动化参数测试界面之外，它与其他几个界面以标签页的形式并存。设置界面需要有前一次所设置数据的记忆功能，方便使用软件。

图 11-7　串口通信函数

2）常规测试模式界面，这个界面是常规测试情况下需要用到的界面，需要涵盖所有电机测试需要用到的数据，以实现所有设备的控制和数据查询。通常软件工作在该模式下，由使用者监测界面实时数据并选择是否记录数据等操作。设计该界面时要求直观，操作性强，让使用者易于上手。

3）自动测试模式界面，在这个界面下，只要用户勾选所需要测试的性能指标，按下运行按钮后程序将会自动运行，输出测试报告。

（6）LabVIEW 的一些重要功能及其在程序中的应用

1）自动多线程语言。LabVIEW 是自动多线程的编程语言。只要 VI 代码可以并行执行，LabVIEW 就会尽量将它们分配在多个执行线程内同时执行。在数据流环境中，当两组连接起来的程序节点并列摆放在程序框图中时，可以非常直观地看到代码的并行执行，所以作为图形语言的 LabVIEW 对开发多线程的应用程序非常适用。随着计算机技术的发展，计算机的 CPU 将朝着多核的方向继续发展，多线程技术可以将不同的线程分配给不同的 CPU 核心，有效利用 CPU 资源。图 11-8 就利用了 LabVIEW 的多线程技术来实现对功率分析仪采集得到的数据进行并行处理。

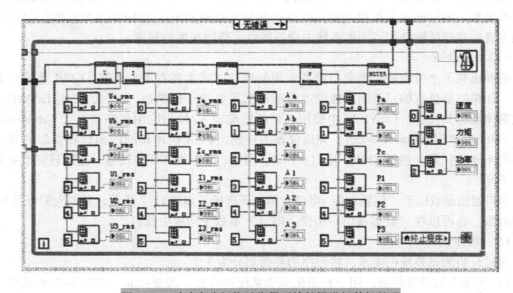

图 11-8　对功率分析仪采集得到的数据进行并行处理

2）动态链接库技术。动态链接库的英文是 Dynamic Linkable Library，简称 DLL。DLL

的最大优势在于代码共享，只要某一功能以 DLL 的形式提供出来了，其他的应用程序就可以直接使用这些功能，而不必再实现一份相同的代码了。在本测试系统软件的设计过程中，需要用到多种外部设备，而这些设备的开发商往往会提供设备的底层驱动以供开发人员使用，这些驱动往往是以 DLL 形式给出的，利用 DLL 可以有效地加快程序开发的速度。

在 LabVIEW 中，通过"互连接口→库与可执行程序→调用库函数"节点来调用 DLL 中的函数。调用库函数节点常称为 CLN 节点，CLN 是英文 Call Library Function Node 的缩写。本程序中对数据采集卡的编程，就大量用到了设备商提供的 DLL，图 11-9 显示的就是对数据采集卡数字输出 DI 配置的 DLL。

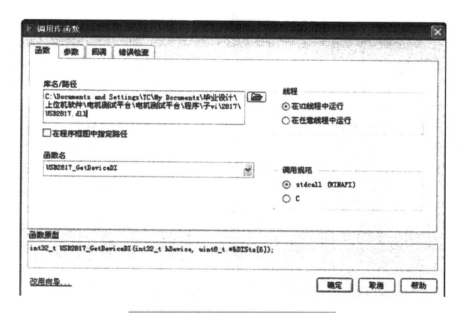

图 11-9　数据采集卡调用库函数的实现

（7）软件的整体流程图（图 11-10）

系统参数设置界面的前面板如图 11-11 所示，该界面的功能是对整个测试系统的参数进行初始化，并设置一些数据的上限以起到保护作用。该界面有读取和保存配置文件的功能，可以将本次设置参数按照设定的路径保存成 init 文件，也可以从硬盘里的 init 文件中读取以前设置好的参数。该界面的总体实现是以事件结构来完成的，共建立了 init、event 和 exit 三个事件，如图 11-12 所示。init 事件用于打开参数设置界面时读入设定好的路径中的 config.ini 配置文件，如果没有该文件，则创建该文件。event 事件用于手动输入参数时，装入配置文件和保存配置文件。exit 事件是用户在点击开始测量以后，用于使能唤出其他界面的功能。在 exit 事件中，还对串口的状态进行了检测，如图 11-11 所示。

只有当参数设置完成并点击开始测量之后，手动测试和自动测试的唤出按钮才会被使用，这时进入程序的欢迎界面。

手动测量的界面，如图 11-12 所示，这是本测试系统最常用的测试界面。在这个界面中可以实现的功能有：

1）对驱动电机和负载电机的转速、转矩设定，电机起停控制。

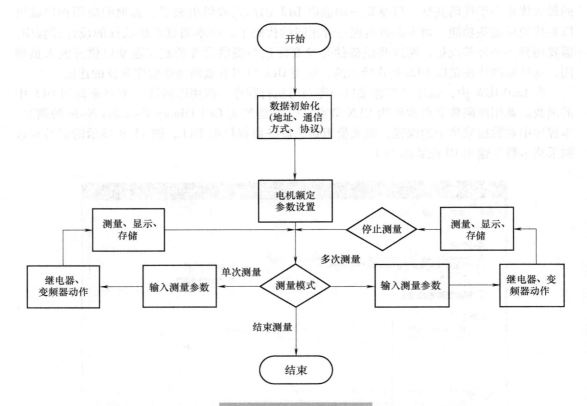

图 11-10　软件的整体流程图

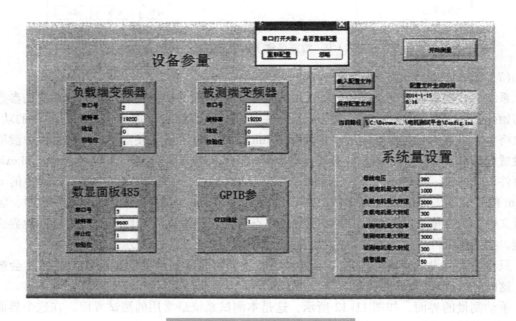

图 11-11　系数参数设置界面前面板

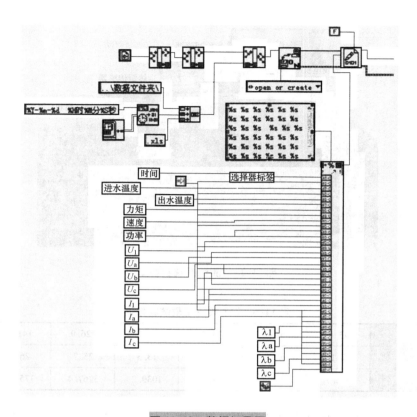

图 11-12　数据记录图

2）对功率分析仪采集到的驱动侧变频器三相交流电压、电流、总功率以及变流器的母线电压、电流、总功率进行查询与显示。同时也查询功率分析仪电机性能评价模块采集到的转矩信号、转速信号和电机输出功率等。

3）水冷系统相关的温度采集与显示、流量计的流量信号的采集与显示。

4）系统 220V 交流电继电器控制，驱动和负载侧变频器继电器控制。

5）控制柜门开关状态显示以及变频器故障状态显示。

6）数据记录功能，在界面上显示的所有数据，均会以 Excel 的形式存储在计算机的指定路径中，这一功能只有在用户点击了开始记录按钮后才启用。存储功能通过格式化写入字符串来控制需要记录参数的保存形式。

7）用户电机退出手动测试，则返回欢迎界面。

通过对系统中各个仪器的通信总线的叙述和分析，最终得出了使上位机有效且通用化的设计方案——使用 LabVIEW 自带的 VISA 接口同时可以完成 GPIB、USB 以及 485 总线的通信任务。通过对软件需求的分析，模块化设计程序，实现了预期的功能。

（8）试验测试结果

整个系统的机械结构是由负载电机、齿轮减速器、转矩传感器和被试电机组成的，如图 11-13 所示。被试电机的额定功率为 20kW，额定同步转速为 3000r/min，额定转矩为 64N·m，额定电流为 65.6A，额定电压为 220V。进行电机的空载试验，绘制空载特性曲线，可以用来分析电机的损耗。选取了试验中检测到的 7 个典型空载数据点，见表 11-6。

图 11-13　测试系统实物图

表 11-6　7 个典型空载试验数据

电压/V	45.6	55.4	71.5	78.2	126.9	141.7	172.7
电流/A	7.1	9.1	9.1	13.3	25.7	26.5	24.3
输入功率/W	322.7	502.4	502.4	1039.2	3267.4	3758.3	4198.3

将电压作为纵坐标，将电机电流和功率作为横坐标，直接使用 Excel 自带的数据拟合，经比较，多项式拟合能使拟合曲线更平滑，如图 11-14 和图 11-15 所示。

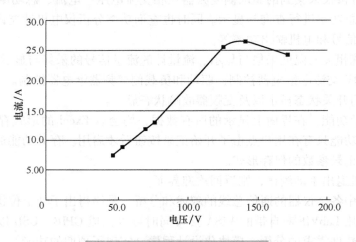

图 11-14　空载试验电压-电流特性

（9）负载试验

对电机进行负载测试可以很好地模拟电动汽车在实际运行中电机的各项参数，从而分析电机的性能。被试电机的额定转矩为 64N·m，负载测试方案就是在设定试验电机转速为 500r/min 的情况下，通过调整负载电机的负载率来给被试电机加载，加载的幅度

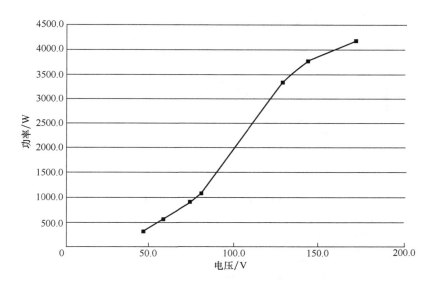

图 11-15 空载试验电压-功率特性

由额定转矩逐步减小为 0，从中选取 7 个典型点，绘制电机的负载特性曲线测得的数据见表 11-7。

表 11-7 电机负载特性数据

转矩/N·m	电机输出功率/kW	电机效率（%）	电流/A			
			I_U	I_V	I_W	$I_{平均}$
5.36	0.28	92.65	12.49	11.74	11.65	11.96
15.36	0.80	91.09	30.32	30.64	30.13	30.36
25.24	1.32	91.29	48.16	48.63	48.42	48.40
35.54	1.86	91.18	66.36	66.62	66.41	66.46
45.31	2.38	89.44	83.45	83.88	83.51	83.61
54.39	2.85	86.82	100.33	100.79	100.41	100.51
64.33	3.36	85.50	116.1	117.08	116.19	116.46

以电机输出功率作为横坐标，对其他各项参数进行曲线拟合，可以得到负载试验中各项参数与电机功率的变化关系，如图 11-16～图 11-18 所示。

通过对电机测试需求以及电机运行原理的分析，完成了被试电机的选型，确定了本系统所需要实现的各项性能参数测试功能以及需要综合测试的项目，完成了两项电机的典型测试试验：空载试验、负载试验的试验数据采集与保存，验证了设计的电机测试系统的硬件以及软件符合设计需求。

（10）电机试验项目

电机试验项目包括工频耐电压和耐冲击电压两部分，前者考核产品在高压下是否出现击穿及闪络，后者考核电机绕组的匝间绝缘情况。工频耐电压试验采用绝缘耐压测试仪，按照标准对不同电机规定的耐电压值，分别对电机及控制器进行，同时监测电流是否超过限值。

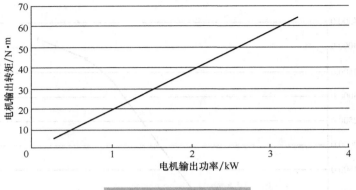

图 11-16　转矩-功率特性图

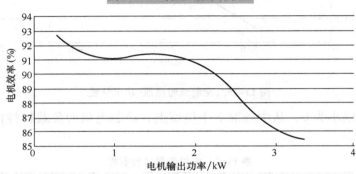

图 11-17　电机效率-功率特性图

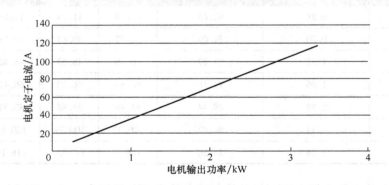

图 11-18　电机定子电流-功率特性图

在国标中对试验电流的规定比较宽松，在 GB 14711—2013 中规定，对交流 1000V 以下的电机，试验高压泄漏电流大等于 100mA 时判定击穿。目前国内测试的动力电机基本都能满足要求，电流大多在 30mA 以下。

耐冲击电压试验采用匝间试验仪，这是专门用于测量电机绕组匝间绝缘的仪器，对任意两路绕组同时施加相同的脉冲电压，比较两条响应曲线对应的容积和容积差，来判断电机绕组匝间绝缘的好坏。对于永磁同步电机，由于内部磁场的影响，会出现容积差较大不符合要求的情况，此时可以通过多次调整绕组位置，减小磁场对测试结果的影响。

绕组的直流电阻和绝缘电阻：电机定子绕组的冷态直流电阻通常很小，需要使用高精度的电阻测量仪,比如微欧姆表、数字电桥等。绝缘电阻在标准中涉及冷态和热态两种,采用绝缘电阻测试仪测量,在冷态时通常绝缘电阻值较大,甚至大于 2000MΩ,在热态时由于温度湿度的影响,可能降到 300MΩ 以下。

1)试验仪器设备有以下 5 种:

① 绝缘耐压测试仪;

② 匝间试验仪;

③ 电阻测量仪;

④ 电涡流测功机:该装置利用涡流产生制动转矩来测量机械转矩。它由电磁滑差离合器(见电磁调速异步电机)、测力计和测速发电机组成。电涡流测功机的优点是结构简单、操作维护方便、制动力矩大、转动惯量小;缺点是只能产生制动转矩,不能反拖作为电动机运行,一般用于测量转速上升而转矩下降,或转矩变化而转速基本不变的动力机械。因此只能用于测试动力电机的性能曲线,不能用于馈电特性的测试。电涡流测功机特性曲线如图 11-19 所示。

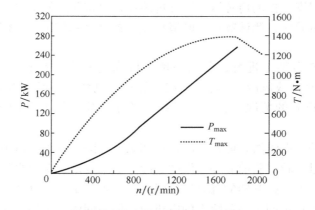

图 11-19 电涡流测功机特性曲线

⑤ 交流电力测功机:在动力电机的测试中,采用交流电力测功机是最适合的方案。交流电力测功机特性曲线如图 11-20 所示。

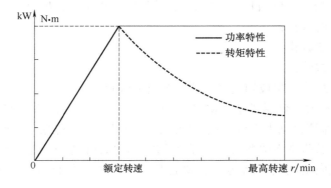

图 11-20 交流电力测功机特性曲线

2）电机性能测试。电机性能测试是电机及控制器试验中最重要的项目，也是仪器设备投入最大的项目。项目需要在电机测试台架上进行，试验中大部分的准备工作都是为了电机和台架的匹配安装。测试台架包括被测电机的供电系统、测功机及其供电系统、功率分析仪以及联轴装置等。被测电机正转时进行电动性能的测试，测功机拖动被测电机反转时测试馈电性能。电机测试示意图如图 11-21 所示。

3）测试设备和测试方法。通过安装夹具和联轴器将被测电机与测功机连接，适当调整使轴与轴的对中度符合试验要求。对个别超高速电机，为防止试验过程中因为轴振动或对中不够精确引起轴承发热失效或者损坏电机的情况，

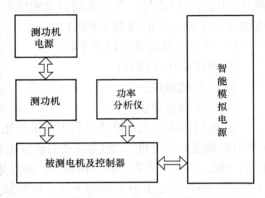

图 11-21　电机测试示意图

可以考虑在适当位置安装振动传感器及温度传感器，对试验过程中局部情况实时监测，一旦有异常立即停止。试验时，测试额定及峰值负载下的转速-转矩、效率特性以及额定负载下的馈电特性。

温升试验也是在台架上进行，分别测量电机绕组和控制器的温升。电机和控制器都配备有散热系统（水冷或风冷）。电机及控制器从冷机状态下起动开始工作，温度会随之慢慢增加，在固定负载的情况下，温度最终会趋于稳定，这段时间内温度的变化量就是温升值。

测试方法有 3 种：电阻法、埋置检温计法和温度计法。试验电机不宜拆开，因此选用电阻法比较适合，通过比较试验前后环境温度、冷却水温度以及绕组直流电阻的变化来计算电机不同工况下的温升值。控制器的温升通过温度计即可测量。温升值根据不同产品的工作制要求进行测试，应用在不同类型系统上的电机应选用不同的工作制，比如纯电动汽车，串联式、并联式以及混联式混合动力汽车，插电式混合动力汽车等不同类型的应用。在该项目中，标准里除了对温升值的要求外，对试验过程中电机的最高温度也有要求，根据电机不同的绝缘耐热等级，要求也不一样。

电动汽车测试平台设计的目标为要求平台能够完成以下测试项目：

① 驱动电机性能试验；

② 动力电池性能试验；

③ 部件可靠性试验；

④ 整车起步、加速、爬坡和道路循环工况模拟试验。

电动汽车测试动力平台属于室内测试平台，室内空间的局限性给平台设计带来不少问题，要保证电动汽车测试动力平台的预期价值，所以设计时要遵循以下原则：

① 安全第一，试验室必须严格符合安全标准，以保证试验人员健康与生命安全；

② 在有限的室内空间内，结构布置要合理，占地少，保证人员作业空间，提高试验效率；

③ 以平台设计目标为本，尽可能满足试验方案要求；

④ 功能化、模块化设计，保证测试平台的通用性、灵活性，方便平台因试验要求的改

进与扩充；

⑤ 保证测试数据准确性前提下，尽可能保证高的试验自动化程度、高的运算和测试效率。

（11）测试平台的控制

国内外有多种测试平台方案，按照能量的吸收方式不同，电动汽车力测试平台可分为能量消耗型试验和对拖试验，区别在于模拟负载采用的测功机不同。

能量消耗型试验平台一般采用电涡流测功机作为模拟负载装置，利用电磁感应原理产生转矩与消耗功率，高磁导率的钢质带齿转子以微小的间隙在水冷的钢质散热板之间转动，能量以热的形式传递到冷却水中，结构简单、操作方便，但不能实现反拖试验、能量制动回收和瞬态性能测试。

对拖型试验平台，顾名思义，就是电机拖动电机。此类平台采用电力测功机提供负载，被测驱动电机电动运转时，电力测功机发电并送入电网，实现能量吸收；电力测功机处于电动状态时，被测驱动电机发电，模拟电动汽车能量回收。由于电力测功机能够实现反拖与瞬态测试，对拖型试验平台在试验功能方面更加全面，并且能够避免能量浪费，所以被广泛应用在电动汽车测试与研究中。

电动汽车测试平台为驱动电机测试平台，期望能实现整车试验的模拟，要求稳定性和动态性都要好，所以选择对拖型测试平台。

电动汽车动力测试平台的控制就是对测试电机的控制和对测功机的控制。如图11-22所示（图中省略了信息转换单元），测试平台的数据传输与设备控制是基于CAN总线通信网络实现的，主控机负责所有设备的控制，显示机实时采集设备状态参数，进行分析、处理、显示与储存。

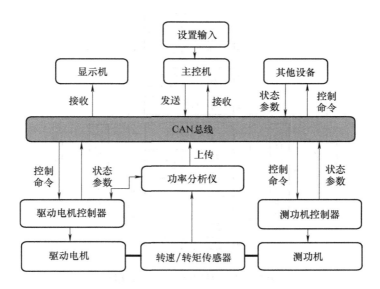

图 11-22 基于 CAN 总线的控制原理图

电动汽车动力测试平台具有不同的控制模式，见表11-8。作为电机测试平台，具有转速-转矩和转矩-转速控制模式；作为电动汽车驱动电机测试平台，具有加速踏板—转速和加速踏板-转矩控制模式;而作为模拟整车道路试验的电动汽车动力测试平台,应具有车速-负载控制模式。

表 11-8 测试平台控制模式

控 制 模 式	驱 动 电 机	测 功 机
加速踏板-转速	加速踏板位置控制	转速控制
加速踏板-转矩	加速踏板位置控制	转矩控制
转速-转矩	加速踏板-转速控制	转矩控制
转矩-转速	加速踏板-转矩控制	转速控制
车速-负载	加速踏板-车速控制	模拟负载

实现整车道路工况模拟试验,即车速—负载控制模式,并不只是简单的对电机的控制。要实现整车道路工况负载的模拟,必须控制测功机来模拟道路工况下驱动电机的负载转矩,同时控制驱动电机转速,以真实再现整车行驶工况下的驱动电机工况。

(12) 测试平台的软件

测试平台包含主控机和显示机两台工控机,主控机负责系统控制,显示机负责设备运行参数的监测与显示。主控机向设备发送控制报文,采用 CAN 通信方式的设备可直接接收控制报文,按照主控机设定工作;对非 CAN 通信设备,控制报文要经过信息转换单元解析报文内容、控制各种设备。显示机对设备运行参数的监测也是如此,所以测试平台的控制与数据采集软件结构如图 11-23 所示。

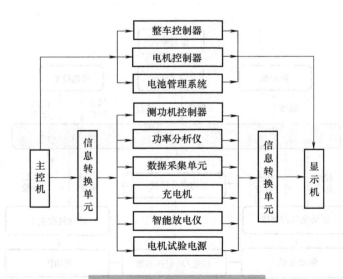

图 11-23 控制与数据采集软结构

在测试平台的主要功能中,不同用户可以自行定义各种参数模块,制订试验程序,顺利开展不同的稳态或动态试验。同时,测试平台要有报警与保护功能,能够实时监测关键参数的变化,并自动应急处理,见表 11-9。

表 11-9　系统软件功能

系统软件功能	介绍
项目管理	保证不同试验项目独立，互不干涉
工况设定	用户定义试验程序
参数定义	定义车辆、驾驶人等模型参数
驱动电机控制	手动控制、自动控制
测试平台控制	测功机和驱动电机的各种组合控制方式
其他测试设备控制	试验电源、充电机、放电仪和开关等
模块化结构	方便升级、测试设备添加
CAN 总线模块	传输电压、温度等状态参数与控制参数
试验报告编辑	用户数据处理分析，生成报告
报警与保护	确保测试平台运行的安全性与可靠性

测试平台软件采用面向对象的 C++ 编程语言开发，分为主控机的系统控制软件和显示机的数据实时监测与处理软件。为使电动汽车动力测试平台能够开展驱动电机试验、动力电池试验和整车模拟试验。测试软件根据这三种试验的需求进行设计，实现设计目标所有试验功能，如图 11-24～图 11-26 所示。

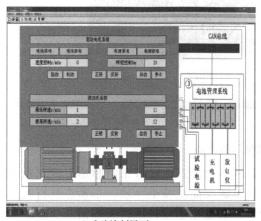
a) 手动控制界面

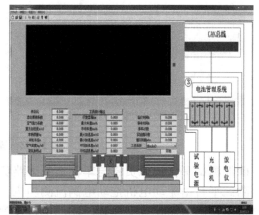
b) 自动控制界面

图 11-24　驱动电机控制试验界面

5. 模拟车辆道路行驶工况

模拟车辆道路行驶工况，意在使测试平台具有整车性能评价的功能。车辆在道路上行驶时受到外界环境各种因素的影响，在电动汽车动力测试平台上进行整车道路工况模拟试验时，为保证驱动电机运行工况更接近实际道路工况，对电动汽车整车道路行驶的模拟极有必要。

（1）道路工况模拟原理

模拟汽车直线行驶过程，本质上就是确保测试平台模拟汽车速度与工况需求车速的一致

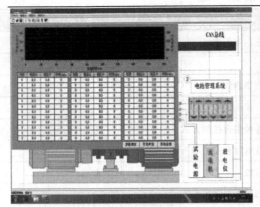

a) 充电试验参数设置界面　　　　　　　　b) 充电试验监测界面

图 11-25　充电试验界面

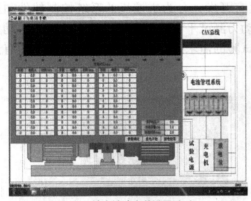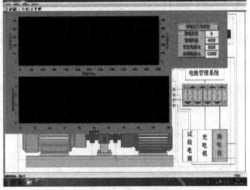

a) 放电试验参数设置界面　　　　　　　　b) 放电试验监测界面

图 11-26　放电试验界面

性，确保测试平台模拟负载与车辆实际道路负载的一致性。电动汽车由驱动电机驱动车辆运行；测试平台由驱动电机拖动电涡流测功机，就是确保简化模型一致。车辆直线行驶时，驱动电机就是确保简化模型一致，驱动电机作为动力源输出驱动转矩；而车辆的负载端的负载就是车辆受到外界的阻力产生的，这里将车辆加速产生的惯性力也记为负载阻力，系统转动惯量是系统旋转部件的转动惯量之和。测试平台负载由电涡流测功机产生，要保证与车辆简化模型系统旋转部件的转动惯量之和。测试平台负载由电涡流测功机产生，要保证与车辆简化模型的一致性，就必须保证系统转动惯量相等。而实际上，测试平台测得转动惯量并不保证与系统转动惯量相等。这就要求电涡流测功机在提供理论负载的同时，还要提供一定负载来模拟转动惯量差。当车辆的驱动电机与测试平台驱动电机保持相同的转速时，测功也能提供与车辆相同的负载，并准确模拟转动惯量差，此时便可以认为成功地模拟了道路工况。电动汽车动力测试平台道路工况模拟原理，如图 11-27 所示。

图 11-27 虚线框内为测试平台主控系统软件模块。实线箭头表示车速模拟路径，驾驶人模型根据道路工况目标车速与实际车速调节加速踏板或制动踏板，整车控制器接收加速或制

动信号，并向电机控制器发出转矩控制值，电机控制器控制驱动电机，转速传感器测量驱动电机转速，转化为实际车速反馈到驾驶人模型，实现车速的闭环控制。虚线箭头表示负载模拟路径，转矩传感器测量驱动电机输出转矩，此转矩驱动测试平台，得到一个转速响应，转速响应经过传动系统模型得到传动系统惯性转矩，并向道路负载模型输入车速响应，道路负载模型输出负载阻力矩，传动系统惯性转矩与道路负载阻力矩之和为电涡流测功机所要模拟的目标转矩，并以电涡流测功机实际输出转矩反馈控制，实现对道路负载的模拟。

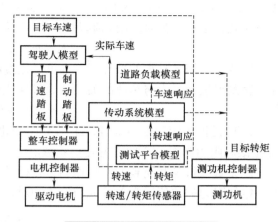

图 11-27 道路工况模拟原理

要实现图 11-28 所示的道路工况模拟，就必须建立道路工况负载模型、传动系统模型、测试平台模型与驾驶人模型。

（2）道路负载模型

道路工况负载是指直线行驶时，汽车受到的纵向阻力，也可以认为是车轮受到的等效阻力矩。在道路上匀速直线行驶时，电动汽车的道路负载包括滚动阻力、空气阻力和坡度阻力；加速行驶时，电动汽车还要克服自身加速运动时的惯性力，即加速阻力。整车行驶时只涉及车辆纵向动力学，不包含车辆的振动和操作稳定性，整车行驶模型只描述车辆的加速、匀速和减速行驶状态。所以，车辆动力学物理模型简化为一个刚体运动模型，其动力平衡方程为

$$F_t = F_f + F_i + F_w + m \frac{dv}{dt} \tag{11-5}$$

式中，F_t 是作用在刚体速度方向的推力（N）；F_f 是滚动阻力（N）；F_i 是坡道阻力（N）；F_w 是空气阻力（N）；m 是汽车质量（kg）；$\frac{dv}{dt}$ 是加速度（m/s²）。

车辆模型为一个刚体模型，F_t 为作用在轮胎边缘的驱动力，所以式（11-5）不包含真实车辆旋转部件的旋转加速阻力，而是放在传动系统模型中进行计算。

当车轮在路面上滚动时，轮胎与路面在接触区域内产生的各种相互作用力和相应的变形都伴随着能量损失，这种能量损失叫作轮胎的弹性迟滞损失，它是产生滚动阻力的根本原因。轮胎的弹性迟滞损失会以车轮滚动阻力偶矩的形式，表现为汽车行驶的一种阻力。如果不考虑其他因素的影响，汽车直线行驶时的滚动阻力可表示为

$$F_f = mgf\cos\alpha \tag{11-6}$$

式中，g 是重力加速度，$g = 9.8 \text{m/s}^2$；m 是汽车质量（kg）；α 是道路坡度角（°）；f 是滚动阻力系数。

所以，滚动阻力与滚动阻力系数、道路坡度和汽车质量有关。行驶车速对滚动阻力系数有很大的影响。

目前电动汽车普遍使用低压轮胎，行驶车速对滚动阻力系数的影响可以描述为

$$f = f_0 + f_1 v^2 \tag{11-7}$$

式中，$f_0 = 0.01$；$f_1 = 7.5 \times 10^{-6}$；v 是车辆速度（m/s）。

因此，车辆行驶时的滚动阻力可以表示为

$$F_f = mg(f_0 + f_1 v^2)\cos\alpha \tag{11-8}$$

当然，在拥有整车的条件下，也可以通过滑行试验、底盘测功机试验和拉力计牵引试验等方法测得滚动阻力与车速的关系，通过插值得到滚动阻力计算公式：

$$F_f = A_0 + B_0 v + C_0 v^2 \tag{11-9}$$

式中，A_0 是恒定滚动阻力部分，不随车速变化（N）；B_0 是滚动阻力随车速线性变化系数；C_0 是滚动阻力随车速 2 次方变化的系数。

汽车直线行驶时受到的空气作用力在行驶方向上的分力称为空气阻力。在汽车行驶范围内，空气阻力的数值通常总结成与气流相对速度的动压力成正比，即

$$F_w = \frac{1}{2} C_D A \rho v^2 \tag{11-10}$$

式中，C_D 是空气阻力系数；ρ 是空气密度（kg/m³）；A 是迎风面积，为车身迎风面积，即汽车在行驶方向上的投影面积（m²）；v^2 是相对速度（m/s），为汽车相对于气流的速度，此处只讨论无风条件下汽车的运动时为汽车行驶速度。

当汽车上坡行驶时，汽车重力沿坡道的分力表现为汽车的坡道阻力，即

$$\begin{cases} F_i = mg\sin\alpha \\ \alpha = \arctan i \end{cases} \tag{11-11}$$

式中，i 是道路坡度，即坡高与相应水平距离的比值。

坡道阻力只有在道路坡度不为零时才会产生，道路循环工况一般没有坡度要求，但是为满足研究需要，这里考虑了道路坡度影响。

汽车加速行驶时，需要克服自身质量产生的运动惯性力，即为加速阻力。汽车惯性质量的动力学效应分为平移和旋转两部分。加速时，不仅产生汽车的质量分为平移和旋转两部分。加速时，不仅平移质量产生惯性力，旋转质量也要产生惯性力偶矩。而将汽车简化为一刚体时，只存在平移质量—刚体时，只存在平移质量，所以此时的加速阻力为

$$F_j = m\frac{dv}{dt} \tag{11-12}$$

综上所述，可以得到将汽车看作刚体时行驶方向上的道路负载，即：

$$T'_t = F_t r_D = \left[mg\cos\alpha(f_0 + f_1 v^2) + \frac{1}{2} C_D A \rho v^2 + mg\sin\alpha + m\frac{dv}{dt} \right] r_D \tag{11-13}$$

式中，T'_t 是作用在车轮的负载阻力距（N·m）；r_D 是车轮动态半径（m）。

参考式（11-13），可得出道路负载的另一种表达方式为

$$T'_t = \left[A_0 + B_0 v + C_0 v^2 + \frac{1}{2} C_D A \rho v^2 + mg\sin\alpha + m\frac{dv}{dt} \right] r_D \tag{11-14}$$

(3) 传动系统模型

通过将汽车运动模型假设为刚体运动模型，得到道路负载模型，但是要得到驱动电机的负载模型，则必须考虑汽车内部动力传动系统选择质量的影响。

1) 驱动系统结构。纯电动汽车采用驱动电机作为动力输出机构，由于驱动电机具有从零转速到基速恒转矩和基速以后恒功率的特点，使纯电动汽车驱动系统具有灵活的布置方式

和结构类型。纯电动汽车采用驱动系统结构形式可分为传统驱动模式、机电集成化驱动模式、机电一体化驱动模式等。

① 传统驱动模式，如图 11-28a 所示，传统驱动模式仍采用与内燃机汽车相同的传动系统，包括离合器、变速器、传动轴和差速器等。这类电动汽车驱动系统工作原理与传统汽车一样，驾驶人操纵离合器来切断或接通驱动电机与车轮之间的动力传递，根据实际行驶工况需求选择不同的变速器档位，使汽车高速行驶时获得小的转矩和高的转速以适应高速行驶需求，或者在低速爬坡时能获得大的牵引力以适应爬坡能力的需求。

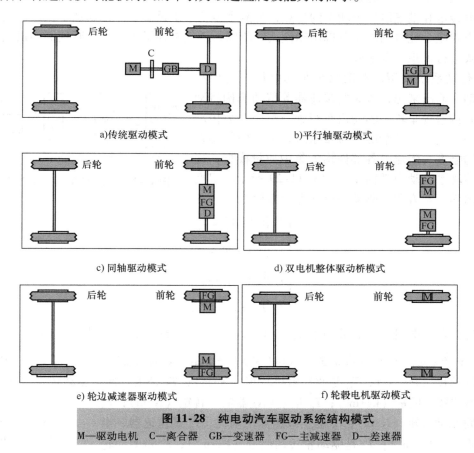

图 11-28　纯电动汽车驱动系统结构模式
M—驱动电机　C—离合器　GB—变速器　FG—主减速器　D—差速器

② 机电集成化驱动模式，图 11-28b 与图 11-28c 所示为机电集成化驱动模式，只是驱动电机位置不同。机电集成化驱动模式取消了离合器与变速器，将驱动电机、固定速比减速器和差速器相连。这样的布置形式使传动系统结构紧凑、效率高，但是对驱动电机的要求是要有高的起动转矩，以保证电动汽车起步加速时的动力需求，同时还要求驱动电机具备较大的储备功率，以满足电动汽车的加速超车与爬坡需求。

③ 双电机整体驱动桥模式，图 11-28d 所示的布置形式为左右两侧的驱动轮分别由独立的驱动电机单独驱动，驱动电机与减速器安装在各自的半轴上，采用电子差速器，驱动系统进一步简化，提高了效率，但对驱动电机要求相对较高。

④ 轮毂电机驱动模式，图 11-28f 所示的布置形式为轮毂电机驱动模式，将驱动电机直

接安装在驱动轮上，直接驱动车轮行驶。图 11-28e 所示的轮边减速器驱动模式与轮毂电机驱动模式相似，也可以归为此类。此种模式大大缩短了动力传递途径，节约了电动汽车布局空间，提高了汽车的舒适性。但是，驱动电机要有较高的强度和控制精度，这就增加了非簧载质量，不利于汽车平顺性。

纯电动汽车采用多档变速器具有提高最高车速、最大爬坡度、经济性和减小驱动电机体积等优势，但是变速器档位过多会产生变速器结构复杂、汽车重量增加、汽车空间变小、控制复杂、成本增加等问题，并且也不利于利用驱动电机的特点。由于驱动电机具有从零转速到基速恒转矩和基速以后恒功率的特点，为减小传动系统重量、体积和功率损失，机电集成化驱动模式成为纯电动汽车首选驱动模式。所以，这里选择了固定速比减速器的机电集成化驱动模式进行模拟试验研究。

⑤ 传动系统模型。电动汽车驱动电机作为传动系统的动力输出来源，依靠主减速器等传动机构将动力变换后传递到车轮，驱动汽车行驶。整个动力传动系统是一个连续、复杂的多质量系统，不考虑传动系统轴系的刚度与阻尼，各部件均为集中质量模型，建立动力传动系统动力学模型，如图 11-29 所示。根据车辆动力学平衡方程，驱动系统动力学方程为

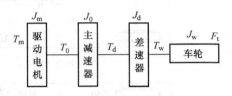

图 11-29　动力传动系统动力学模型

$$\begin{cases} J_m \ddot{\theta}_m = T_m - T_0 \\ J_0 \ddot{\theta}_0 = i_0 T_0 - T_d \\ J_d \ddot{\theta}_d = T_d - T_w \\ J_w \ddot{\theta}_w = T_w - R_w F_t \end{cases} \tag{11-15}$$

式中，J_m 是驱动电机转动惯量（包含离合器主动盘）（kg·m²）；$\ddot{\theta}_m$ 是驱动电机角加速度（rad/s²）；$\ddot{\theta}_0$ 是主减速器角加速度（rad/s²）；$\ddot{\theta}_d$ 是差速器角加速度（rad/s²）；$\ddot{\theta}_w$ 是驱动轮角加速度（rad/s²）；T_m 是驱动电机转矩（N·m）；T_0 是主减速器驱动转矩（N·m）；J_0 是主减速器转动惯量（kg·m²）；T_d 是主减速器输出转矩（N·m）；T_w 是驱动轮驱动转矩（N·m）；i_0 是主减速器传动比；J_d 是差速器、半轴转动惯量（kg·m²）；J_w 是驱动轮转动惯量（kg·m²）；r_w 是驱动轮半径（m）；F_t 是车辆驱动力（N）。

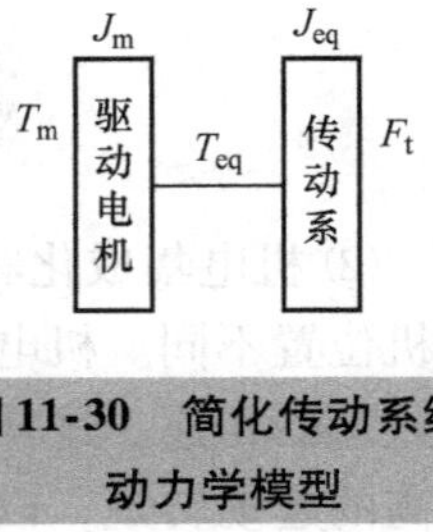

将主减速器、差速传动轴和车轮简化为一个整体模型，可简化动力传动系统动力学模型，如图 11-30 所示。简化原理是等效转动惯量以驱动电机转速旋转时的动能与各个部分分别以各自的转速旋转时的动能之和相等。利用式（11-16）求出等效转动惯量。

图 11-30　简化传动系统动力学模型

$$\begin{cases} E = \dfrac{1}{2}j_0\omega_0^2 + \dfrac{1}{2}j_d\omega_d^2 + \dfrac{1}{2}j_w\omega_w^2 \\ E = \dfrac{1}{2}j_{eq}\omega_0^2 \\ \omega_0 = i_0\omega_d = i_0\omega_w \end{cases} \tag{11-16}$$

式中，E 是动能；ω_0 是减速器输出角速度（rad/s）；ω_d 是主减速器输出角速度（rad/s）；ω_w 是车轮角速度（rad/s）；j_{eq} 是等效转动惯量（kg·m²）。

可以求得等效转动惯量为

$$j_{eq} = J_0 + J_d \frac{1}{i_0^2} + J_w \frac{1}{i_0^2} \tag{11-17}$$

则简化后驱动系统力学方程为

$$\begin{cases} J_m \ddot{\theta}_m = T_m - T_{eq} \\ J_{eq} \ddot{\theta}_{eq} = i_0 T_{eq} - R_w F_t \end{cases} \tag{11-18}$$

可将动力传动传动装置看作一个整体的传动系统，都是从车轮输入到变速器输入的简化路径，将简化模型成为等效传动系统。等效传动系统将从驱动电机的输出动力，按照设定比例传递到驱动轮，通过改变驱动电机输出转矩和转速，以满足车辆需求驱动力与车速。不考虑车轮滑移，等效传动系统模型可简单用式（11-19）表示：

$$\begin{cases} \omega_{eqin} = \omega_{eqout} i_{eq} = \dfrac{i_{eq}}{R_w} v \\ j_{eq} \ddot{\theta}_{eq} = T_{eqin} i_{eq} \eta_{Ti} - T_{eqout} \\ T_{eqout} = F_t r_D \end{cases} \tag{11-19}$$

式中，ω_{eqin} 是等效传动系统输入角程度（rad/s）；ω_{eqout} 是等效传动系统输出角速度（rad/s）；T_{eqin} 是等效传动系输入转矩（N·m）；T_{eqout} 是等效传动系输出转矩（N·m）；i_{eq} 是等效传动比；r_D 是驱动轮半径（m）；$\ddot{\theta}_{eq}$ 是传动系统角加速度（rad/s）；v 是汽车速度（m/s）；η_{Ti} 是等效传动系的机械效率。

2）测试平台模型。电动汽车测试平台台架部分包含驱动电机、测功机、转速/转矩传感器以及两台电机之间的连接轴。如图11-31所示，将转速/转矩传感器视为连接轴的一部分，驱动电机输出驱动转矩拖动电涡流测功机与连接轴转动，同时电涡流测功机通过发电产生负载转矩。如同简化的车辆驱动模型一样，测试平台模型可表示为

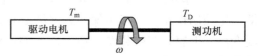

图11-31 测试平台模型

$$T_m - T_D = (J_D + J_m + J_s) \dot{\omega} \tag{11-20}$$

式中，T_m 是驱动电机转矩（N·m）；T_D 是测功机转矩（N·m）；J_D 是测功机转动惯量（kg·m²）；J_s 是连接轴转动惯量（kg·m²）；J_m 是驱动电机转动惯量（kg·m²）；$\dot{\omega}$ 是测试平台角加速度（rad/s²）。

3）驾驶人车速跟随模型。一个完整的道路循环工况包含车辆起步、加速、匀速、减速和停车等各种工况，道路工况曲线中的车速作为控制参数是随时间变化的，车速的控制直接与驾驶人的控制相关。对驾驶人加速踏板和制动踏板操作的模拟是完成车速跟随的关键。

当车辆行驶目标车速大于实际车速，驾驶人踩下加速踏板，期望得到一定的车辆驱动力，驱动车辆达到目标车速；当车辆行驶目标车速小于实际车速时，驾驶人踩下制动踏板，车辆制动以减小车速。所以，所谓驾驶人车速跟随模型，就是由车速输入得到加速踏板高度大小或制

动踏板高度大小,实现对道路工况车速跟随的过程。为实现这个控制过程,利用 PID 调节控制器与模糊控制原理,模拟驾驶人调节加速踏板高度或制动踏板高度,实现车速跟随。

① 控制。PID 调节控制器是一种线性控制器,将需求值与实际值偏差的比例、积分和微分线性组合构成控制量——被控对象。对于模拟系统的 PID 控制,其控制系统原理如图 11-32 所示。

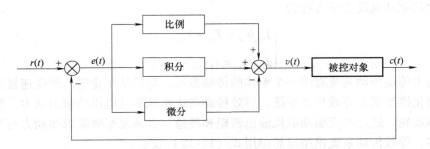

图 11-32 PID 控制系统原理图

在图 11-33 中,$r(t)$ 是需求输入量,$c(t)$ 是被控对象的实际量,则偏差值 $e(t)$ 为

$$e(t) = r(t) - c(t) \tag{11-21}$$

PID 调节控制器的控制规律为

$$v(t) = K_P \left[e(t) + \frac{1}{T_i} \int_0^t e(t) \mathrm{d}t + T_D \frac{\mathrm{d}e(t)}{\mathrm{d}t} \right] \tag{11-22}$$

PID 调节控制器的传递函数为

$$D(S) = \frac{U(S)}{E(S)} = K_P \left(1 + \frac{1}{T_i S} + T_D S \right) \tag{11-23}$$

简单来说,PID 调节控制器各校正环节作用如下:

a. 比例环节,即时成比例地反映控制系统的偏差信号 $e(t)$,偏差一旦产生,控制器立即产生控制作用,以减小偏差。比例增益 K_P 增大,控制系统的响应速度变快,系统调节精度变高,但容易产生超调,稳定性变差;K_P 减小,控制系统响应变慢,控制精度降低,系统的动态性与静态性变差。

b. 积分环节,主要用于消除由比例环节产生的静差,提高系统的无差度。积分作用的强弱取决于积分时间常数 T_i,T_i 越大,积分作用越弱,反之则越强。同时如果 PID 加入积分环节会延迟整个系统响应速度。

c. 微分环节,可改善系统的动态性能,反映偏差信号的变化趋势,并能在偏差信号值变得太大之前,在系统中引入一个有效的早期修正信号,从而加快系统的动作速度,减少调节时间。

PID 调节控制器的原理很简单,方便实现,在很多工业控制中得到应用。但由于 PID 调节控制需要知道被控对象的数学模型才能实现控制,对于很难得到精确数学模型的时变、非线性系统无法直接应用。

② 模糊控制。模糊控制是依靠丰富的工作经验总结而得的用语言表述的控制策略,它是通过将大量的实际操作数据或者经验总结归纳得到响应的控制规则,继而依靠计算机实现自动控制。它与传统控制有很大的区别,模糊控制不需要被控对象的精确数学模型,但是需

要大量的操作数据与经验。随着自动控制系统被控对象的复杂化，表现为控制系统具有多输入、多输出的强耦合特性、参数时变性和非线性特性，更突出的问题是从系统的对象获得的信息量相对减小，相反对控制性能的要求却日益增高。很多时候控制对象的精确数学模型难以建立，若将人们的手动控制经验用语言描述，构成一系列条件语句即控制规则，再利用模糊理论、模糊语言变量和模糊逻辑推理，将模糊的控制规则上升为数值运算，让计算机运用程序来实现这些控制规则，这样就可以利用计算机模拟控制被控对象。

模糊控制系统由模糊数据和规则库、模糊器、模糊推理机和解模糊器组成。模糊控制系统用作控制器时是作为模糊控制器。模糊控制系统与传统的闭环控制系统不同之处在于用模糊控制器代替了模拟控制器。模糊控制器的结构如图 11-33 所示。模糊控制过程分为模糊化、模糊逻辑推理和解模糊判断 3 个步骤。其分别由模糊控制器的模糊器、模糊推理机和解模糊器完成。模糊系统的优劣主要取决于模糊控制器的结构、推理规则、推理算法以及模糊决策的方法等因素。

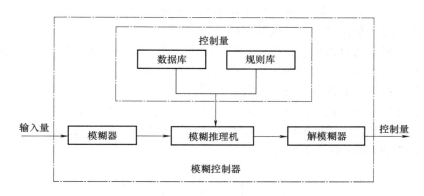

图 11-33 模糊控制器结构图

③ 驾驶人车速跟随模型。由于驾驶人车速控制具有非线性、响应滞后大的特点，使用传统的 PID 控制方法控制加速踏板或制动踏板时，如果超调量小，就难以保证快速跟踪的指标；如果满足快速的车速跟踪，必然会因其超调量过大。传统的 PID 控制器的控制参数很难整定，整定后只能适应于相应控制对象，使其不能满足在不同车速偏差和偏差变化率的情况。模糊控制不需要精确的数学模型，可以融合驾驶人的驾驶经验与知识，保证对给定车速的跟踪控制精度，但只利用模糊控制的方法进行系统控制，往往不能满足控制对象的所有指标，因此模糊控制还需要传统 PID 控制作为补充。

④ 负载模拟。上面利用模糊 PID 控制可以实现车速的跟随，但前提是条件是必须给驱动电机加以与道路工况相同的负载，所以测试平台电涡流测功机端的道路负载模拟也极为重要。根据图 11-34 所示的工作原理，转矩传感器测量驱动电机输出转矩，此转矩驱动测试平台，得到一个转速响应，转速响应经过传动系统模型得到传动系统惯性转矩，并向道路负载模型输入车速响应，道路负载模型输出负载阻力矩，传动系统惯性转矩与道路负载阻力矩之和为电涡流测功机所要模拟的目标转矩，并以电涡流测功机实际输出转矩反馈控制，实现对道路负载的模拟。可以建立图 11-34 所示的道路负载模拟控制器结构，以此建立电涡流测功机道路负载模拟的 PID 调节控制器。

通过分析电动汽车道路工况，建立道路负载模型与传动系模型，得到车辆本身的转速与转

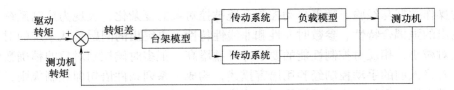

图 11-34　道路负载模拟控制器

矩传递关系。通过类比真实车辆与测试平台的相似性，提出了道路工况模拟的控制原理，可将之分为车速跟随与负载模拟。对于难以掌握模型的驾驶人车速跟随模型，以模糊 PID 控制实现对 PID 参数的整定，从而实现车速跟随；对道路负载的模拟，建立简单的 PID 控制器。

a. 道路工况选择。为了能真实反映一个地区某类型车辆的行驶特性，通过采集车辆在某种特定环境下的实际行驶状况数据，并进行大量的数据统计与分析，国内外都制订了可以用来表示特定行驶环境下汽车运行情况的典型道路工况。道路循环工况试验可以用评价电动汽车的续驶里程与耗电率，同时可以用于整车及其零部件的可靠性、耐久性测试和动力参数的匹配，为新车的开发提供了大量数据支持。

道路工况按照表现形式可分为稳态和瞬态两种形式。稳态工况的车速—时间曲线主要由一些折线段组成，代表匀速、匀加速和匀减速等工况；瞬态工况的车速—时间曲线与车辆实际运行过程非常相似，更符合车辆实际行驶特征。

为验证电动汽车动力测试平台模拟整车道路循环工况试验的效果，这里试验工况选择简单的 ECE15 稳态工况和我国乘用车城区与郊区瞬态工况（CPV 工况），如图 11-35 和图 11-36 所示。ECE15 工况详细特征值，见表 11-10。

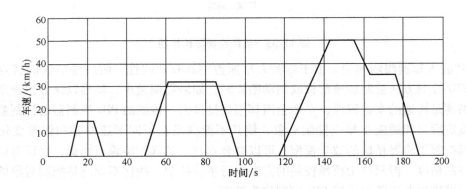

图 11-35　ECE15 循环工况

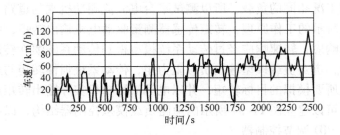

图 11-36　我国乘用车市区与郊区循环工况

表 11-10 ECE 循环工况详细特征值

次 序	操作状态	工况序号	速度/(km/h)	加速度/(m/s²)	操作时间/s	工况时间/s	累计时间/s
1	停车	1	0	0	11	11	11
2	加速	2	0~15	1.04	4	4	15
3	等速	3	15	0	8	8	23
4	减速	4	15~0	-0.83	5	5	28
5	停车	5	0	0	21	21	49
6	加速	6	0~15	0.69	6	12	55
7	加速	6	15~32	0.79	6	12	61
8	等速	7	32	0	24	24	85
9	减速	8	32~0	-0.81	11	11	96
10	停车	9	0	0	21	21	117
11	加速		0~15	0.69	6		123
12	加速	10	15~35	0.51	11	26	134
13	加速		35~50	0.46	9		143
14	等速	11	50	0	12	12	155
15	减速	12	50~35	-0.52	8	8	163
16	等速	13	35	0	15	15	178
17	减速	14	35~0	-0.97	10	10	188
18	停车	15	0	0	7	7	195

b. 车速跟随验证试验。利用电动汽车动力测试平台模拟整车道路循环工况试验，试验模拟效果的直接评价方法就是车速跟随状况，即要满足我国汽车试验标准的实际车速与工况车速偏差保持在 ±2km/h 内的精度要求，如图 11-37 所示。

图 11-37　电动汽车动力测试平台

如图 11-38 所示，将被测驱动电机连接到测试平台上，安装时要进行精确对中，试验前要将外露的旋转轴用防护罩遮挡。被测驱动电机的主要参数见表 11-11，模拟的整车参数见表 11-12，动力电池模块采用试验电源为被测电机控制器供电，依次进行 ECE15 工况和 CPV 工况下的试验。试验完成后，对试验实测车速与工况循环车速对比分析。

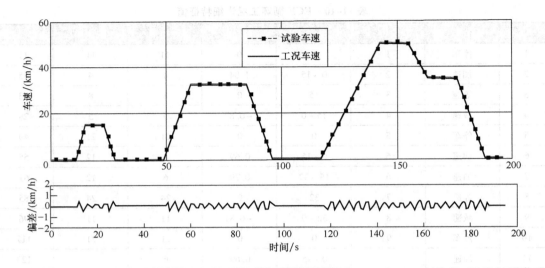

图 11-38 试验车速与 ECE15 车速对比

表 11-11 驱动电机主要参数

项目	参数	项目	参数
额定功率	30kW	峰值功率	50kW
额定转矩	80N·m	峰值转矩	170N·m
基速范围	3000r/min	最高转速	5000r/min
最小工作电压	130V	最大工作电流	270A

表 11-12 整车主要参数

项目	参数	项目	参数
整备质量	1113kg	轮胎转动惯量	2.369kg·m^2
迎风面积	2.0m^2	车轮滚动半径	0.282m
空阻系数	0.335	其他旋转部件惯量	0.0104kg·m^2
减速器速比	4.037	传动系效率	0.93
减速器转动惯量	0.0073kg·m^2		

图 11-38 所示为 ECE 工况下实测车速与工况循环车速对比，由于工况为稳态工况，车速变化平稳，易于控制，车速偏差都落在 ±1km/h 内，车速跟随效果良好。在加速或减速工况实测车速与工况循环车速差别相对较大，说明动态工况使车速相对难以控制，这点在图 11-39 中格外明显。对 CPV 工况下实测车速与工况循环车速对比，从图 11-39 看出，车速偏差都落在 ±2km/h 以内，达到车速跟随要求。瞬态工况下的车速偏差相对模态工况车速偏差偏大，主要是由于瞬态工况下车辆运行状态时刻变化，无规律可循。

⑤ 驱动电机运行效能试验。车速跟随的效果决定了测试平台能否进行道路工况模拟试验，为进一步验证模拟试验的效果，实现测试平台应具有的意义，现利用测试平台对驱动电机的运行效能进行评价。

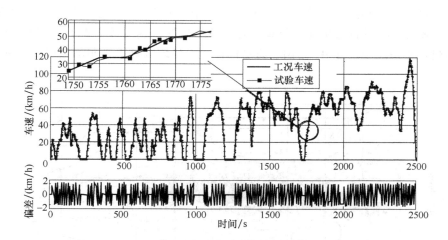

图 11-39 试验车速与 CPV 车速对比

a. 评价方法。驱动电机运行效能值在循环工况下驱动电机的运行状况，可以用驱动电机高效率区间利用率、驱动电机过载区间利用率和驱动电机恒功率区间利用率来评价。

驱动电机高效率区间利用率是指整个循环工况下驱动电机工作点落在高效区间 (a, b) 的个数与全部工作点个数的比值 η_{ab}，即

$$\eta_{ab} = \frac{N_{ab}}{N_m} \tag{11-24}$$

式中，N_{ab} 是区间 (a, b) 内的工作点数；N_m 是全部工作点数。

驱动电机过载区间利用率是指驱动电机过载工作点个数与全部工作点个数的比值 η_{ab}，即

$$\eta_{ab} = \frac{N_{ol}}{N_m} \tag{11-25}$$

式中，N_{ol} 是过载区间工作点数；N_m 是全部工作点数。

驱动电机恒功率区间利用率是指驱动电机恒功率区间工作点个数与全部工作点个数的比值 η_{ab}，即

$$\eta_{ab} = \frac{N_p}{N_m} \tag{11-26}$$

式中，N_p 是横功率区间工作点数；N_m 是全部工作点数。

b. 试验及结果分析。选择在我国乘用车市区与市郊工况 CPV 进行试验，同样采用试验电源为驱动电机控制器供电，利用功率分析仪测试驱动电机效率，每秒采集一个工况点。

如图 11-40 所示，圆点部分代表 CPV 工况下的驱动电机运行工况分布情况。图 11-41 中①所指直线为驱动电机恒转矩范围与恒功率范围分界线；②所指曲线为驱动电机连续运行特性曲线，曲线以上即过载工况区域。从图 11-41 中可以看出大部分工况点分布在额定转矩下和恒转矩转速范围内。驱动电机过载区间利用率为曲线②以上点的个数与全部工况点数（不包括车速为零工况）的比值，经统计计算该值为 0.025%。驱动电机恒功率区间利用率为直线①右边工况点数与全部工况点数（不包括车速为零工况）的比值，经统计计算

该值为 5.271%。驱动电机高效率区间利用率在图 11-41 中也有体现，选择效率区间为 (0.7, 1)，落在该区间的工况点与全部工况点（不包括车速为零工况）的比值即为驱动电机高效率区间利用率，图 11-41 给出了直观的体现。经统计计算，驱动电机高效率区间利用率为 93%。

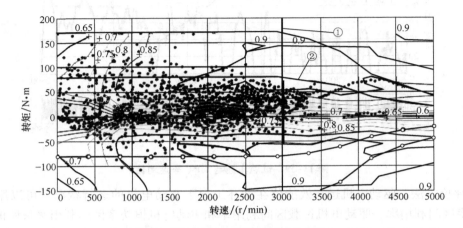

图 11-40　驱动电机运行工况分布

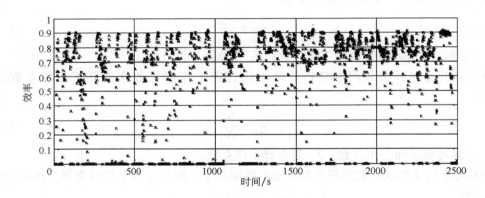

图 11-41　驱动电机效率分布

驱动电机高效率区间利用率间接反映了电动汽车的能耗，这对电动汽车的续驶里程有很大影响。驱动电机过载区间利用率是电动汽车瞬态加速工况的体现，过载区间为驱动电机间断运行工况，过高的过载区间利用率对车用蓄电池有很大的损害，同时也体现了电机性能的不足。通过改变车辆传动系统参数或改变控制策略再进行测试，分析测试的数据，最终可以确定出高效区间利用率较高，过载区间利用率与恒功率区间利用率比较合理的动力系统参数或最优的控制策略，实现车辆动力系统匹配性能和控制策略的优化。

基于道路工况有稳态与瞬态的区别，选择了 ECE15 稳态工况和我国乘用车城区—城郊瞬态工况分别进行了车速跟随验证试验，试验车速与工况要求车速偏差满足我国试验标准车速偏差在 ±2km/h 以内的精度要求，说明测试平台可以有效地模拟整车道路工况，进行整车模拟试验。因此，利用该测试平台对驱动电机结合道路工况下的运行效能进行了测试，测试结果可用于评价驱动电机的运行效率和整车的匹配状况。

6. 电动汽车测试平台系统

电动汽车测试平台系统是在传统发动机测试台架的基础上，参照电动汽车测试需求加以改进而设计完成，基于模块化的思想，设计了包含动力电池模块、驱动电机模块、数据采集模块、测功机负载模拟模块、主控机系统模块和电动汽车动力测试平台，完成测试平台设备的选型，布置搭建了试验室。

动力电池模块配有模拟电源、动力电池和智能充放电仪，模拟电源可模拟动力电池特性，代替蓄电池进行试验；动力电池为电动汽车车载电池，试验时为驱动电机供电，动力电池管理系统监测电池状态；智能充放电仪可以对蓄电池进行充放电试验，用以研究电池特性。电涡流底盘测功机负载模拟模块采用长沙湘仪动力测试仪器有限公司生产的交流电力测功机来模拟被测驱动电机负载，它具有大功率、合适的恒功率和恒转矩范围、响应快和精度高等特点。

数据采集模块包括YOKOGAWA WT3000高精度功率分析仪和集成于测功机内的转速转矩传感器，同时还有温度、电流和电压等传感器。主控机系统模块采用研华工业控制计算机，基于控制器区域网（CAN）总线实现数据采集与通信，并用LabVIEW设计了上位机软件，如图11-42所示。

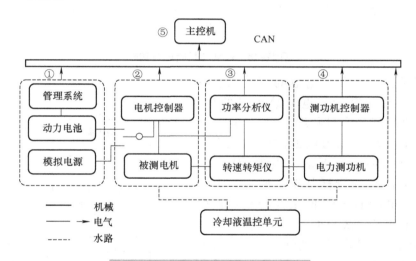

图11-42　电动汽车动力测试平台结构

1）道路循环工况。道路循环工况针对不同类型车辆制订，用来表示特定行驶环境下汽车的运行情况，即车辆行驶速度—时间历程，道路循环工况试验可用来对车辆排放性能测试，也可用来评价车辆的经济性，同时可以测试整车及其零部件的可靠性、耐久性，为新车开发提供大量的数据支持。美国FTP75、日本JC08和欧洲ECE-EUDC等道路循环工况测试标准都是基于各自国家或地区的车辆行驶状况，通过大量数据统计而得。本试验选择ECE-EUDC道路循环工况进行模拟试验。

ECE-EUDC工况包含市区和市郊两个工况，如图11-43所示，市区循环是城市行驶过程的一个简化代表，由15种行驶方式组成，共进行4个（15工况）循环，测试时间持续780s，总行驶里程为4.052km，平均车速18.7km/h；市郊循环为一个附加的反映车辆在市郊的行驶工况，测试时间为400s，行驶里程6.955km，平均车速62.6km/h，最高车速为120km/h。

2) 道路循环工况的转化。本试验所设计的电动汽车动力测试平台为驱动电机测试平台,测试对象为驱动电机,试验时电机转速与转矩作为控制参数,而道路循环工况是整车的车速—时间历程,需要将其转化为驱动电机的转速/转矩—时间历程。转化方法是基于ADVISOR软件建立整车仿真模型,并在ECE-EUDC循环下仿真试验,从仿真试验结果中提取驱动电机的转速与转矩。

3) 道路工况整车模拟试验,如图11-43所示。

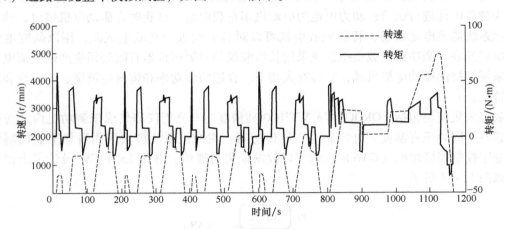

图11-43 驱动电机转速与转矩

① 模拟试验的评价。电池的荷电状态SOC值定义为电池剩余容量与电池总容量的比值,用来反映电池的剩余容量状况。对于同一电池,SOC值同时也反映了动力电池的储能状况,通过检测在道路循环工况下动力电池SOC变化,可以评价电动汽车的能耗状况。所以,本试验通过测量动力电池的SOC值来评价模拟试验的效果,即对比整车测试SOC。

② 模拟试验。试验模拟的纯电动汽车整车采用75kW交流异步电机,动力电池是由25个子模块组成的12V、26A铅蓄电池,考虑到动力电池SOC值在靠近0或1时,电压明显下降或上升,故设定试验电池SOC值为0.9时,开始试验;当SOC值小于0.1时,停止试验,严格按照试验规范进行试验,记录数据。试验流程如图11-44所示。

③ 验结果与分析。试验中SOC值变化情况,如图11-45所示,由于电池容量有限,由图11-45可见,模拟试验完成3个完整循环工况,当运行到第4个循环即市郊工况,模拟行驶距离达到38km处时,SOC值小于0.1,试验停止。每个循环工况后的SOC值和总模拟行驶距离见表11-13。

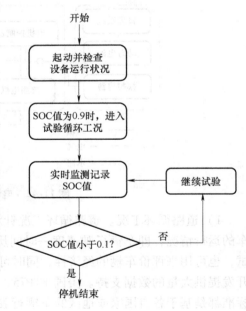

图11-44 试验流程图

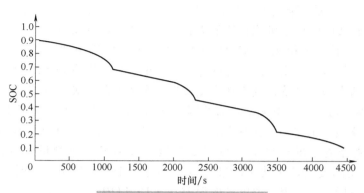

图 11-45 试验中的 SOC 值变化

表 11-13 模拟试验与转鼓试验台整车测试 SOC 值对比

	循环 1	循环 2	循环 3	循环 4（未完成）	行驶距离/km
试验 1	0.768	0.535	0.291	0.099	37.7
试验 2	0.771	0.540	0.294	0.100	38.0
转鼓试验台整车测试	0.763	0.530	0.287	0.100	37.5

这里设计了电动汽车测试平台系统，模拟纯电动汽车进行整车测试，得出以下结论：

a. 区别于计算机模拟和整车测试，电动汽车室内平台测试可为电动汽车研究开发提供大量的详细数据，具有不可替代的作用。

b. 利用 ADVISOR 转化道路循环工况，可在电动汽车动力测试平台上实现整车道路循环工况模拟试验，可替代部分整车测试，支持了电动汽车开发。

7. 电动汽车电机性能试验

（1）试验项目和方法

该试验的目的在于测试电机的主要性能及其与控制器二者的匹配情况。不同于以往常见电机的工作环境，汽车行驶时的情况极其复杂，电机必须能够提供其运行过程中所需要的转速与转矩配比，必须拥有较高的比功率及功率密度。

在 GB/T 18488.1—2001《电动汽车用电机及其控制器技术条件》和 GB/T 18488.2—2001《电动汽车用电机及其控制器试验方法》两项标准的 20 多项技术条件中，对电机及其控制器的生产企业，我国规定每台电机及其控制器必须进行 12 个项目的常规检验。但是对于科研单位来说，研究的重点是电机的性能及其控制方案是否适合于电动汽车的各种运行工况，而不必对电机进行全部的试验。几项涉及电动汽车动力性、经济性和安全性的项目主要包括耐电压试验、堵转转矩和电流、电机控制器的过载和保护能力、电机机械特性及效率等，具体的试验方法和技术要求可以参考《电动汽车用电机及其控制器试验方法》。

另外，除了电机和控制器本身的特性试验外，还要把电机与汽车结合在一起来研究二者匹配的关系，因此还需要进行二者匹配后驱动系统的动力性、经济性等试验。

（2）试验准备条件

1）环境温度。根据 GB/T 18488.2—2001《电动汽车用电机及其控制器技术条件》，试验应在室内进行，环境温度控制在 20 ~ 40℃。

2）线路布置。按照台架试验与车辆实际布线相近的原则，本试验采取控制器的外线路阻抗与车辆实际布线的阻抗尽可能相等的措施进行试验线路的布置。

3）冷却装置。按照电机和控制器的冷却效果与实际使用条件相似的原则进行试验设计和布置，试验台上的电机采用自然冷却的方式，而电机控制器则采用水冷方式，为电机控制器配备专用的冷却水循环系统，其冷却强度接近于车辆实际行驶时的状况。

4）测量仪器。对电压、电流平均值的测量可采用磁电式仪表或能读出平均值的其他仪表，包括数字式仪表。试验时，采用的电气测量仪器、仪表的准确度应不低于0.5级（兆欧表除外），直流分流器准确度应不低于0.2级。数字式转速测量仪的准确度应不低于0.1% ±1级，转矩测量仪及测功机的准确度应不低于1%（直测效率时应不低于0.5%）。测力计准确度应不低于0.5级，温度计的误差在±1℃以内。选择仪表时，注意使其测量值位于20% ~95%仪表量程范围内。电流表量程允许的范围内，尽可能不采用分流器。如用分流器测量电流时，测量线的电阻应按所用毫伏表选配。此外，试验室各仪表的读数尽量同时读取。

5）电源。由于试验中采用的电机来自于配备原装铅酸电池（共串联24块，电压288V）的电动汽车，试验中电源采用由交流电网经过AC/AC、AC/DC转换和大电容组整流后的直流模拟电源，该直流电源基本符合电动汽车用动力电池的电压和电流特性，电源的输出阻抗也与电动汽车用动力电池的阻抗基本相等。

（3）试验台布置

该试验台的重要功能就是用以试验和检测电动汽车用电机及其控制器的特性跟性能是否满足新车的开发要求。根据台架结构的总体设计，电机及其控制器的试验和检验布置如图11-46所示。

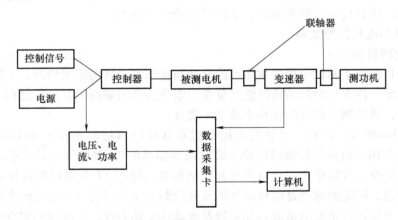

图11-46 电机及控制器台架布置图

被测电机、传感器和负载设备安装在同一稳固的试验平台上，它们通过挠性联轴器相连接，保证电机、传感器和负载设备各轴同心度。负载可以根据需要采用电力测功机或电涡流测功机，在试验过程中要保持各测试系统可靠接地。

（4）试验设备

1）试验用模拟电源的选择。在电动汽车试验台上，通常采用的动力源是蓄电池，但在做电机性能及其控制系统的试验、电动汽车的动力性试验时，需要考虑选择供电网络中的动力电源。这主要是出于对 4 个方面的考虑，一是蓄电池使用寿命有限，经常使用蓄电池做试验会造成不必要的浪费，而且蓄电池价格较高，大批次的运用将会造成很大的成本支出；二是蓄电池属于二次电源，放电完毕后需要充电，充放电的过程中必然存在能量的损耗；三是蓄电池储存的电量有限，有时试验需要持续时间较长，反复试验的次数较多，蓄电池内部储存的电量可能不能保证试验的正常进行；四是试验中将会运用大量的蓄电池，占用空间较大且不易布置，对试验场地要求较高等。

由于电动汽车通常采用直流电机和交流电机两种，因此搭建试验台时也考虑到了直、交流两种电源的提供方式，由于在试验中采用的电机为永磁直流电机，因此应用直流供电被认为是最佳的供电方式。由于供电柜输出电压为模拟直流电，电压极不稳定，在电机加载过程中常常出现电压瞬间下降的现象以及在电机变压调解时会出现电压、电流瞬间过载的现象，经过检测发现整流电压波形中存在波形尖峰和低谷，需要进行再调节。在电源整流柜上加装基于 Freescale 单片机控制系统实现对电源的 PID 调节，并将一组 $4700\mu F\times 8$ 的铝电解电容与整流电柜组合，实现了对输入电压波削峰填谷，消除毛刺波的作用，整流后的电源模拟电压完全可以达到对蓄电池输出电压的效果，电机实现平稳运行。

2）驱动电机转速测量传感器。试验中采用的测速传感器原理是将被测轴的转速信号变换为电脉冲信号，通常用到的测速传感器有 3 种，如磁电式、光电式和霍尔转速传感器等。本试验采用了霍尔转速传感器进行转速测量，其核心工作原理为霍尔效应，转动金属部件在霍尔传感器形成的磁场中旋转时就会引起输出电势的变化，通过对输出电势变化情况的测量，就可以得到同样变化情况的被测量对象的转速值。它主要由传感头和齿圈组成，传感头里布置有霍尔元件、永磁体和电子电路等。在测量机械设备的转速时，被测量机械的金属齿轮、齿条等运动部件会在传感器的前端运动变化，从而引发磁场的有规律改变；当部件在霍尔元件产生弱磁区域运行时，将引起相对较弱的磁场变化；而在磁力线较为集中的区域运动时，磁场的变化强度就会加强。这样霍尔转速传感器就是依靠传感器上的感应元件穿过密度不断的变化磁力线时产生交变电信号来完成对转速型号的测量，初始的信号较微弱，需要经过传感器内置放大电路的调整和放大，才能实现将易识别的矩形脉冲信号最终输出。该转速传感器测量精度很高，工作时不易受到干扰信号的影响，没有灰尘及油渍污染伤害。

3）测功机。电涡流测功机结构简单，操作方便，测试精度完全可以满足试验要求，且使用寿命相当长，被广泛用于动力机械试验室测试领域。在试验中应用的电涡流测功机，其结构由转子部分、摆动部分以及固定部分组成。转子部分包括转子轴、转子盘、测速齿盘、联轴器等，转子盘由导磁材料浇模成型，同轴安装一个 25 齿的齿轮，过盈配合使其与转子同转速旋转，转子盘旋转产生电涡流，传感器采集齿盘的变化情况，产生电磁脉冲信号并测量转速；摆动部分包括涡流环、外环、励磁线圈、测力臂架等。当励磁电流通过励磁线圈时便形成电磁场，转子在磁场中旋转时便可感应出电涡流，产生逆向转矩，将动力机械做的功转化为等功率的热量散发到空间中。摆动部分产生的逆向转矩数值与动力机械所产生的转距相等，由测力架上的转距传感器完成对正比电信号的采集。

(5) 试验用测试系统

1）电机及控制器试验的测量电路。不同类型电机的试验测量方法会有所不同，这里结合电动汽车所采用的直流电机特点，主要针对直流电机试验测量方法进行讨论。做直流电机及控制器试验时，需要测量的参数有电枢电流、电枢电压、转速和输出转矩等，使用指示仪表时要用电磁系列仪表。一般不用功率表直接测量电机的输入功率,而是采用通过对电压与电流的测量计算间接求得的方法。在监控电脑中无法输入较大的直流电机的电枢电流测试信号,所以试验中驱动电机电流测试信号的采集采用电流变换器,通过它将电路中的电流测试数据转化为低电流信号再输入监控电脑中。

2)电机及其控制器测试系统的组成和原理。电机及其控制器试验的测试项目除了输入电压、输入电流、输入功率外,还有转矩、转速、输出功率等,根据测试项目的需要,电机及其控制器的测试系统主要由主控机模块、实时测控模块和测功机模块等部分组成,测试系统的组成如图11-47所示。

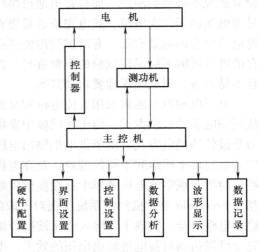

图11-47 驱动电机性能测试系统组成图

主控机是整个测试试验设备的核心,其功能在于提供图形化的用户操作界面,可以设置负载测试和设定参数测试的测试控制软件,分别完成对负载测试和设定参数测试计量,并能在试验进行时实时地显示各指标量与时间的动态参数波形,经过曲线拟合程序操作在用户界面上输出电机特性曲线。与此同时,主控机还可以通过数据采集模块监控非控制参数,如完成对输入电压和工作电流的测量。

测功机是试验的加载系统,试验台可选用电力和电涡流测功机两种类型的加载系统,分别用于不同情况下对电机及控制器的性能试验。这两种测功机除了具备为待测电机提供一定的有效负载的能力外,自身都装备了传感监测设备,可将待测电机在该负载下的转矩、转速以及输出功率等测试项目的实时参数传递到实时监控模块,转化为可识别信号传送给主控机处理。

试验时,首先根据需要选择进行负载测试或设定参数测试的试验,然后对相应的参数进行设置。负载测试时,需要对负载曲线、负载时间、循环时间以及测试时间等测试参数进行设置;设定参数测试时,需要选择设定转矩、转速或者功率的情况下,设置相应的标定参数、控制参数以及测试时间。选择了负载测试或设定参数测试的测试方式后,起动测试程序,测试系统可以按照程序操控采集相关数据参数,完成对待测电机的性能测试,或者在保持标定参数的稳定情况下,对待测电机在该状态下的性能进行测试,记录相关参数。系统运行时,操作界面可显示实时监测图表,其中包含各指标参数与时间的波形图和经过曲线拟合后的电机特性曲线图,并完成相关参数和图形的保存。

3)试验台数据采集和处理系统。在电动汽车台架试验中,信号首先经过数据采集传感器,它的数据采集能力如何,采集的数据是否准确、可靠等,都将对最后的试验成功与否产生直接的影响,其次就要考虑信号传递的方式和数据处理的方法是否正确。试验中的数据处理方式采用预处理和处理相结合的方式,为了保证测量结果的准确度,要求分析设备或处理单元对信息的处理必须要有较高的保真度。因为在传输过程中信号数据包含各种不可避免的干扰信息,稍有不慎就会导致严重的后果,使采集到的数据信息报废。因此,如发生干扰较大的情况,信号应该先经过滤波器处理,然后进行传输,最后进入终端设备进行分析和处理。当一个检测系统需要接收很多模拟信号时,数据采集系统需要布置 A/D 转换器、采样保持器和多路转换开关等部件。

(6) 试验项目及操作

根据电动汽车对驱动电机性能的基本要求,该试验的重点是测试电机性能及其控制方案能否保证改装后的试验车在各种工况下运行时具备良好的整车性能。试验中需要重点测试的电机特性参数包括转速、转矩、工作电流和电压等。

操作软件为简捷易用的多功能数据采集分析软件,DEWE Soft,该软件是专为工程测试人员设计的简单易用的数据采集软件,具有良好的人机界面。DEWE Soft 可设定显示内容,包括系统总览、记录仪、示波器、频谱分析仪、GPS 和视频显示等,支持多屏幕显示窗口模式;各种数学运算功能可以直接获得计算结果。记录数据还可以导出到其他后处理软件。该软件无需任何编程,直接使用,可节省大量的时间。

测定电机性能包括机械特性、电机效率等。驱动电机的机械特性测试试验方法为:

1) 根据试验方案需要,试验中采集分组数据,本试验中根据电机输入电压的不同对数据分为四组进行采集,每组的输入电压分别为 50V、100V、150V、210V。

2) 将变速器调至直接档,起动电机,将电机稳定在某一转速下运转一段时间后,调节加速踏板模拟器将输入电压稳定在 50V。

3) 打开转矩加载设备电源,起动电涡流测功机,旋转转矩按钮加载阻力转矩,加载时尽量保持速度均匀,缓慢加载。当被测电机转速下降,电流逐渐升高至最高电流点时停止加载,缓慢卸载转矩。此时电机转速、加载转矩、电流等信号将由专门的数据采集设备完成采集。

4) 卸载完毕后,按照前述的步骤②、③,将输入电压分别停留在 100V、150V、210V 上重复试验,获得采集数据。

(7) 试验数据及处理分析

试验中测试了电机在不同输入电压下的力学特性,数据采集按照电压不同分为 50V、100V、150V、210V 四组,见表 11-14。由试验数据分析可知,当调节模拟电源的输入电压后,电机的输出转矩与转速呈线性变化,在不同的输入电压下,要获得相同的转矩输出,电机将对外输出不同的转速,同一转矩输出条件下,电压越高,电机输出转速越大。

表 11-14 电机在不同输入电压下的转矩与转速关系

50V 转矩/N·m	61.6	93.8	119.5	151.8	182.3	213.2	226.2
转速/(r/min)	801.3	661.4	502.7	398.8	228.9	134.7	42.1
100V 转矩/N·m	57.7	90.7	176.7	124.6	245.4	307.2	347.3
转速/(r/min)	1327.4	1028	794.5	1226.6	498.3	263.2	38.4
150V 转矩/N·m	48.6	98	147.1	197.6	254.1	303.4	333.3
转速/(r/min)	1886.3	1655.3	1426.5	1208.4	1036.7	804.6	678.7
210V 转矩/N·m	55.8	84.9	117	146.9	176.7	210	237.4
转速/(r/min)	2887.3	2797	2674.1	2547.2	2418.4	2283.1	2155.2

图 11-48 为依据试验数据结果绘制的电动试验车改装用永磁直流有刷驱动电机的机械

特性图，图中有四组试验曲线，每组标出驱动电机在该输入电压下表现出的动力特性，随着输出转矩的增加，驱动电机输出转速下降，二者呈线性关系变化。输入电压 50V 时的最高转速为 1017r/min，输出转矩为 237Nm，100V 时的最高转速为 1583r/min，在 150V 和 210V 工作电压下的最高转速分别为 2173r/min 和 3200r/min，当输入工作电压超过 100V 后，驱动电机均可实现最大标定转矩的输出，根据输入电压的高低，在最大转矩输出点的输出转速逐渐升高。在试验运行过程中，如果在无电流反馈控制的前提下，电机运行可以实现超越标定最大转矩的输出，而当输出转矩超过 300N·m 时，驱动电机的电流信号显示，电流将出现大幅上升，一度出现高于 400A 的电流输出现象，将严重危害电机的使用安全。

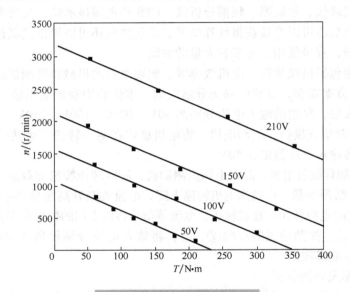

图 11-48　驱动电机机械特性图

8. 电动汽车驱动系统试验方法

由于试验台模拟试验操作中受外界试验条件与环境影响较小，试验周期短，而且试验过程中能源消耗小，同时节省人力、物力，降低了试验过程的运行成本，而且保障了试验的测试精度。所以，在完成整车装配之前，为了真实地模拟所要开发的电动汽车的整车性能，电机试验完成后将电动汽车的变速器加装到试验台上，这样就可以在试验台上模拟电动汽车的动力性（最高时速、加速时间和最大爬坡度）、经济性（能耗、续驶里程）等性能试验。

整车性能试验主要进行的是改装后的电动试验车动力性能的相关测试，电动试验车在正常的行驶过程中，不仅要实现整车输出驱动力与行驶阻力的互相平衡，还要实现驱动电机输出功率与车辆行驶阻力功率彼此平衡。行驶的车辆为一平衡体，在每一个瞬间，驱动电机输出的整车驱动力始终等于全部的运动阻力之和，输出功率与阻力消耗功率相等。为实现对车辆行驶时的平衡状态的模拟，在室内试验台上必须充分考虑各种情况，实现对总的行驶阻力及该阻力消耗的总功率进行模拟，完成整车性能台架试验项目。在本试验台的试验设计中应用飞轮组和电涡流测功机的配合来实现对车辆行驶时的平衡状态情况的试验台模拟。实验室电动汽车综合试验台装备有可模拟 100t 以下整车性能的飞轮组，通过对试验车对应的飞轮组的选型配置，得到与试验车匹配的飞轮组合方式，利用该飞轮组即可完成对整车行驶惯量的模拟，试验台上的电涡流测功机则负责对试验车行驶过车中受到的总阻力进行模拟和监测，并完成对驱动电机的输出功率的测量和吸收。

（1）整车行驶功率平衡

1）实际行驶功率消耗。汽车在道路上行驶时所受阻力包括滚动阻力、空气阻力、加速阻力和坡度阻力四种，这四种阻力之和与汽车的驱动力达到平衡状态，车辆平稳运行，即

$$F_0 = F_f + F_w + F_i + F_j \tag{11-27}$$

如不考虑传动系阻力的情况下，汽车的行驶阻力所消耗的功率为

$$P_0 = P_f + P_w + P_i + P_j = (F_f + F_w + F_i + F_j)v \tag{11-28}$$

式中，P_0 是电机输出功率（kW）；P_f 是滚动阻力消耗功率（kW）；P_w 是空气阻力产生的功率消耗（kW）；P_i 是坡道阻力消耗功率（kW）；P_j 是车辆加速阻力消耗功率（kW）；v 是汽车速度（m/s）。

2）试验台功率模拟。在试验台上进行电动汽车的模拟试验时，假设传动系统存在的阻力为零，电机运行所受的阻力为

$$F'_t = F' + F'_j = F' + \left(\frac{J_r}{r_r}\frac{d\omega_r}{dt} + \frac{J_f}{r_f}\frac{d\omega_f}{dt} + \frac{J_c}{r_c}\frac{d\omega_c}{dt}\right) \tag{11-29}$$

式中，F'_t 是电机运行所受阻力（N）；F' 是电涡流测功机产生的阻力（N）；F'_j 是飞轮系统在加速运转工况下的惯性力（N）；r_r 是传动系统的运转半径（m）；r_f 是飞轮的半径（m）；r_c 是测功机转子半径（m）。

电机运行所消耗的功率为

$$P'_t = P' + P'_j = P' + \left(J_r\frac{d\omega_r}{dt}\omega_r + J_f\frac{d\omega_f}{dt}\omega_f + \frac{J_c}{r_c}\frac{d\omega_c}{dt}\omega_c\right) \tag{11-30}$$

式中，P'_t 是待测直流电机的输出功率（kW）；$P' = P'_f + P'_w + P'_i$ 是试验台上电涡流测功机的功率消耗量，用以对汽车道路行驶的滚动阻力、空气阻力和坡度阻力等所消耗的功率进行试验模拟；P'_j 是试验台上的飞轮系统在加速运转工况下惯性力所消耗的功率（kW）；J_r 是试验台传动系统的转动惯量总和（kg·m²），J_f 是飞轮组的转动惯量（kg·m²），J_c 是测功机转子的转动惯量（kg·m²）；ω_r 是传动系统的运转角速度（rad/s）；ω_f、ω_c 分别是飞轮、测功机转子的角速度（rad/s）；t 是时间（s）。

3）功率平衡。为了得到电动汽车台架试验和实际道路工况运行试验的一致结果，在该试验项目下，应使试验台上模拟的电动汽车行驶阻力及其消耗功率与车辆在实际道路工况中行驶的消耗量相同，得出

$$F_f + F_w + F_i + F_j = F' + F'_j \tag{11-31}$$

$$\frac{Gfv_a}{3600} + \frac{Giv_a}{3600} + \frac{C_D A v_a^3}{76140} + \frac{\delta m v_a}{3600}\frac{dv}{dt} = P' + \left(J_r\frac{d\omega_r}{dt}\omega_r + J_f\frac{d\omega_f}{dt}\omega_f + \frac{J_c}{r_c}\frac{d\omega_c}{dt}\omega_c\right) \tag{11-32}$$

式（11-32）中近似地认为试验台的传动系统和改装车辆的传动系统的传动效率之间的差别为零。

电动汽车试验台通过对待测直流电机运行状况的检测，完成对电涡流测功机励磁电流的大小来控制，从而使电机负载可以模拟工况运行的变化，更加真实地完成对车辆行驶时各种阻力的模拟，保证试验电机在试验台上消耗功率和道路行驶时消耗的功率相一致，这样能很

好地保证台架试验的效果完全模拟道路试验。

(2) 车辆行驶惯量的模拟方案

1) 车辆行驶惯量的模拟理论。以一定速度运动的物体都会具备一定量的惯性力,由于汽车质量较大,在行驶的过程中会存储一较大的惯性力,在试验台上进行汽车模拟性能试验时,必须应用惯量模拟系统来对汽车的惯性力进行模拟。在试验台上通常会采用飞轮和反拖电机系统来完成对车辆惯量的模拟。

2) 惯量模拟系统参数的确定。汽车以速度 v 在道路上行驶时的平移动能:

$$E_1 = \frac{1}{2}mv^2 \qquad (11\text{-}33)$$

试验台上以角速度 ω 旋转的飞轮组动能为

$$E_2 = \sum \frac{1}{2}J\omega^2 \qquad (11\text{-}34)$$

如果将汽车旋转部件的惯性能忽略,台架试验为模拟道路试验所需要满足的条件为

$$E_1 = E_2$$

对于圆盘飞轮来说:

$$J = \frac{1}{2}mR^2 \qquad (11\text{-}35)$$

式中,m 是飞轮的质量(kg);R 是飞轮的半径(m);J 是飞轮的转动惯量(kg·m^2)。

(3) 行驶阻力试验台模拟

滚动阻力、空气阻力、坡度阻力和惯性力(包括平移质量和转动部件产生的惯性阻力)是汽车运行过程中的主要行驶阻力。要实现试验台上对汽车行驶真实情况的模拟,该试验台上必须具备合适的试验设备能够实现对滚动阻力、空气阻力、坡度阻力实时、准确地进行模拟加载,模拟出汽车在真实路况下行驶过程中状态。目前比较流行的对汽车行驶阻力进行模拟的方式主要有机械模拟、电模拟和机-电模拟三种。

本试验台采用机-电模拟的方式来进行行驶阻力的模拟和控制,机-电模拟的方式就是将机械模拟和电模拟两种方式相结合,共同完成对行驶阻力情况的模拟,即借助于飞轮组的旋转惯量,对车辆的惯性载荷进行模拟,同时用电力测功机或电涡流测功机来完成车辆在测试工况下行驶中所要承受的模拟阻力加载。通过试验台对惯性载荷、工况行驶过程中所遇阻力的模拟,来重现汽车在道路上运动时的真实状况。台架试验过程中,转速传感器、加载转矩传感器等实时监测设备,实时监控着试验台上电机的运行状况。根据对电机的转速、模拟行驶的道路坡度、汽车其他主要参数等计算,将汽车行驶过程中输出功率、所受阻力及逆向功率在控制界面上显示输出。在模拟运行过程中,可以不断调节加载阻力,根据理论行驶阻力和机械模拟装置模拟输出的行驶阻力之间的数值比较情况,通过阻力加载控制装置不断调节电涡流测功机的励磁电流,从而实现测功机对电机负载转矩的加载,使模拟的行驶阻力(或功率)情况与实际工况情况相一致。

在进行台架试验时,通过试验台上的数据采集系统可以获得电机的实时转速与时间的关系曲线,根据电机转速和汽车行驶速度之间的换算关系,计算电机任意转速输出时对应的车速,则汽车的行驶阻力(由于加速阻力是靠飞轮来实现模拟的,所以这里不包括加速阻力)的计算公式为

$$\sum F = F_{\text{f}} + F_{\text{w}} + F_{\text{i}} = Gf\cos\alpha + \frac{C_{\text{D}}Av^2}{21.15} + G\sin\alpha \qquad (11\text{-}36)$$

式（11-35）得出车辆在不同行驶工况下的阻力，控制系统实时采集试验台上电机的转速数据，得出电涡流测功机应施加到试验台上的理论阻力，通过调节电涡流测功机完成对行驶阻力功率的实时加载，准确地动态模拟出车辆道路行驶情况。

9. 整车性能台架模拟试验

整车性能综合模拟试验方案是在电机性能试验基础上，设计并搭建整车性能模拟试验台，完成对试验重要组成设备（如飞轮组）的匹配分析，得到理想的飞轮系统组合方式，将飞轮组接进电机性能试验台，完成试验台的调试。参照"电动汽车动力性能试验方法"的规定并结合传统汽车的试验方法，拟定整车试验方案，完成对整车行驶、加速、爬坡等动力性能的室内试验台模拟试验，依据对试验结果的分析和研究，可以获得电动试验车的整车性能，为后续的实车试验做好准备。

电机驱动系统是电动汽车的心脏，其主要任务是在驾驶人的控制下，及时高效地将蓄电池储存的电能转化成电动汽车的动能，以及在车辆制动过程中将车轮转动的动能转化成电能再存储回蓄电池中。就功能角度方面来看，电动汽车的电机驱动系统可分为电气和机械两大系统。电气系统主要由电机、功率转换器和电子控制器等组成；而机械系统主要包括机械传动装置（为可选择部分）和车轮。控制器中传感器将测量收集的相关信息转换成电信号传送进控制器实现对整个系统的有效控制。电机与车轮则通过传动装置连接在一起，其中的转动部分在电动汽车系统中属于根据需要的可选择部分，电机可以跨过传动系统直接与车轮部分相连接，实现电动轮直接驱动。

在本试验的电动试验车搭建过程中根据试验要求采用保留传动系统的方案。图11-49所示为电动汽车驱动系统的组合。

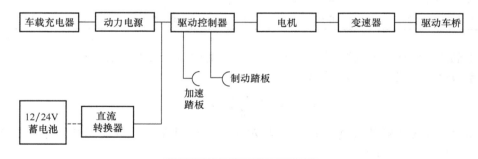

图11-49　电动汽车驱动系统

台架动力性能试验主要进行关于驱动力的测试、传动系统机械效率测试、最高车速测试、爬坡度测试以及加速性能测试等。图11-50为在电动汽车性能试验台试验过程中对选择的具有代表性的典型工作点进行试验，以完成整车主要动力性能指标的试验台模拟测试。

（1）最高车速试验

参照汽车道路试验的方法，电动汽车最高车速的台架模拟试验选择汽车变速器的高速档6档或者次高速档4档，通过电机控制器使电机按照汽车最高车速或次高档试验行驶的模式工作，同时通过涡流测功机模拟行驶阻力给电机施加相应的负载，来模拟道路行驶状况。最高车速试验时行驶阻力可以按式（11-36）进行计算。

图 11-50　电动汽车性能试验台

$$\sum F = F_f + F_w + F_j = Gf + \frac{C_D A v^2}{21.15} + \delta m \frac{dv}{dt} \quad (11\text{-}37)$$

计算汽车的滚动阻力时，当车辆的行驶速度较低时（$v<70\text{km/h}$），速度对滚动阻力系数的影响并不是很大，滚动阻力系数可以根据车辆的具体情况按照表 11-15 选出。

表 11-15　滚动阻力系数

路面类型	滚动阻力系数	路面类型	滚动阻力系数
良好的沥青或混凝土路面	0.010~0.018	雨后的压紧土路	0.050~0.150
一般的沥青或混凝土路面	0.018~0.020	泥泞的土路	0.100~0.250
碎石路面	0.020~0.025	干砂	0.100~0.300
良好的卵石路面	0.025~0.030	湿砂	0.060~0.150
坑洼的卵石路面	0.035~0.050	结冰路面	0.015~0.030
干燥的压紧土路	0.025~0.035	压紧的雪道	0.030~0.050

当车辆的行驶速度较高时（$v>70\text{km/h}$），速度对滚动阻力系数有很大的影响，此时滚动阻力系数可以按式（11-37）计算。

$$f = f_0 + f_1\left(\frac{v}{100}\right) + f_4\left(\frac{v}{100}\right)^4 \quad (11\text{-}38)$$

试验台上模拟车辆的最高行驶速度为 70km/h，滚动阻力系数受影响较小，忽略不计，阻力计算采用式（11-36）。

试验操作方法：

1) 检查各设备，将数据采集设备调至使用状态。

2) 将变速器换入直接档，电柜电压调至 210V。起动电机，踩下加速踏板使电机达到一定转速，按照估算车速 60km/h 开始加载（转矩为 78.8N·m）。将加速踏板踩到底，待电机转速稳定后，观察车速是否达到 60km/h。若车速超过 60km/h，则可继续加载，直到车速与转矩的对应关系满足表中某一点的值要求，见表 11-16。

3) 速度超过 60km/h 时，转矩需要继续增加，使车速下降至两者处于相对平稳运行的状态，此时电机驱动加速时转矩与测功机阻力转矩相等，完成极限加速过程，此时试验台模拟的车速为电动汽车实际最大车速。

表 11-16　车速与加载转矩对应表

车速/(km/h)	50	55	60	65	70	75	80
阻力转矩/N·m	67.5	72.9	78.8	85.1	92	99.4	107

（2）加速时间试验

在试验台上测量电动汽车的加速时间也应按照汽车道路试验的加速时间试验方法进行。试验台上行驶阻力需要实现实时加载，该行驶阻力按式（11-38）计算：

$$\sum F = F_f + F_w + F_j = Gf + \frac{C_D A v^2}{21.15} + \delta m \frac{dv}{dt} \qquad (11-39)$$

式中，δ 是汽车旋转质量换算系数，$\delta = 1.05$；m 是汽车质量，$m = 5500$kg；a 是汽车加速度（m/s²）。

最终驱动阻力为

$$\sum F = 700.7 + 0.17v^2 + 5775a \qquad (11-40)$$

加速性能试验操作方法：

0~30km/h 加速性能：

1）电机静止起动前将变速器换入 2 档，接入惯性模拟飞轮组。

2）打开电源将电机加载至 210V 电压，起动电机，开始计时，将转矩加载至 44N·m（试验中将车速 15km/h 时的滚动阻力和风阻假设为平均模拟阻力转矩），同时迅速将加速踏板踩到底，当车速达到 30km/h 停止计时，加速踏板回位。此时间即初步估算的加速时间。

3）通过估算加速时间求出加速度 a，利用式（11-39）重新计算出加载转矩，重复 1）、2）过程获得 0~30km/h 的加速时间。

（3）最大爬坡度试验

将试验台上电动汽车的变速器换入该车的 1 档，通过行驶阻力模拟模块对电机施加不同坡度时的行驶阻力，测试电动汽车所能达到的最大爬坡度。行驶阻力按式（11-41）计算。

$$\sum F = F_f + F_j = Wf\cos\alpha + G\sin\alpha \qquad (11-41)$$

式中，α 为道路坡度。

施加坡度阻力的同时，注意监测电机转速、电流等的变化情况，当施加的坡度阻力使电机由正常的工作状态过渡到异常工作状态时，此时的道路坡度 α 即为电动汽车的最大爬坡度。

试验操作方法：

1）将变速器换入 1 档，电源输出电压 210V，轻踩加速踏板缓步起动电机。

2）将加速踏板踩到底，待车速稳定后，起动涡流测功机慢慢加载阻力转矩，当车速随着阻力转矩的增加而逐渐降低到 3.6km/h 时停止加载，记录此时的阻力转矩，经过计算转换即可得出最大爬坡度。

（4）试验数据处理

表 11-17 列出了电动试验车各档位下的整车速度与驱动力值，通过对该试验数据的处理和分析，绘制出电动试验车的驱动力与运行过程中的总阻力之间的关系图。

表 11-17 电动试验车各档位驱动力值

1档车速/(km/h)	15.2	14	12	10.3	8.1	6.2	3.5
驱动力/N	5134.5	7935.2	10735.8	13536.4	16137.7	19137.7	21938.4
2档车速/(km/h)	23.3	22.3	21.1	20.2	19.1	18	17
驱动力/N	2611.5	4036	5460.5	6884.9	8309.4	9733.8	11158.3
3档车速/(km/h)	40.4	38.6	36.8	34.9	33.1	31.3	29.5
驱动力/N	1506.8	2328.7	3150.5	3972.4	4794.3	5616.2	6438
4档车速/(km/h)	66	63.7	60	57.1	54.4	51.5	48.2
驱动力/N	922.1	1425.7	1928.3	2431.8	2934.9	3437	3940.6

图 11-51 为装配定制永磁直流驱动电机的电动试验车驱动力-行驶阻力平衡图。该图清晰而形象地表明了电动试验车行驶时的受力情况及其平衡关系。图中绘出车辆 4 个档位的各个驱动力变化情况，又包含有滚动阻力和空气阻力叠加后的行驶阻力曲线，从该图中可以清楚看出试验车不同车速时驱动力和行驶阻力的关系。试验车在各档位下行驶的车速与驱动力、阻力关系一目了然。如图 11-51 所示，4 档曲线与阻力线的交点为试验车行驶的最高速度点，最高速度约为 64km/h。当车速低于最高车速时，驱动力大于行驶阻力，试验车可以根据需要利用剩余的驱动力进行加速或是爬坡。当需要稳定在某一速度行驶时，通过降低输入电压来控制驱动电机降低输出转矩，此时的驱动电机只用部分负荷特性维持运转，试验车会达到新的平衡点运行。

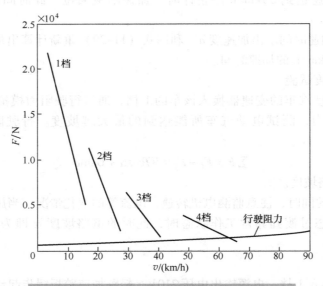

图 11-51 电动试验车驱动力-行驶阻力平衡曲线图

最高车速试验数据处理分析后绘制的试验车最高车速曲线图如图 11-52 所示。在图中绘制出改装后的试验车在 4 档下行驶的驱动力-总阻力平衡曲线，其中，总阻力为车辆行驶的空气阻力和滚动阻力之和，总阻力曲线与 4 档行驶曲线的两线相交点 A 为试验车行驶的试验台模拟试验时的最高车速点，由图上 A 点可知试验车最大的行驶速度为 63.6km/h，当试验车速度提升至 A 点后，驱动电机输出的车辆最大驱动力与此时行驶的总阻力处于平衡状态。

此时，驱动电机以最大功率输出转矩和转速，输出转矩与总阻力转矩平衡，输出最大功率与阻力功率相等。

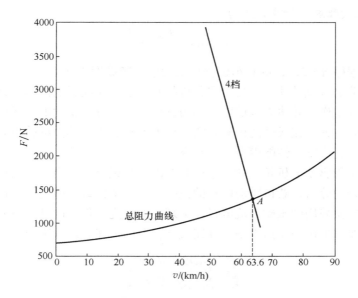

图 11-52　试验车最高车速曲线图

试验车爬坡性能试验数据处理分析后获得的试验曲线图如图 11-53 所示，在图中绘制的是改装后的电动试验车以 1 档爬坡时的驱动力与总阻力关系曲线。

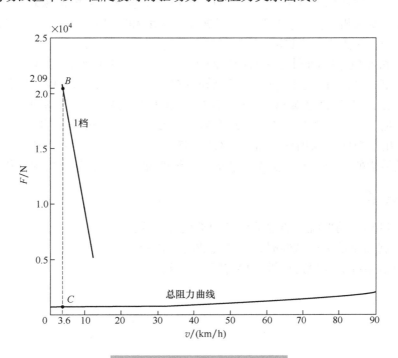

图 11-53　试验车爬坡试验曲线图

如 B 点所示，为试验车爬坡试验时的最低稳定车速 3.6km/h 时，在 1 档的车速—驱动力曲线上对应的最大输出驱动力为 2.09×10^4N，虚线与总阻力曲线的交点 C 显示的总阻力值 F 为 703N，最大爬坡度计算公式为

$$\alpha = \arcsin \frac{F_{驱动} - F}{G} \tag{11-42}$$

代入相关数据得 $\alpha = 22°$，试验车试验台上的最大爬坡度为 0.4。

在对车用驱动电机及其动力性能研究分析的基础上，完成了电机的动力特性与试验车行驶性能的匹配研究工作，并建立该试验车的仿真模型；通过对驱动电机运行特性的分析和研究，确定性能试验方案，完成性能试验研究；根据整车试验台模拟试验研究的需要，拟定综合性能试验方案，完成整车性能模拟试验研究。

按照电动汽车用驱动电机相关的国家试验标准进行试验，采集试验数据，应用处理软件对试验数据进行处理分析，获得驱动电机的机械特性，依据该试验结果进行试验车性能理论分析，完成了对试验采用的永磁直流电机相关理论的研究工作，制订了驱动电机性能试验方案，根据试验需要选配试验用的设备，并完成试验台的搭建和调试工作。

复习思考题

一、填空题

1. 电动汽车测试平台系统是在传统_____测试台架的基础上，参照电动汽车测试需求加以改进而设计完成的。基于_____的思想设计了包含动力电池模块、驱动电机模块、_____模块、测功机_____模块、主控机系统模块和电动汽车_____平台，完成测试平台设备的选型，布置搭建了试验室。

2. 驱动电机高效率区间利用率间接反映了_____的能耗性，对电动汽车的_____有很大影响。驱动电机过载区间利用率是电动汽车_____工况的体现，过载区间为驱动电机_____工况，过高的过载区间利用率对车用蓄电池有很大的损害，同时也体现了_____的不足。通过改变车辆传动系统参数或改变_____再进行测试，分析测试数据，最终可以确定出高效区间利用率较高，过载区间利用率与_____区间利用率比较合理的动力系统参数或最优的控制策略，实现车辆动力系统匹配性能和控制策略的优化。

二、问答题

1. 电机控制和驱动系统试验仪器设备的类型有哪些？
2. 电机控制和驱动系统试验时，主要完成哪些试验？
3. 驱动电机系统的环境适应性主要有哪些要求？

第十二章 电动汽车电机控制和驱动系统试验标准

学习目标

- 了解电机及控制器检验项目
- 掌握国外电动汽车测试评价现状
- 掌握国内电动汽车测试评价现状及相关标准

我国从"八五"开始正式把电动汽车列入国家科技攻关项目。2001年，我国起动了具有重要战略意义的"863"计划电动汽车重大专项，涉及的电动汽车包括3类：纯电动汽车、混合动力汽车和燃料电池汽车，并以这3类电动汽车为"三纵"，多能源动力总成控制系统、电机及其控制系统、电池及其管理系统为"三横"，建立了"三纵三横"的研发格局。经过二十多年的发展，我国的电动汽车技术已初步成形，且有四十多款自主品牌的新能源汽车进入国家汽车新产品公告，很多地方已开始多种车型的示范运行。

值得一提的是，从2009年起，我国电动汽车产业的相关政策和措施才密集出台。出于市场考虑和对未来的预期，相关企业纷纷加大投资和生产力度，一拥而上，但据调查，多数企业仍缺乏核心技术和自主知识产权。这些情况得到了国家相关部委的高度重视，多位领导也在各种场合阐述立场，表示正在积极思考对策和引导办法。

全国汽车标准化技术委员会电动车辆分技术委员会自1998年成立以来，投入了大量的人力和物力开展相关研究工作。经过10年的发展，初步建立了电动汽车技术标准体系框架，已经发布的电动汽车标准在支持电动汽车产业化、企业和产品准入、私人购买电动汽车直接补贴等方面都发挥了重要的作用。但是，电动汽车产业标准体系建设方面的问题依然存在，主要有以下4个问题：

1）产业标准体系建设相对滞后，不能很好地引领和指导产业协调一致发展，在减少浪费和重复建设等方面起的作用还很有限。

2）相关企业标准化力量薄弱，技术积累未能及时转化为标准，已发布的标准中有许多未得到有效实施。

3）电动汽车产业标准化管理工作还不够规范，标准宣贯、实施过程中的监管和跟踪反馈等工作有待加强，标准化组织及其相关运作模式亟待创新。

4）信息服务体系不够健全，信息交流通道不畅，许多人员对标准化工作的认识还不够。由此可见，在电动汽车产业标准体系建设方面的工作还远远不够，还需要做更进一步的努力、创新相关工作机制。

截至2017年12月，我国已正式发布75项电动汽车标准，我国的电动汽车标准体系已初步建立，这对规范我国电动汽车产业发展具有重要意义，现行有效的电动汽车标准信息见表12-1。

表12-1 现行有效的电动汽车标准

序号	标准号	标准名称	实施日期
1	GB/T 18386—2017	电动汽车能量消耗率和续航里程试验方法	待发布
2	GB/T 4094.2—2017	电动汽车操纵件、指示器寄信号装置的标志	2019年7月1日
3	GB/T 18387—2017	电动车辆的电磁场发射强度的限值和测量方法	2017年12月1日
4	GB 22757.1—2017	轻型汽车能量消耗量标示第1部分：汽油和柴油汽车	2017年5月12日
5	GB 22757.2—2017	轻型汽车能量消耗量标示第2部分：可外接充电式混合动力电动和纯电动汽车	2017年5月12日
6	GB/T 31465.6—2017	道路车辆熔断器第6部分：螺栓式高压熔断器	2017年5月12日
7	GB/T 31465.7—2017	道路车辆熔断器第7部分：短引脚式高压熔断器	2017年5月12日
8	GB/T 33598—2017	车用动力电池回收利用拆解规范	2017年5月12日
9	GB/T 33594—2017	电动汽车充电用电缆	2017年5月/12日
10	GB/T 18384.3—2015	电动汽车安全要求第3部分：人员触电防护第1号修改单	2017年6月12日
11	GB/T 31467.3—2015	电动汽车用锂离子动力蓄电池包和系统第3部分：安全性要求与测试方法第1号修改单	2017年6月6日
12	GB/T 34013—2017	电动汽车用蓄电池产品规格尺寸	2017年7月12日
13	GB/T 34014—2017	汽车动力蓄电池编码与规则	2017年7月12日
14	GB/T 34015—2017	车用动力电池回收利用余能检测	2017年7月12日
15	GB/T 29123—2012	示范运行氢燃料电池电动汽车技术规范	2013年7月1日
16	GB/T 29124—2012	氢燃料电池电动汽车示范运行配套设施规范	2013年7月1日
17	GB/T 29126—2012	燃料电池电动汽车车载氢系统试验方法	2013年7月1日
18	QC/T 926—2013	轻型混合动力电动汽车（ISG型）用动力单元可靠性试验方法	2013年9月1日
19	GB/T 34582—2017	固体氧化燃料电池单电池和电池堆性能试验方法	2018年4月1日
20	GB/T 34598—2017	插电式混合动力电动商用车技术条件	2018年5月1日
21	GB/T 34541—2017	氢能车辆加氢设施安全运行管理规范	2018年5月1日
22	GB/T 34542.1—2017	氢气储存输送系统第1部分：通用要求	2018年5月1日
23	GB/T 34544—2017	小型燃料电池车用低压储氢装置安全试验方法	2018年5月1日
24	GB/T 18386—2017	电动汽车能量消耗率和续航里程试验方法	2018年5月1日
25	GB/T 19596—2017	电动汽车术语	2018年5月1日
26	GB/T 34425—2017	燃料电池电动汽车加氢枪	2018年5月1日
27	GB/T 34657.1—2017	电动汽车传导充电互操作性测试规范第1部分：供电设备	2018年5月1日
28	GB/T 34657.2—2017	电动汽车传导充电互操作性测试规范第2部分：车辆	2018年5月1日

第十二章 电动汽车电机控制和驱动系统试验标准 | 233

(续)

序号	标 准 号	标 准 名 称	实 施 日 期
29	GB/T 34658—2017	电动汽车非车载传导式充电机与电池管理系统之间的通信协议一致性测试	2018年5月1日
30	GB/T 34583—2017	加氢站用储氢装置安全技术要求	2018年5月1日
31	GB/T 34584—2017	加氢站技术规范	2018年5月1日
32	GB/T 34585—2017	纯电动货车技术条件	2018年5月1日
33	GB/T 34593—2017	燃料电池发动机氢气排放测试方法	2018年5月1日
34	GB/T 18487.1—2015	电动汽车传导充电系统第1部分：通用要求	2016年1月1日
35	GB/T 20234.1—2015	电动汽车传导充电用连接装置第1部分：通用要求	2016年1月1日
36	GB/T 20234.2—2015	电动汽车传导充电用连接装置第2部分：交流充电接口	2016年1月1日
37	GB/T 20234.3—2015	电动汽车传导充电用连接装置第3部分：直流充电接口	2016年1月1日
38	GB/T 27930—2015	电动汽车非车载传导式充电机与电池管理系统之间的通信协议	2016年1月1日
39	GB 19239—2013	燃气汽车专用装置的安装要求	2014年7月1日
40	GB/T 29781—2013	电动汽车充电站通用要求	2014年2月1日
41	GB 14167—2013	汽车安全带安装固定点、ISOFIX固定点系统及上拉带固定点	2014年1月1日
42	GB/T 29307—2012	电动汽车用驱动电机系统可靠性试验方法	2013年6月1日
43	GB/T 29259—2012	道路车辆电磁兼容术语	2013年6月1日
44	GB/T 29126—2012	燃料电池电动汽车车载氢系统试验方法	2013年7月1日
45	GB/T 29124—2012	氢燃料电池电动汽车示范运行配套设施规范	2013年7月1日
46	GB 19159—2012	车用液化石油气	2013年4月1日
47	GB/T 29317—2012	电动汽车充换电设施术语	2013年6月1日
48	GB/T 29125—2012	压缩天然气汽车燃料消耗量试验方法	2013年7月1日
49	GB/T 29123—2012	示范运行氢燃料电池电动汽车技术规范	2013年7月1日
50	GB/T 28962—2012	液化石油气汽车定型试验规程	2013年7月1日
51	GB/T 29318—2012	电动汽车非车载充电机电能计量	2013年6月1日
52	GB/T 28382—2012	纯电动乘用车技术条件	2012年7月1日
53	GB/T 29781—2013	电动汽车充电站通用要求	2014年2月1日
54	GB/T 29307—2012	电动汽车用驱动电机系统可靠性试验方法	2013年6月1日
55	GB/T 29259—2012	道路车辆电磁兼容术语	2013年6月1日

（续）

序号	标准号	标准名称	实施日期
56	GB/T 29126—2012	燃料电池电动汽车车载氢系统试验方法	2013年7月1日
57	GB/T 29124—2012	氢燃料电池电动汽车示范运行配套设施规范	2013年7月1日
58	GB/T 29123—2012	示范运行氢燃料电池电动汽车技术规范	2013年7月1日
59	GB/T 29318—2012	电动汽车非车载充电机电能计量	2013年6月1日
60	GB/T 18333.2—2015	电动汽车用锌空气电池	2015年9月1日
61	GB/T 18384.1—2015	电动汽车安全要求第1部分：车载可充电储能系统（REESS）	2015年10月1日
62	GB/T 18384.2—2015	电动汽车安全要求第2部分：操作安全和故障防护	2015年10月1日
63	GB/T 18384.3—2015	电动汽车安全要求第3部分：人员触电防护	2015年10月1日
64	GB/T 18488.1—2015	电动汽车用驱动电机系统第1部分：技术条件	2015年9月1日
65	GB/T 18488.2—2015	电动汽车用驱动电机系统第2部分：试验方法	2015年9月1日
66	GB/T 19753—2013	轻型混合动力电动汽车能量消耗量试验方法	2014年6月1日
67	GB/T 19754—2015	重型混合动力电动汽车能量消耗量试验方法	2015年10月1日
68	GB 29303—2012	用于Ⅰ类和电池供电车辆的可开闭保护接地移动式剩余电流装置（SPE—PRCD）	2013年12月1日
69	GB/T 29316—2012	电动汽车充换电设施电能质量技术要求	2013年6月1日

新能源汽车产业是新兴产业，需要国家政策的引导和扶持。新能源汽车产业标准体系建设、标准的管理、实施和监督必须由国家统筹安排，实行集中统一管理。首先，政府应全力支持和推动新能源汽车标准的制订，降低新能源汽车技术门槛；其次，政府应明确标准化工作的管理部门和监管机构，避免出现多头管理，职责不清的状况；再次，政府应制订完善的法律法规、方针政策、管理体制、运行机制、工作程序、信息传递等制度机制，为政府部门、企业、消费者参与新能源汽车生产和消费活动提供依据，避免无序竞争等扰乱产业格局和市场环境的行为，有效地推动新能源汽车的研发和配套基础设施的建设。

2010年4月，四项国家标准《电动汽车传导式充电接口》《电动汽车充电站通用要求》《电动汽车电池管理系统与非车载充电机之间的通信协议》《轻型混合动力电动汽车能量消耗量试验方法》通过了全国汽车标准化技术委员会电动车辆分技术委员会的审查并发布实施。这些标准的制订为建立健全我国新能源汽车标准体系，进一步推进新能源汽车产业发展奠定了基础。

我国电动汽车标准体系包含了纯电动汽车、混合动力电动汽车、燃料电池电动汽车。现已完成电动汽车26项新标准的起草工作。其中16项主要针对纯电动汽车的国家标准、6项混合动力电动汽车国家标准，提出了2项标准的研究报告和6项关键零部件产品测试规范，我国电动汽车标准体系得到了进一步充实。

与电动汽车充电设施相关的技术标准主要有：

1) GB/T 18384.2—2001 电动汽车安全要求第2部分：功能安全与故障防护。

2）GB/T 18387—2001 电动车辆的电磁场辐射强度的限值和测量方法。

3）GB/T 18487.1—2001 电动车辆传导充电系统一般要求。

4）GB/T 18487.2—2001 电动车辆传导充电系统电动车辆与交流/直流电源的连接要求。

5）GB/T 18487.3—2001 电动车辆传导充电系统电动车辆交流/直流充电机（站）。

6）GB/T 19596—2004 电动汽车术语。

7）GB/T 19836—2005 电动汽车用仪表。

8）GB/T 4094.2—2005 电动汽车操纵件、指示器及信号装置的标志。

9）GB/T 20234—2006 电动汽车传导充电用插头、插座、车辆耦合器和车辆插孔通用要求。

10）NB/T 33002—2010《电动汽车交流充电电桩安全条件》。

11）GB/T 19751—2005《混合电动汽车安全要求》。

12）GB/T 18384.1~18384.3—2001《电动汽车安全要求》。

目前，我国电动汽车充电设施技术标准基本上呈国家标准、行业标准、地方标准和企业标准四个层次相互补充、交替促进推进的分布格局，现阶段标准化成果见表12-2~表12-4。

表12-2 电动汽车充电设施相关技术标准列表（国家标准）

序号	标准号	标准名称	备注
1	GB/T 18487.1—2001	电动车辆传导充电系统一般要求	中华人民共和国国家标准
2	GB/T 18487.2—2001	电动车辆传导充电系统电动车辆与交流/直流电源的连接要求	
3	GB/T 18487.3—2001	电动车辆传导充电系统电动车辆与交流/直流充电机（站）	
4	GB/T 20234.1—2011	电动汽车传导充电用连接装置第1部分：通用要求	
5	GB/T 20234.2—2011	电动汽车传导充电用连接装置第2部分：交流充电接口	
6	GB/T 20234.3—2011	电动汽车传导充电用连接装置第3部分：直流充电接口	
7	GB/T 27930—2011	电动汽车非车载传导式充电机与电池管理系统之间的通信协议	
8	GB/T 28596—2012	电动汽车交流充电桩电能计量	

表12-3 电动汽车充电设施技术标准列表（行业标准）

序号	标准号	标准名称	备注
1	NB/T 33001—2010	电动汽车非车载传导式充电机技术条件	中华人民共和国能源行业标准
2	NB/T 33002—2010	电动汽车交流充电桩技术条件	
3	NB/T 33003—2010	电动汽车非车载充电机监控单元与电池管理系统通信协议	
4	QC/T 841—2010	电动汽车传导式充电接口	中华人民共和国汽车行业标准
5	QC/T 842—2010	电动汽车电池管理系统与非车载充电机之间的通信协议	
6	QC/T 895—2011	电动汽车用传导式车载充电机	
7	QC/T 896—2011	电动汽车用驱动电机系统的接口	

表 12-4 电动汽车充电设施技术标准列表（地方标准）

序号	标 准 号	标准名称	备 注
1	DB11/Z 728—2010	电动汽车电能供给与保障技术规范 充电站	北京市地方标准
2	DB11/Z 752—2010	电动汽车电能供给与保障技术规范 非车载充电机	
3	DB11/Z 753—2010	电动汽车电能供给与保障技术规范 车载充电机	
4	JJG（粤）015—2011	电动汽车充电机（桩）检定规程	广东省计量检定规程
5	SZDB/Z 29.1—2011	电动汽车充电系统技术规范 第1部分：通用要求	深圳市标准化指导性技术文件
6	SZDB/Z 29.2—2011	电动汽车充电系统技术规范 第2部分：充电站及充电桩设计	
7	SZDB/Z 29.3—2011	电动汽车充电系统技术规范 第3部分：非车载充电机	
8	SZDB/Z 29.4—2011	电动汽车充电系统技术规范 第4部分：车载充电机	
9	SZDB/Z 29.5—2011	电动汽车充电系统技术规范 第5部分：交流发电机	
10	SZDB/Z 29.6—2011	电动汽车充电系统技术规范 第6部分：充电站监控管理系统	
11	SZDB/Z 29.7—2011	电动汽车充电系统技术规范 第7部分：非车载充电机充电接口	
12	SZDB/Z 29.8—2011	电动汽车充电系统技术规范 第8部分：非车载充电机监控单元与电池管理系统通信协议	
13	SZDB/Z 29.9—2011	电动汽车充电系统技术规范 第9部分：城市电动公共汽车充电站	

第一节　电机及控制器检验

电机及控制器测试的主要依据 GB 18488.1—2006《电动汽车用电机及其控制器第 1 部分：技术条件》和 GB 18488.2—2006《电动汽车用电机及其控制器第 2 部分：试验方法》，分别规定了动力电机及控制器的工作制、工作条件、技术要求、需要检验的项目以及相关的试验方法。标准从机械、电安全性能、环境试验、电机性能以及电磁兼容等方面对产品提出了要求。机械结构方面，主要内容有控制器壳体的机械强度、水冷系统的耐水压、轴的振动烈度以及系统的耐振动性能等。电安全性能主要包括电机定子绕组的冷态直流电阻、电机定子绕组对机壳的绝缘电阻、耐电压、电机控制器的保护功能、安全接地检查以及接触电流。环境试验包括温度、湿度和热态绝缘电阻的测量以及耐盐雾试验。电机的性能主要考核电机在额定负载和峰值负载下的转速-转矩特性及效率、电机的再生能量回馈能力、最高工作转速、超速能力、工况运行时的温升以及噪声大小。电磁兼容性包括电磁辐射和电磁抗扰度两个方面,前者是说明电机及控制器工作时对其他部件的影响,后者是反映产品本身的抗干扰能力。

1. 机械结构

标准中对电机的轴振动烈度的要求引用自 GB 10068—2000《轴中心高为 56mm 及以上电机的机械振动的测量、评定及限制》。此项目通常是电机出厂验收时测试的项目,主要考核电机在自由悬置状态下空载运行时轴的振动情况,如加速度、速度和振幅。试验时将电机置于自由悬置状态,将加速度传感器安装在指定位置,采用振动烈度测试仪对轴的振动参数进行监控,依据该标准的限值要求对结果进行判定。电机及控制器的耐振动性能是引用 QC/T 413—2002《汽车电气设备技术条件》的规定,通过振动试验台进行试验。该标准是针对普通汽车制订的通用技术条件,发动机振动对普通汽车的影响比较大。

对于纯电动汽车,由于没有了汽油或柴油发动机,振动环境已经发生了变化,直接引用普通汽车的振动要求来考核纯电动汽车不一定能准确反映电动汽车实际运行状况。

2. 电安全性能

电机定子绕组的冷态直流电阻通常很小,测量需要使用高精度的电阻测量仪,比如微欧姆表、数字电桥等。绝缘电阻在标准中涉及冷态和热态两种,采用绝缘电阻测试仪测量,在冷态时通常绝缘电阻值较大,甚至大于 2000MΩ,在热态时由于温度、湿度的影响,可能降到 300~400MΩ。

耐电压包括工频耐电压和冲击耐电压,前者考核产品在高压下是否出现击穿及闪络,后者考核电机绕组的匝间绝缘情况。工频耐电压试验采用绝缘耐压测试仪,按照标准对不同电机规定的耐电压值,分别对电机及控制器进行,同时监测电流是否超过限值。在国标中对试验电流的规定比较宽松,在引用的 GB/T 14711—1993《中小型电机安全要求》中规定交流 1140V 以下的电机,试验电流大等于 0.5A 且持续 2s 时判定击穿,在 GB/T 14711—2006 中规定相对严格了一点,对交流 1000V 以下的电机,试验电流大等于 100mA 时判定击穿。目前国内测试的动力电机基本都能满足要求,电流大多在 30mA 以下。

冲击耐电压试验采用匝间试验仪,这是专门用于测量电机绕组匝间绝缘的仪器,对任意两路绕组同时施加相同的脉冲信号,比较两条响应曲线对应的容积和容积差,来判断电机绕组匝间绝缘的好坏。对于永磁同步电机,由于内部磁场的影响,会出现容积差较大不符合要求的情况,此时可以通过多次调整绕组位置,减小磁场对测试结果的影响。

3. 环境试验

此部分试验项目主要考核的内容有:

1) 电机和控制器在 -20℃ 低温环境中能否正常起动和工作,以防止电动汽车在寒冷地区出现工作异常;

2) 评价湿热环境和中性盐雾腐蚀对产品绝缘性能的影响。

4. 电机性能

电机性能测试是电机及控制器试验中最需要的,也是仪器设备投入最大的项目。项目需要在电机测试台架上进行,试验中大部分的准备工作都是为了电机和台架的匹配安装。测试台架包括被测电机的供电系统、测功机及其供电系统、功率分析仪以及联轴器装置等。被测电机正转时测试电动性能,测功机拖动被测电机反转时测试馈电性能。

(1) 试验设备

目前常用的测功机主要有直流电力测功机、交流电力测功机、电涡流测功机和水力测功机。直流电力测功机由直流电机、测力计和测速发电机组合而成。直流电机的定子由独立的轴承座支承,它可以在某一角度范围内自由摆动。机壳上带有测力臂,它与测力计配合,可以检测定子所受到的转矩。转轴上的转矩可以由定子量测。与直流电机类似,直流测功机调速性能好,控制简单,但由于换向器的原因,不适合高速运行,而且大功率的测功机相对于其他类型,体积较大,不适用于动力电机测试。交流电力测功机由三相交流电动机、测力计和测速发电机组成。它的测功原理与直流测功机相同,但不存在换向问题,结构简单,可靠性高。目前交流测功机在动、静态性能上已经得到了很大提升,特性曲线如图12-1所示。

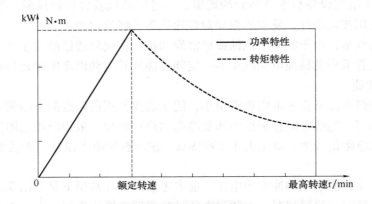

图12-1　交流电力测功机特性曲线

电涡流测功机利用涡流产生制动转矩来测量机械转矩的装置。它由电磁滑差离合器(见电磁调速异步电机)、测力计和测速发电机组成。电涡流测功机的优点是结构简单,操作维护方便,制动转矩大,转动惯量小。缺点是只能产生制动转矩,不能反拖作为电动机运行,一般用于测量转速上升而转矩下降,或转矩变化而转速基本不变的动力机械。因此只能用于测试动力电机的性能曲线,不能用于测试馈电特性。

(2) CW260电涡流测功机特性曲线测试

测试方法如图12-2所示,通过安装夹具及联轴器将被测电机与测功机连接,适当调整使轴与轴的对中度符合试验要求。对个别超高速电机,为防止在试验过程中因为轴振动或对中不够精确引起轴承发热失效或者损坏电机的情况,可以考虑在适当位置安装振动传感器及温度传感器,对试验过程中局部情况实时监测,一旦有异常应立即停止。针对标准的要求,试验时测试额定及峰值负载下的转速-转矩和效率特性,以及额定负载下的馈电特性。

温升试验也是在台架上进行,分别测量电机绕组和控制器的温升。电机和控制器都配备有散热系统(水冷或风冷)。电机及控制器从冷机状态下起动开始工作,温度会随之慢慢增加,在固定负载的情况下,温度最终会趋于稳定,在这段时间内温度的变化量就是温升值。标准中介绍了3种方法:电阻法、埋置检温计法和温度计法。试验电机不宜拆开,因此选用电阻法比较适合,通过比较试验前后环境温度、冷却水温度以及绕组直流电阻的变化来计算电机不同工况下的温升值。控制器的温升通过温度计即可测量。温升值根据不同产品的工作

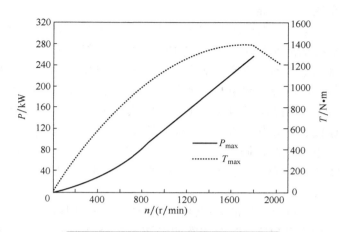

图 12-2　CW260 电涡流测功机特性曲线

制要求进行测试，应用在不同类型系统上的电机应选用不同的工作制，比如纯电动汽车，串联式、并联式以及混联式混合动力汽车，插电式混合动力汽车等不同类型的应用，工作制也应不同。在该项项目中，标准里除了对温升值的要求外，对试验过程中电机的最高温度也有要求，根据电机不同的绝缘等级，要求也不一样。

第二节　电动汽车测试评价

电动汽车测试评价一直是电动汽车技术开发和产业化过程中的研究重点。美国、欧洲、日本等在推动电动汽车研发的同时，也不断地提高电动汽车测试评价技术来推动电动汽车技术进步、示范推广和产业发展。我国电动汽车的测试评价技术在科技部"十五"和"十一五"科技计划的支持下，通过各参与单位的积极努力，在标准和技术规范方面取得了显著的成绩，并完成多个专项测试基地的建设。

1. 国外电动汽车测试评价现状

（1）美国电动汽车测试评价

先进车辆测试项目在美国，为了建立起电动汽车等先进车辆技术研发与产业化的桥梁，在美国能源部（Department of Energy，以下简称 DOE）自由车辆技术项目（Freedom CAR and Vehicle Technologies Program）的支持下，开展了先进车辆测试项目（Advanced Vehicle Testing Activity，AVTA），旨在提供国家级综合性公正的先进车辆技术测试评价服务，该项目是美国国内最主要的由国家主导的测试评价活动，包括进行轻型车、先进动力总成、蓄电池及充电基础设施的测试评价，AVTA 建立了电动汽车比较完整的测试评价体系与规程，包括基准测试（Baseline Performance Testing）、快速可靠性测试（Accelerated reliability Testing）及车队运行测试（Fleet Testing）。美国通过开展 AVTA 项目，完善测试评价能力建设，建立相关的测试评价技术规范，推动电动汽车相关标准的制订，为企业进行产品开发提供试验技术支持，从而加速电动汽车的商品化、产业化，为购买电动汽车的企业及个人提供真实的电动汽车性能，从而使他们作出科学的购买决定，同时也为政府制订政策推动电动汽车的发展提供了依据。

(2) SAE 电动车辆技术标准

美国汽车工程师协会（SAE）从 1990 年发布第一项关于电磁辐射规定的标准以来，已发布了各类电动车辆技术标准 51 项，内容包括各类电动车辆的术语和安全技术要求，整车动力性、经济性和排放电磁场强度等的试验、测量方法，蓄电池和蓄电池模块的各种试验规程及对电动车辆用的高压电缆、线束与元器件、连接件的技术要求和试验方法。2001 年成立的 SAE 燃料电池标准委员会发布了对氢燃料的质量要求、氢燃料电池系统的性能试验和回投，氢燃料加注连接装置等方面的 7 个标准，随着电动汽车技术的不断进步及各种新型的电动汽车（如增程式电动汽车、插电式混合动力汽车）的出现，SAE 也在不断修订与完善其标准体系，如 SAE J1711《轻型混合动力汽车排放和能量消耗量试验方法》。

(3) 欧洲电动汽车测试评价

欧洲从事电动汽车标准化工作的区域性组织主要有：欧洲标准化委员会（CEN）、欧洲电工标准化委员会（CENELEC）、联合国欧盟经济委员会（ECE）等。CEN/TC301 成立于 1992 年，其主要工作范围是负责纯电动汽车和混合动力汽车领域的标准化工作，主要解决这两类车辆上路行驶所需标准的问题。

1995 年 CEN/TC301 发布了电动汽车制动的建议，提出了再生制动系统的不同设计方案，以后所编制的各项标准主要包括车辆结构安全要求、故障及触电的防护，车辆性能的测量（车速、加速性能、爬坡性能、能耗及续驶里程、混合动力车的排放等），车辆电源方面的要求（充电站车载充电器噪声等）。

(4) 日本电动汽车测试评价

日本以日本电动汽车协会（JEVA）为主开展电动车辆标准化工作，所制订的电动车辆标准（JEVS）比较系统、完整，内容涉及电动车辆本身、试验方法电机/控制器、蓄电池和充电系统等；目前已发布的电动汽车标准包括整车 13 项、电机及控制器 2 项、蓄电池 7 项、充电机 5 项。JEVA 正在开展以下两方面的工作：一方面是电动车辆及其零部件能效的评价方法，其中包括充电器的能效评价及术语等；另一方面则是混合动力车辆的能效评价方法。

2. 国内电动汽车测试评价现状

(1) 国内电动汽车测试评价技术及标准

根据电动汽车行业发展的需要，科技部从"十五"开始，通过电动汽车重大项目对电动汽车测试评价方法进行了持续支持，推动了我国电动汽车相关测试评价技术的进步。

1）电动汽车测试评价技术。作为国家"十五""863"计划电动汽车重大专项重要组成部分，由中国汽车工程研究院等单位在"十五"期间承担的"电动汽车检测试验技术研究"课题中的"电动汽车整车运行检测实验研究"分课题开展对电动汽车整车道路运行工况的研究工作，实际测量汕头、广州、武汉、北京、上海、重庆等典型城市的电动汽车整车道路运行工况，并制订出可用于指导电动汽车动力性、经济性以及排放性能等研究开发和模拟试验用的"电动汽车整车道路运行工况"，制订出以汕头南澳岛环岛公路和沙石泥土路为基础、能够反映电动汽车在我国典型城市实际运行道路状况的"电动汽车整车运行道路可靠性考核试验用载荷谱、典型路段及其里程分配"。通过对电动汽车整车运行性能（动力性、经济性以及安全性等）检测试验技术、检测试验方法、检测试验标准、检测试验规程的研究，研究开发或配置电动汽车整车运行性能检测试验所需的检测试验设备仪器。

2）动力蓄电池测试评价。"十五"期间，在科技部电动汽车重大项目的支持下，我国开展了混合电动汽车、燃料电池汽车和纯电动汽车用先进动力蓄电池的研制及测试评价技术的研究工作。期间，科技部采取了一系列新的举措，极大地推动了我国动力蓄电池技术及测试评价技术的快速进步，特别是在实用化方面的进步，主要集中在动力蓄电池单体电池的综合性能和模块的部分电性能方面。通过国家"十五"电动汽车重大项目的实施，制订了《电动汽车用锂离子蓄电池》《电动汽车用金属氢化物镍蓄电池》《车用超级电容器》《电动汽车用铅酸蓄电池》四项标准并成为中华人民共和国汽车行业标准；制订了《2003～2005 EV/11EV 车用金属氢化物镍蓄电池》《2003～2005 EV/HEV 车用锂离子蓄电池测试规范》等测试评价技术规范。

"十一五"期间，在国家"863"电动汽车重大项目的支持下，我国对先进动力蓄电池测试评价技术开展了进一步的研究，由中国北方车辆研究所承担"863"课题"大容量车用动力电池模块共性测试技术研究"和由中国电子科技集团公司第十八研究所承担的"小容量车用动力蓄电池模块共性测试技术研究"，开展了动力蓄电池模块的测试评价研究工作，由中国电子科技集团公司第十八研究所承担的"动力蓄电池关键材料测试技术研究"课题对动力蓄电池用正负极关键材料的物理特性、化学特性、温度特性等表征和测试评价技术进行了研究。目前电动汽车行业蓄电池（包括超级电容器）标准有8项，已通过标委会审查、正在报批等待发布的有1项。近年来我国动力蓄电池的测试评价技术朝着蓄电池模块与系统的动态使用性能工况、循环寿命与使用寿命、使用寿命快速测试评价技术等方向发展，现已完成国家标准《"电动汽车用动力蓄电池的循环性能要求"征求意见稿》的制订。

3) 驱动电机测试评价。"十一五"期间，由北京理工大学承担的课题"车用驱动电机系统检测技术和快速评价方法研究"，围绕车用驱动电机关键技术，进行了驱动电机系统故障系统检测技术和快速评价方法研究"，围绕车用驱动电机关键技术，进行了驱动电机系统故障模式和失效模式分析，可靠性、耐久性台架试验方法和快速评价方法研究，以及驱动电机系统动态特性测试及标定方法、能量回馈考核方法、噪声测试技术、综合性能评价方法的研究等。近年来，我国电机的测试评价技术朝着可靠性、耐久性、动态特性、噪声、环境适应性等综合性能的方向发展。

4) 燃料电池测试评价。"十五"期间，同济大学和清华大学就进行了燃料电池汽车及燃料电池发动机测试技术的研究，形成了"863"系列测试规范，为燃料电池汽车相关标准的制订奠定了基础。"十一五"期间，由同济大学承担的"轿车用燃料电池发动机检测技术及快速评价方法研究"和由清华大学承担的"客车用燃料电池发动机检测技术及快速评价方法研究"，分别进行了轿车和客车燃料电池发动机检测技术及快速评价方法的研究。由中国科学院大连化学物理研究所承担的"燃料电池关键材料及部件检测和环境适应性研究"项目，对质子交换膜燃料电池关键材料及核心部件测试评价平台、测试方法以及耐久性快速评价方法进行了研究。由中国汽车技术研究中心承担的"燃料电池汽车安全性能试验研究与检测评价"项目，研究了燃料电池汽车安全保障技术、技术标准要求以及安全评价体系，燃料电池汽车的碰撞安全性及测试方法，以及氮气泄漏检测技术、高压氢气带安全性及测试方法、燃料电池堆的安全测试方法等。目前国内电动汽车行业已有4项燃料电池测试标准，已通过标委会审查、正在报批等待发布的有3项。

5) 电动汽车附件测试评价。"十五""863"课题"电动汽车检测试验技术研究"中的"电动汽车整车运行检测实验研究"项目，开展对电动汽车用充电机检测试验技术的研究工作。研究开发可以对车载充电机、地面充电机以及感应式充电机的电气特性进行检测试验,同时结合研究开发可以对车载充电机、地面充电机,以及感应式充电机的电气特性进行检测试验。此外,还开发了结合动力蓄电池模块检测试验系统,对充电机的整体性能作出检测试验评价的充电机自动检测装置。在"十五"期间,"电动汽车整车运行检测实验研究"项目还进行了电动汽车在危险工况下的动力系统及整车安全性能检测试验技术研究,开展对电动汽车在危险工况下的整车运行参数、动力系统的电参数(电流、电压以及绝缘电阻)、动力蓄电池电压和温度、电解液泄漏量、充电时所排氢气浓度以及电动汽车整车安全性等方面试验检测技术的研究工作,并进行了电动汽车车载和地面高压绝缘短路安全检测试验技术研究,开展对电动汽车整车、动力蓄电池模块、电机驱动系统、电机以及车载充电机等绝缘短路试验检测技术的研究工作,研究开发出可进行电动汽车高压、绝缘、短路检测试验的地面静态检测试验装置和车载动态检测试验装置。

6)电动汽车充电装备测试评价。在充电装备标准制订方面,2010年1月,国家标准委员会发布了《电动汽车充电站的通用要求》;另外地方政府和各能源集团都积极开展了电动汽车充电设施的标准制订工作,如深圳、上海、江苏等地纷纷制订了各自充电站的地方标准;2010年1月,北京市政府也出台了北京首部电动汽车充电站标准;国家电网和南方电网根据各自实际情况制订了电动汽车充电方面的相关标准。目前制订的标准大多数仅限于设备的性能要求,而对于充电设备的测试,在国内外尚未形成统一的技术标准。以北京理工大学、北京交通大学、国家电网公司、中石化公司以及相应的充电设备生产和研发单位为主,根据电动汽车示范运行的需要,开展了相应的充电机等通用技术要求研究工作。目前,国内充电设备相应的检测方法尚未完善,尚未建立相应的检测平台。

(2)我国电动汽车测试评价能力建设情况

1)"863"蓄电池测试评价基地。"十五"期间,在科技部电动汽车重大项目的支持下,我国开展了混合电动汽车、燃料电池汽车和纯电动汽车用先进动力蓄电池的研制及测试评价技术的研究工作。"十五"期间,在科技部的大力支持下,建立了中国电子科技集团公司第十八研究所与中国北方车辆研究所两个动力蓄电池测试基地,并在"十一五"期间通过"863"计划重大项目继续给予了支持。

2)"863"电机测试评价基地。"十五"和"十一五"期间,科技部还支持北京理工大学建成了"863"电机测试评价基地。该基地购置了电力测功机、蓄电池模拟器、环境试验系统等仪器设备,进行了相应的电机测试评价技术研究,开展了多项"863"电机开发成果和行业电机的测试评价和检测工作。为各种新能源车辆电机系统性能评价提供客观合理的测试平台,为国家科技规划部门提供公正一致的评价平台,提供了电动汽车电机基本的可靠性、耐久性和快速评价方法。

3)"863"燃料电池测试评价基地。在"十五"期间"863"电动汽车重大专项实施过程中,同济大学和清华大学分别建立了燃料电池轿车和燃料电池城市客车用燃料电池发动机的检测基地,可以对燃料电池发动机的功率特性、效率特性、氢气利用率等特性进行测试。

4)国家授权汽车检测机构电动汽车测试评价能力。国家汽车行业主管部门授权的汽车质量监督检验机构中,有电动汽车测试评价能力的包括国家轿车质量监督检验中心、国家汽车质量监督检验中心(长春)、国家汽车质量监督检验中心(襄阳)、国家汽车质量监督检验中心（重庆）、国家客车质量监督检验中心、国家消防设备质量监督检验中心、国家工程机械质量监督检验中心等。目前国内外针对电动汽车整车及关键零部件的测试评价开展了大量的研究工作，也制订了很多测试标准，但是在增程式电动汽车能量消耗、排放测试以及电动汽车电磁兼容特性测试、整车噪声特性测试、蓄电池系统寿命测试、电动商用车（M3/N3）动力总成测试、增程器测试、燃料电池发动机测试、车载充电机测试等方面尚无明确的技术条件和测试规范，还有待完善或新增，以便更好地推进电动汽车产业的发展。

为了促进我国新能源汽车产业的健康发展，应加快推进我国新能源汽车产业标准化工作的开展。

1）标准化工作应由国家统筹安排，集中统一管理。新能源汽车产业是新兴产业，需要国家政策的引导和扶持。新能源汽车产业标准体系建设、标准的管理、实施和监督必须由国家统筹安排，实行集中统一管理。首先，政府应全力支持和推动新能源汽车标准的制订工作，降低新能源汽车技术门槛；其次，政府应明确标准化工作的管理部门和监管机构，避免出现多头管理、职责不清等状况；再次，政府应制订完善的法律法规、方针政策、管理体制、运行机制、工作程序和信息传递等制度或机制，为政府部门、企业、消费者参与新能源汽车生产和消费活动提供依据，避免无序竞争等扰乱产业格局和市场环境的行为，有效地推动新能源汽车研发和配套基础设施建设。

2）重视相关标准的制订。标准的制订是产业核心竞争力的重要体现，也是标准化工作的核心和重点，政府应给予足够的重视和支持。

① 重视自主创新，加大对关键性和共性技术研究的支持力度。

对于新能源汽车而言，高性能、低成本的电池技术非常关键。由于电池技术等研发投入和风险较大，政府应当保证对这些前瞻性战略技术的持续性投入。在自主研发方面，需要构建以市场为导向、企业为主体、产学研相结合的产业技术创新体系，通过有效的政策引导和支持，真正使企业成为技术创新的投入主体，成为技术创新项目的承担主体，成为技术创新成果的拥有和应用主体，成为技术标准的制订主体，成为技术人才的培养和使用主体。

新能源汽车产业标准体系建设工作应当走官、商、学、用共同参与的道路，工作重点集中在关键性和共性基础研究领域和应用环境的基础设施、回收技术等方面的标准制订。

② 积极寻求国际合作，共同进行核心技术研发，为国内标准与国际标准接轨奠定基础。

未来新能源汽车的竞争首先是技术标准的竞争。我国能否抓住汽车产业变革的机会，实现产业的跨越式发展，关键在于新能源汽车技术标准上不能受制于人。2009年，《中美联合声明》表达了中美两国希望采用同样的技术标准，共同推进电动汽车发展的希望。2010年5月，中美第二轮战略经济对话双方再次强调了能源方面的合作，其中一点就是加强电动汽车行业合作。如果中美两国在电动汽车技术标准上保持一致，意味着我国的电动汽车产业至少能够和国外先进水平保持在同一个起跑线上。

③ 尽快建立系统的标准体系。

标准化工作的核心和重点是相关标准体系的建立。对新能源汽车产业来说，技术标准体系主要包括新能源汽车产业相关标准术语、新能源汽车设计方面的标准、新能源汽车性能标准、安全标准、能耗标准、环保标准和配套零部件标准，特别是汽车电子标准、新能源汽车应用中的配套基础设施标准和电池回收技术标准等。政府应组织技术成熟的新能源汽车生产企业参与行业标准制订，让具有车辆生产经验的企业成为发展主力。

④ 在标准先行的思路下，引导基础设施要适度超前、统筹规划、协调发展。

根据国家的战略布局来考虑充电站等基础设施建设，对国家和企业都是非常好的。很多企业已经开始建设基础设施（主要是充电站），但充电站的标准现在还不统一，国家标准还处于制订过程中。不同企业采用不同标准进行基础设施建设的现状很可能导致将来国家标准出台时，已建成的新能源汽车基础设施会由于标准不统一给新能源汽车的使用造成障碍。因此，政府应主导新能源汽车的标准体系建设，并尽快将之纳入新能源汽车产业发展的工作重点中。

3）建立健全信息服务体系。

健全的信息传递和服务体系是标准化工作的一项重要内容。标准的意义在于规范经济活动，制订标准需要广泛地征求专家和标准使用者的意见，制订后的标准需要尽可能地为所有相关者所知、所用。因此，信息服务体系的完善具有重要意义。

建立健全的新能源汽车产业信息服务体系主要应通过以下方式实现。首先，确保信息交流通道顺畅，降低信息置换过程中的时间和经济成本。其次，坚持信息对等的原则，确保企业、消费者等经济活动参与者对信息的知情权和获取权。第三，加大新能源汽车产业标准化工作的宣传力度，为顺利开展标准化工作创造良好的舆论环境。

4）重视标准实施过程中的监督检验。

贯彻实施标准需要通过完善的监督体系来保障。《中华人民共和国标准化法》明确规定了监督方式，并对违反标准造成的后果规定了应追究的法律责任，同《标准化法实施条例》等法律法规在法律层面上确保监督工作有法可依。在具体的执行层面，科学的工作机制、合理的工作程序以及独立的监管体系是确保监督检验工作做到有法必依、违法必究的基础。由于大量的国家标准、行业标准都要在企业贯彻实施，所以企业是标准实施监督的重点。

现阶段政府需要建立健全独立的监管体系，完善工作机制和工作程序。同时，协调好政府部门、行业机构和企业之间的关系，确保监督检验工作顺利进行，既保证标准得到严格贯彻实施，使标准尽快转化为生产力，又尽可能不影响企业正常的生产活动和经济效益。

复习思考题

一、填空题

1. 电动汽车在危险工况下的_____及整车安全性能检测试验技术研究，开展对电动汽车在危险工况下的整车运行参数、动力系统的_____（电流、电压以及绝缘电阻）、_____的电压和温度、电解液泄漏量、充电时所排_____浓度以及电动汽车整车_____等方面的试验检测技术的研究工作，并进行了电动汽车车载和地面高压绝缘短路安全检测试验技术研究，开展对电动汽车整车、动力蓄电池模块、电机驱动系统、电机以及_____等绝缘短路试验检测技术的研究工作。

2. 目前国内外针对电动汽车整车及关键零部件的测试评价开展了大量的研究工作，也制订了很多测试标准，但是在_____电动汽车能量消耗、排放测试以及电动汽车_____特性测试、整车_____测试、蓄电池系统寿命测试、电动商用车（M3/N3）动力总成测试、增程器测试、燃料电池发动机测试、车载充电机测试等方面尚无明确的技术条件和测试规范，还有待完善或新增，以便更好地推进电动汽车产业发展。

二、问答题

1. 电机及控制器检验有哪些项目？
2. 国外电动汽车测试评价现状如何？
3. 国内电动汽车测试评价现状如何？相关标准有哪些？

参 考 文 献

[1] 康龙云. 新能源汽车电力电子技术［M］. 北京：机械工业出版社，2010.
[2] 孙静. 复合能源电动汽车的应用研究［D］. 西安：西安交通大学，2009.
[3] 刘振亚. 智能电网知识读本［M］. 北京：中国电力出版社，2010.
[4] 肖钢. 能源新贵——汽车电力电池［M］. 北京：中国电力出版社，2011.
[5] 滕乐天. 电动汽车充电机（站）设计［M］. 北京：中国电力出版社，2009.
[6] 陈清泉. 现代电动车、电机驱动及电力电子技术［M］. 北京：机械工业出版社，2005.
[7] 陈全世. 先进电动汽车技术［M］. 北京：机械工业出版社，2005.
[8] 祝占元. 电动汽车［M］. 北京：人民交通出版社，2003.
[9] 李兴虎. 电动汽车概论［M］. 北京：北京理工大学出版社，2005.
[10] 舒华，姚国平. 汽车新技术［M］. 北京：国防工业出版社，2005.
[11] 张金柱. 混合动力汽车结构、原理与维修［M］. 北京：化学工业出版社，2008.
[12] 刘振兴，李新华，吴雨川. 电机与拖动［M］. 武汉：华中科技大学出版社，2008.
[13] 张家生. 电机原理与拖动基础［M］. 北京：北京邮电大学出版社，2006.
[14] 刘锦波，张承慧. 电机与拖动［M］. 北京：清华大学出版社，2005.
[15] 王贵明，王金懿. 兼有电动、发电回馈和电磁制动功能的轮毂电机［J］. 电机技术，2010（10）.
[16] 程明. 微特电机及系统［M］. 北京：中国电力出版社，2010.
[17] 吴基安，吴洋. 新能源汽车知识读本［M］. 北京：人民邮电出版社，2009.
[18] 崔胜民. 新能源汽车技术［M］. 北京：北京大学出版社，2009.
[19] 林程，韩冰. 北京市纯电动汽车技术培训教程［M］. 北京：北京大学出版社，2012.
[20] 麻友良，严运兵. 电动汽车概论［M］. 北京：机械工业出版社，2012.
[21] 陈全世. 先进电动汽车技术［M］. 2版. 北京：化学工业出版社，2007.
[22] 石川宪二. 新能源汽车技术及未来［M］. 康龙云，余开江，译. 北京：科学出版社，2012.
[23] 张舟云，贡俊. 新能源汽车电机技术与应用［M］. 上海：上海科学技术出版社，2013.
[24] 吴舒辞，朱俊杰. 电工与电子技术上册［M］. 北京：北京大学出版社，2006.
[25] 吴有林，张远强. 电工理论与控制技术基础［M］. 北京：清华大学出版社，2012.
[26] 郭连考. 电工技术实习［M］. 北京：北京理工大学出版社，2012.
[27] 邵桂欣. 新型增磁电机控制系统特性分析［J］. 微特电机，2008（4）.
[28] 张承宁，邵桂欣. 电动汽车续流增磁电机驱动控制系统动态建模［J］. 系统仿真学报，2008（4）.
[29] 李军求，张承宁，邵桂欣. 新型续流增磁直流电动机驱动控制系统［J］. 机械工程学报，2008（11）.
[30] 任寿萱. 新能源电动汽车用电机简述［J］. 汽车电器，2014（12）.
[31] 满敏，陈凌珊，何志生. 电动汽车动力测试平台与整车模拟试验［J］. 上海工程技术大学学报，2014（3）.
[32] 刘春秀，李益丰，辛本雨. 第十七届中国电动车辆学术年会论文集［C］. 北京：出版者不详，2013.
[33] 张承宁，邵桂欣. 电动汽车续流增磁电机驱动控制系统动态建模［J］. 系统仿真学报，2008（2）.
[34] 黄圻，钱国刚. 电动汽车用电机及控制器试验分析［J］. 沈阳师范大学学报（自然科学版），2010（4）.
[35] 谭元文，刘溧. 电动汽车再生制动系统的结构与控制策略研究［J］. 北京汽车，2007（2）.
[36] 邢斌. 电动试验车动力系统的试验研究［D］. 西安：长安大学，2010.

[37] 俞聪. 基于LabVIEW的电动汽车用电机测试系统设计[D]. 杭州：浙江大学，2014.
[38] 张娟文. 电动汽车再生制动力的研究与应用[D]. 哈尔滨：哈尔滨工业大学，2011.
[39] 黄智，黄琦，陈强. 基于直流电机的电动汽车控制器控制电路设计[J]. 北京：车辆与动力技术，2007（2）.
[40] 安强. 2011西部汽车产业·学术论坛"暨四川省汽车工程学会四届第九次学术年会论文集[C]. 成都：出版者不详，2011.
[41] 张翔. 电动汽车建模与仿真的研究[D]. 合肥：合肥工业大学，2004.
[42] 李珂. 电动汽车高效快响应电驱动系统控制策略研究[D]. 济南：山东大学，2007.
[43] 薛玉春. 电动汽车驱动和转向系统的振动与驱动电机的可靠性研究[D]. 长春：吉林大学，2007.
[44] 赵树朋. 混合动力汽车能量利用试验与仿真及评价方法研究[D]. 保定：河北农业大学，2007.
[45] 王鸿雁. 电动汽车用动力电池包充放电特性研究[D]. 北京：华北电力大学，2012.
[46] 周萌. 动力电池成组液流热管理系统设计分析[D]. 长春：吉林大学，2014.
[47] 满敏. 电动汽车力测试平台及道路工况模拟试验的研究[D]. 上海：上海工程技术大学，2014.
[48] 邵桂欣，张承宁. 电动汽车用续流增磁电机控制器温升的改善方法[J]. 微电机，2007.
[49] 赵天环. 续流问题在SR电机互感间接位置检测中的影响研究[D]. 天津：河北工业大学，2013.
[50] 褚文强，辜承林. 电动车用轮毂电机研究现状与发展趋势[J]. 电机控制与应用，2007，34（4）：1-5.
[51] 李晓华，杨尔滨. 中国电机工程学会电力系统专业委员会年会论文集[C]. 出版地不详：出版者不详，2010.
[52] 王桂姣. 电动汽车轮毂电机驱动系统的运动特性与能量分配[D]. 武汉：武汉理工大学，2009.
[53] 王秋妍. 电动汽车用永磁无刷直流轮毂电机控制器设计[D]. 西安：西安科技大学，2007.
[54] 杨建涛，陈慧，卓桂荣，等. 2007中国汽车工程学会年会论文集[C]. 北京：出版者不详，2007.
[55] 杨岳峰，孙即明，张奕黄，等. 开关磁阻电机控制系统在电动汽车中的应用[J]. 电机工程，2004.
[56] 谢建秋. 轮毂电机电动汽车控制系统技术方案探讨[J]. 洪都科技，2008.
[57] 朱剑宝. 轮毂电机驱动系统在电动汽车上的应用探讨[J]. 邯郸职业技术学院学报，2013.
[58] 洪兢，谭梦，张雄，等. 轮毂电机在电动汽车上的应用研究[J]. 机电工程技术，2013.
[59] 葛英辉. 轮式驱动电动车控制系统的研究[D]. 杭州：浙江大学，2004.
[60] 孙毅. 未来电驱动主力——轮毂电机驱动技术简介[J]. 汽车运用，2011（10）.
[61] 杜君. 无刷直流电机无位置传感器控制研究[D]. 镇江：江苏大学，2013.
[62] 任飞. 电动汽车能量回馈制动系统的研制[D]. 北京：北京交通大学，2009.
[63] 许烈，张奇，李永东，等. 混合电动汽车功率变换器的研究[J]. 电机与控制学报，2014（1）.
[64] 陈灵. 基于开通、关断角度优化的开关磁阻电机控制策略的研究[D]. 长沙：中南大学，2010.
[65] 王洪诚，陈刚，王钰涵，等. 基于线性模型的开关磁阻电机控制系统[J]. 兵工自动化，2012，6.
[66] 王艳，殷天明，张奕黄，等. 开关磁阻电动机控制策略的研究[J]. 兵工自动化，2001（10）.
[67] 王耀南，陈世元，熊春雷. 开关磁阻电机的控制方法研究[J]. 宁波职业技术学院学报，2010（10）.
[68] 罗建武，詹琼华，马志源，等. 开关磁阻电机电动轮驱动系统[J]. 华中科技大学学报（自然科学版），2007（1）.
[69] 吴红星，丁钊，赵国平，等. 开关磁阻电机发电及其控制方法综述[J]. 微电机，2014（4）.
[70] 晏波. 开关磁阻电机控制策略的研究[D]. 郑州：郑州大学，2011.
[71] 张申君. 开关磁阻电机控制策略的研究与实现[D]. 北京：北京交通大学，2006.
[72] 陈少帅. 开关磁阻电机控制策略和控制参数的优化[D]. 北京：北京交通大学，2005.
[73] 葛宝明，王祥珩，苏鹏声，等. 开关磁阻电机控制策略综述[J]. 电气传动，2001（2）.

[74] 刘勇智, 陈杰, 盛增津, 等. 开关磁阻电机启动转矩控制策略研究 [J]. 电气传动, 2014 (7).
[75] 景绍学, 韦剑强. 开关磁阻电机起动运行特性分析与控制策略研究 [J]. 微电机, 2010 (5).
[76] 付光杰, 陈耀辉, 牟海维. 开关磁阻电机调速系统控制器的研究 [J]. 科学技术与工程, 2007 (11).
[77] 李柏松. 开关磁阻电机直接转矩控制策略的研究 [D]. 济南: 山东大学, 2012.
[78] 胡景佳. 新能源汽车用开关磁阻电机控制策略的研究 [D]. 桂林: 桂林电子科技大学, 2014.
[79] 范江洋. 直线开关磁阻电机控制策略仿真研究 [J]. 电工电气, 2012 (2).
[80] 孙冠群. 开关磁阻电动机驱动控制系统研究 [D]. 西安: 西北工业大学, 2005.
[81] 王贵明, 王金懿. 电动汽车及其性能优化 [M]. 北京: 机械工业出版社, 2010.
[82] 王志福, 张承宁. 电动汽车电驱动理论与设计 [M]. 北京: 机械工业出版社, 2012.
[83] 徐国凯, 赵秀春, 苏航, 等. 电动汽车驱动与控制 [M]. 北京: 电子工业出版社, 2010.
[84] 陈全世. 先进电动汽车技术 [M]. 3版. 北京: 化学工业出版社, 2018.
[85] 黄志坚. 电动汽车结构·原理·应用 [M]. 北京: 化学工业出版社, 2014.
[86] 赵航, 史广奎. 混合动力电动汽车技术 [M]. 北京: 机械工业出版社, 2012.
[87] 邹国棠, 程明. 电动汽车的新型驱动技术 [M]. 北京: 机械工业出版社, 2012.
[88] 叶敏, 郭金刚. 电动汽车再生制动及其控制技术 [M]. 北京: 人民交通出版社, 2013.
[89] 崔胜民. 新能源汽车技术 [M]. 北京: 北京大学出版社, 2009.
[90] 邹政耀, 王若平, 王良模, 等. 新能源汽车技术 [M]. 北京: 国防工业出版社, 2012.
[91] 胡骅, 宋慧. 电动汽车 [M]. 北京: 人民交通出版社, 2003.
[92] 祝占元. 电动汽车 [M]. 郑州: 黄河水利出版社, 2007.
[93] 陈全世, 仇斌, 谢起成, 等. 燃料电池电动汽车 [M]. 北京: 清华大学出版社, 2005.
[94] 张金柱, 孙远涛, 范德会, 等. 新能源汽车技术 [M]. 北京: 机械工业出版社, 2014.

机械工业出版社 | 汽车分社

读者服务

机械工业出版社立足工程科技主业，坚持传播工业技术、工匠技能和工业文化，是集专业出版、教育出版和大众出版于一体的大型综合性科技出版机构。旗下汽车分社面向汽车全产业链提供知识服务，出版服务覆盖包括工程技术人员、研究人员、管理人员等在内的汽车产业从业者，高等院校、职业院校汽车专业师生和广大汽车爱好者、消费者。

一、意见反馈

感谢您购买机械工业出版社出版的图书。我们一直致力于"以专业铸就品质，让阅读更有价值"，这离不开您的支持！如果您对本书有任何建议或意见，请您反馈给我。我社长期接收汽车技术、交通技术、汽车维修、汽车科普、汽车管理及汽车类、交通类教材方面的稿件，欢迎来电来函咨询。

咨询电话：010-88379353　　编辑信箱：cmpzhq@163.com

二、课件下载

选用本书作为教材，免费赠送电子课件等教学资源供授课教师使用，请添加客服人员微信手机号"13683016884"咨询详情；亦可在机械工业出版社教育服务网（www.cmpedu.com）注册后免费下载。

三、教师服务

机工汽车教师群为您提供教学样书申领、最新教材信息、教材特色介绍、专业教材推荐、出版合作咨询等服务，还可免费收看大咖直播课，参加有奖赠书活动，更有机会获得签名版图书、购书优惠券。

加入方式：搜索QQ群号码317137009，加入机工汽车教师群2群。请您加入时备注院校+专业+姓名。

四、购书渠道

机工汽车小编
13683016884

我社出版的图书在京东、当当、淘宝、天猫及全国各大新华书店均有销售。

团购热线：010-88379735
零售热线：010-68326294　88379203

推荐阅读

书号	书名	作者	定价（元）
智能网联、新能源汽车专业教材			
9787111678618	智能网联汽车技术入门一本通（全彩印刷）	程增木	69
9787111715276	智能汽车技术（全彩印刷）	凌永成	85
9787111702696	智能网联汽车技术原理与应用（彩色版）	程增木 杨胜兵	65
9787111628118	智能网联汽车技术概论（全彩印刷）	李妙然 邹德伟	49.9
9787111693284	智能网联汽车底盘线控系统装调与检修（附任务工单）	李东兵 杨连福	59.9
9787111710288	智能网联汽车智能传感器安装与调试（全彩活页式教材）	中国汽车工程学会 等	49.9
9787111712480	智能网联汽车底盘线控执行系统安装与调试（全彩印刷）	中国汽车工程学会 等	49.9
9787111709800	智能网联汽车计算平台测试装调（全彩印刷）	中国汽车工程学会 等	49.9
9787111711711	智能网联汽车智能座舱系统测试装调（全彩印刷）	中国汽车工程学会 等	49.9
9787111710318	新能源汽车检测与故障诊断技术（彩色版配实训工单）	吴海东 等	69
9787111707585	新能源汽车电动空调 转向和制动系统检修（彩色版配实训工单）	王景智 等	69
9787111702931	新能源汽车整车控制系统检修（彩色版配实训工单）	吴东盛 等	69
9787111701637	新能源汽车动力电池及管理系统检修（彩色版配实训工单）	吴海东 等	59
9787111707165	新能源汽车技术概论（全彩印刷）	赵振宁	55
9787111706717	纯电动汽车构造原理与检修（全彩印刷）	赵振宁	59
9787111587590	纯电动/混合动力汽车结构原理与检修（配实训工单）（全彩印刷）	金希计 吴荣辉	59.9
9787111709565	新能源汽车维护与故障诊断（配实训工单）（全彩印刷）	林康 吴荣辉	59
9787111700524	新能源汽车整车控制系统诊断（双色印刷）	赵振宁	55
9787111699545	智能网联汽车概论（全彩印刷）	吴荣辉 吴论生	59.9
9787111698081	新能源汽车结构原理与检修（全彩印刷）	吴荣辉	65
9787111683056	新能源汽车认知与应用（第2版）（全彩印刷）	吴荣辉 李颖	55
9787111615767	新能源汽车概论（全彩印刷）	张斌 蔡春华	49
9787111644385	新能源汽车电力电子技术（全彩印刷）	冯津 钟永刚	49
9787111684428	新能源汽车高压安全与防护（全彩印刷）	吴荣辉 金朝昆	45
9787111610175	新能源汽车动力电池及充电系统检修（全彩印刷）	许云 赵良红	55
9787111613183	新能源汽车电机驱动系统检修（全彩印刷）	王毅 巩航军	49
9787111613206	新能源汽车辅助系统检修（全彩印刷）	任春晖 李颖	45
9787111646242	新能源汽车维护与故障诊断（全彩印刷）	王强 等	55
9787111670469	新能源汽车结构原理与检修（彩色版）	康杰 等	55